2018年主题出版重点出版物

曲青山
黄书元 主编

中国改革开放全景录

广西卷

李海荣　李振唐 / 主编

广西人民出版社

总　　序*

曲青山

为庆祝改革开放40周年，中央党史研究室、人民出版社决定联合全国各省区市相关单位共同编写出版《中国改革开放全景录》大型丛书。这是党史界、出版界围绕中心、服务大局，积极作为、主动履职的一件大事。

一、我们为什么要庆祝改革开放

党的十九届一中全会后，习近平总书记在十九届中央政治局常委同中外记者见面时的讲话中指出："中共十九大到二十大的5年，正处在实现'两个一百年'奋斗目标的历史交汇期，第一个百年目标要实现，第二个百年奋斗目标要开篇。这其中有一些重要的时间节点，是我们工作的坐标。"第一个重要坐标就是2018年改革开放40周年。为什么将改革开放同中华人民

---

* 此文为曲青山同志在2018年1月10日《中国改革开放全景录》丛书编写出版第三次工作会议上的讲话。

共和国成立、全面建成小康社会、中国共产党成立等重大历史事件一道确立为党和国家工作全局的坐标呢？因为改革开放是决定当代中国命运的关键一招，也是决定实现“两个一百年”奋斗目标、实现中华民族伟大复兴中国梦的关键一招。改革开放是我们党在经过曲折、反思后，实现伟大历史转折和伟大飞跃，大踏步赶上世界潮流、走近世界舞台中央的一个重要法宝，改革开放对党、对国家、对民族、对世界都产生了重大而深远的影响。

改革开放使党的面貌发生了历史性变化。改革开放40年来，我们坚持党要管党、全面从严治党，党的建设质量不断提高，党的执政地位更加巩固，为开创、坚持和发展中国特色社会主义提供了坚强的政治保证和组织保证。特别是党的十八大以来，以习近平同志为核心的党中央坚定不移推进全面从严治党，形成了反腐败斗争压倒性态势，消除了党和国家内部存在的严重隐患，党内政治生活气象更新，党内政治生态明显好转，全党理想信念更加坚定、党性更加坚强，党自我净化、自我完善、自我革新、自我提高能力显著提高，党的执政基础和群众基础更加巩固，为党和国家事业取得的全方位、开创性成就，发生的深层次、根本性变革提供了坚强政治保证。改革开放取得的巨大成就，使得中国共产党成为一个拥有8900多万名党员、450多万个基层党组织的世界第一大党，成为一个在拥有13亿多人口的中国长期执政的党。

改革开放使中国的面貌发生了历史性变化。改革开放之初，我们党发出了“走自己的道路，建设有中国特色的社会主义”的伟大号召。经过长期努力，中国特色社会主义进入了新时代，意味着科学社会主义在21世纪的中国焕发出强大生机活力，在世界上高高举起了中国特色社会主义伟大旗帜。从1978年到2017年，我国国内生产总值由3679亿元增长到82.7万亿元；城镇居民人均可支配收入和农村居民人均可支配收入分别由1978年的343.4元、133.6元增加到2017年的36396元、13432元；农村贫困发生率从1978年的97.5%大幅下降到2017年的3.1%以下。220多种主要工农业产品生产能力稳居世界第一位，改革开放前长期困扰我们的短缺经济和供给不足状况已经发生根本性转变，我国社会主要矛盾已经转化为人民日益增长的美好生活需要和不平衡不充分的发展之间的矛盾。改革开放取得的巨大成就，使得具有5000多年文明历史的古老中国重新焕发出强大生机活力，使得中国这个世界上最大的发展中国家在短短40年时间里摆脱贫困并跃升为世界第二大经济体，彻底摆脱被“开除球籍”的危险。可以说，没有改革开放，就没有中国的今天；离开改革开放，也没有中国的明天。

改革开放使中华民族的面貌发生了历史性变化。习近平总书记曾深刻指出：“60多年前我们党领导人民经过长期艰苦卓绝的斗争建立了新中国，30多年前我们党领导人民开始了改革开放，这两件大事大大加快了实现中华民族伟大复兴的历史进程。”党的十一届三中全会以来，中国共产党团结带领人民进行改革开放新的伟大革命，破除阻碍国家和民族发展的一切思想和体制障碍，开辟了中国特色社会主义道路，形成了中国特色社会主义理论体系，确立了中国特色社会主义制度，发展了中国特色社会主义文化，使中国大踏步赶上时代，使久经磨难的中华民族迎来了从站起来、富起来到强起来的伟大飞跃。改革开放取得的巨大成就，使我们比历史上任何时期都更接近中华民族伟大复兴的目标，比历史上任何时期都更有信心、有能力实现这个目标。今天的中华民族充满自信，正日益走近世界舞台中央，迎来了实现伟大复兴的光明前景。

改革开放使世界格局的面貌发生了历史性变化。改革开放既改变了中国的面貌，又重塑了世界格局。40 年来，我国综合国力不断增强，国际地位显著提高，国际影响力、感召力、塑造力进一步提升，中国同世界的关系进入新阶段，国内国际两个大局联系更加紧密。作为世界和平的建设者、全球发展的贡献者、国际秩序的维护者，在全球治理体系变革等关乎人类前途命运的重大课题上，再也不能少了中国声音。正如习近平总书记指出："世界那么大，问题那么多，国际社会期待听到中国声音、看到中国方案，中国不能缺席。"改革开放取得的巨大成就，也拓展了发展中国家走向现代化的途径，给世界上那些既希望加快发展又希望保持自身独立性的国家和民族提供了全新选择，为解决人类问题贡献了中国智慧和中国方案。

改革开放是我们党的历史上一次伟大觉醒，正是这个伟大觉醒孕育了新时期从理论到实践的伟大创造。40 年来的伟大实践充分证明："只有社会主义才能救中国，只有改革开放才能发展中国、发展社会主义、发展马克思主义。"我们坚信，在以习近平同志为核心的党中央坚强领导下，中华民族伟大复兴必将在改革开放的伟大进程中得以实现。

二、我们为什么要编写出版《中国改革开放全景录》

庆祝改革开放40周年，是党和国家政治生活中的一件大事。中央党史研究室是直属党中央的党史研究机构，是中央主管党史业务的工作部门。人民出版社是党和国家重要的宣传思想文化阵地。双方合作编写出版《中国改革开放全景录》，这是党史界和出版界共同为庆祝改革开放40周年献上的一份厚礼，具有重要意义。

第一，编写出版《中国改革开放全景录》是为了记史存史、资政育人

准确记载和反映党的历史，发挥党史以史鉴今、资政育人重要作用，是党史工作者的重要任务，也是出版工作者的使命责任。做好丛书编写工作，必须紧紧围绕记史存史、资政育人这一目标展开，把改革开放的历史研究好、记载好，把改革开放的成功经验梳理好、总结好，把改革开放的伟大成就宣传好、维护好。

一是生动记录改革开放波澜壮阔的历史进程，为改革画像，为先贤留名，为人民存史。从党的十一届三中全会作出把党和国家工作中心转移到经济建设上来、实行改革开放的历史性决策以来，已经40年了。按照中国传统的说法，改革开放已经进入不惑之年。40年，改革的春风吹遍神州大地，创造出一个又一个彪炳史册的人间奇迹。我们编写《中国改革开放全景录》丛书，就是要生动记录我们党团结带领全国各族人民进行改革开放的伟大实践，集中反映改革开放和社会主义现代化建设取得的历史性成就，充分彰显中国特色社会主义道路自信、理论自信、制度自信、文化自信，为后世留一份珍贵的历史资料。

二是总结好改革开放的历史经验，发挥党史资政作用，为新时代全面深化改革开放贡献智慧和力量。早在延安时期，毛泽东同志就指出："如果不把党的历史搞清楚，不把党在历史上所走的路搞清楚，便不能把事情办得更好。"改革开放40年的历史，蕴含着丰富的管党治党和治国理政的经验和智慧，是一笔宝贵的政治财富，在丛书的编写过程中需要我们予以深入挖掘和总结。比如，我们统筹推进"五位一体"总体布局和协调推进"四个全面"战略布局，就需要总结党领导经济建设、政治建设、文化建设、社会建设、生态文明建设的经验，需要总结全面建成小康社会、全面深化改革、全面依法治国、全面从严治党的经验，从中寻找历史借鉴和启示。

三是用改革开放历史激励人民、教育人民、启迪人民，增进改革共识。编写《中国改革开放全景录》丛书，就是要用人民群众喜闻乐见的形式和方法，把改革开放的伟大成就、基本经验和重大事件、典型人物具体生动地表现出来，引导广大群众充分认识改革开放是当代中国发展进步的必由之路，是实现中国梦的必由之路，激励广大群众以逢山开路、遇水架桥的韧劲，将改革进行到底。

第二，把握好《中国改革开放全景录》的特点和亮点

从书编写成功与否，原因是多方面的，其中一个重要因素是看它有没有特点，有没有使读者眼前一亮的独特气质。与社会上出版的其他书籍相比，《中国改革开放全景录》应呈现以下几个鲜明的特点和亮点。

一是系统性。编写这套丛书，要力争系统地反映改革开放40年来的全部历史，系统地反映我国改革发展稳定、内政外交国防、治党治国治军各方面取得的成就，系统地反映改革开放对生产力和生产关系、经济基础和上层建筑的促进与完善。

二是完整性。这套丛书从时间跨度上看，涵盖了从1978年党的十一届三中全会至今40年的历史，是一部完整地记录改革开放全过程的历史丛书；从地域分布上看，既有反映全国改革开放历程的中央卷，又有31个省、自治区、直辖市各自的地方卷，可以全方位反映出改革开放给中国带来的发展变化。

三是准确性。参与丛书编写的大都是各省区市党史研究室和社会科学院的领导同志与专家学者，很多同志长期从事本地区改革开放历史研究，学养深厚，对其中的重点难点问题比较了解熟悉，在资料利用方面又有得天独厚的优势。

四是生动性。这套丛书主要面向普通读者，以写事为主，夹叙夹议，要求在文字上力求生动鲜明简洁，并辅之以记录改革开放重大事件和重要人物的图片。应做到可读可信可取，既引人入胜，又给人启发。

总之，我们必须牢牢把握这套丛书既是记录改革开放全过程和各方面的资料书，又是能够阐明改革开放所以然的理论著作的这样一个定位，以生动再现和总结党的十一届三中全会以来 40 年波澜壮阔的历史。

三、我们应该怎样把《中国改革开放全景录》编写成一部精品力作

《中国改革开放全景录》丛书已列入中宣部、国家新闻出版广电总局重点图书，所以，我们要认认真真、扎扎实实、群策群力、按时保质推进编写工作，注意史学规范，做到言之有物、言之有据，史论结合、论从史出，确保丛书成为一部明白晓畅而又严谨切实的历史著作。

一是要坚持正确政治导向。丛书编写工作，要高举中国特色社会主义伟大旗帜，以习近平新时代中国特色社会主义思想为指导，以习近平总书记关于改革开放重要论述为根本遵循，牢牢把握改革开放 40 年历史的主题和主线、主流和本质，深刻阐释历史和人民在艰苦探索中选择了改革开放，正确对待改革开放中的一些失误和曲折，旗帜鲜明地反对各种歪曲、丑

化、否定改革开放历史的言行。

二是要通力合作、集体攻关。要编写这样一套丛书，是很不容易的，无论哪一个人哪一方面单打独斗都很难完成，必须依靠全党、全社会各方面的力量，齐心协力、集体攻关。中国历史上的大型丛书如《四库全书》等，都是当时举全国之力完成的。1983年开始启动的《当代中国》丛书，也是全党、全军、全国各条战线10多万工作人员前后用时15年时间集体合作完成的。《中国改革开放全景录》这套丛书虽然规模体量没有那么大，但没有通力合作、集体攻关的精神是完成不了的。做好丛书编写出版工作，不是少数人、个别人的任务，必须整合包括党政机关、党校、行政学院、社会科学院、高等院校、出版社在内的各方面力量。

三是要建立责任共同体。既然丛书的编写出版需要通力合作、集体攻关，那么大家就是一个责任共同体，要相互理解、相互配合、相互支持，最后达到双赢、共赢的结果。所谓责任共同体，就是我离不开你、你离不开我，我中有你、你中有我。具体来说，中央党史研究室的同志要认真把好书稿总体的政治关、史实关、文字关；人民出版社的同志要做好丛书的总体组织协调和出版工作。相信我们双方一定能尽心尽力把丛书编写好，一起承担责任，一起应对挑战，一起分享成绩。

四是要抓紧时间。抓而不紧，等于没抓。为了丛书的顺利出版，人民出版社和各地人民出版社提前谋划，做了大量工作，各项工作正在如期进行。希望大家发扬时不我待、只争朝夕的精神，把各项工作往前赶，打出提前量，力争丛书按时出版。

我们处在历史的一个重要节点上，一代人有一代人的历史任务。我们这一代人是乘着改革开放的东风成长起来的，我们都是改革开放的受益者，也是改革开放的参与者、见证者。身处这个伟大时代，是我们的光荣和幸运。把改革开放的历史记录好、研究好、出版好、宣传好，更是我们这一代党史工作者和出版工作者义不容辞的职责。让我们共同努力，携手完成《中国改革开放全景录》的编写出版工作，向庆祝改革开放 40 周年献礼，向党和人民献礼！

2018 年 1 月 10 日

目　录

前　言

改革开放展雄风　八桂大地铸辉煌

1978年12月，党的十一届三中全会的召开是新中国历史上具有深远意义的伟大转折，掀开中国改革开放浓墨重彩的新篇章。中国共产党以此为起点，迅速医治“文化大革命”的创伤，重新奋起，带领全国人民进入改革开放新的历史时期。改革开放这场新的伟大革命，使整个中国充满了生机。中共广西壮族自治区委员会通过贯彻党的十一届三中全会精神，领导广西人民全面拉开了改革开放的大幕。40年来，面对国内外环境的复杂变化和重大风险挑战，在党中央、国务院的坚强领导下，历届自治区党委、政府团结带领广西各族人民锐意改革，克难奋进，改革开放铸就了新的辉煌，经济社会发展谱写了新的篇章。

一、40年风雨征程，改革开放开启了广西新篇章

（一）开展真理标准问题大讨论，实现思想大解放

1978年8月9日，《广西日报》转载了《光明日报》刊登的文章《实践是检验真理的唯一标准》，自治区党委委托广西社会科学

研究所在南宁召开真理标准问题理论讨论会，广西开始逐步开展真理标准的大讨论。同年10月16日，自治区党委召开常委扩大会议，认真学习和讨论关于实践是检验真理的唯一标准问题。自治区党委在会上就开展对这个问题的讨论发表了意见，并指出：弄清实践是检验真理的唯一标准问题，对于进一步解放思想，坚持实事求是，落实政策，调动广大干部、群众的积极性，加快实现四个现代化的步伐，都具有极其重要的意义。党的十一届三中全会作出了把全党工作重点转移到社会主义现代化建设上来的战略决策。全会确立了解放思想、实事求是的思想路线，否定了“两个凡是”的错误方针，果断停止使用“以阶级斗争为纲”的极左口号。全会从根本上冲破了长期“左”倾错误的严重束缚，开始了系统的拨乱反正，端正了全党的指导思想，重新确立了马克思主义的思想路线、政治路线和组织路线，成为党的历史伟大转折点。党的十一届三中全会为自治区党委和广西广大党员干部解放思想指明了方向。自治区党委先后召开工作会议和四届三次全会，传达学习贯彻党的十一届三中全会文件精神。这是广西把党的工作重点转移到社会主义现代化建设上来的一次重要会议，为拨乱反正作了思想准备，同时也部署广西工作重点的转移，要求解放思想，开动机器，使广西党员和干部群众统一思想、统一行动，把主要精力集中到社会主义现代化建设上来。1982年，广西开展学习党的十二大精神，实现思想大解放，从根本上冲破了长期“左”的严重束缚，拨正了前进的航向，重新确立了马克思主义的思想路线、政治路线和组织路线。同时，领导广西人民展开拨乱反正，纠正“文化大革命”的错误，彻底平反历史冤假错案，全面落实干部和知识分子等政策，实现了政治上的安定团结，经济建设突破了徘徊的局面，实现了改革开放的伟大历史转折。

（二）全面完成拨乱反正历史任务，呈现社会新面貌

党的十一届三中全会后，自治区党委坚持实事求是、有错必纠的原则，有步骤地平反冤假错案，解决了中华人民共和国成立以来的许多历史遗留问题。经过平反、“处遗”和整党，到1985年，广西共复查了受党纪处分的案件54509件，结案46054件，其中属冤假错案作出纠正处理的有18107件。彻底平反“文化大革命”中造成的冤假错案，严格处理了“三种人”（指追随林彪、江青反革命集团造反起家的人，帮派思想严重的人及打砸抢分子）和严重违法乱纪分子，从根本上拨乱反正，促进了广西的安定团结，为广西全面改革开放和经济建设创造了条件。落实知识分子政策也是全面拨乱反正的重要任务。自治区党委重点解决知识分子的平反、待遇等问题，营造尊重知识、尊重人才的良好环境。据统计，从1978年到1987年，广西知识分子中的3600多件冤假错案得到平反，5800多人在“文化大革命”中被扣减的工资得到补发，4600多人在“文化大革命”中被查抄的财物得到清退或折价补偿，解决了4500多人专业不对口的问题，2.8万人获得专业职称，解决了1万多对夫妻长期两地分居的问题，住房、休假、医疗、入学入托等困难得到缓解，一批知识分子进入县以上领导岗位。广西知识分子逐步有了一个施展才干振兴广西的良好平台。与此同时，广西开展全面整党工作，坚持和改善党的领导。自治区党委坚决贯彻党的十二届二中全会通过的《中共中央关于整党的决定》，决定广西从1984年2月起开始全面整党。通过整党，广西各级党组织严肃了纪律，纯洁了组织，建立健全了各种制度，面貌焕然一新，为中共广西壮族自治区第五次代表大会的召开打下了良好的基础。社会呈现全新发展面貌，为改革开放奠定稳定基石。

（三）探索实施发挥经济优势战略，开启发展新篇章

像全国一样，广西的改革开放也是从农村开始的，而农村改革又是从打破人民公社“一大二公”的体制枷锁、确立家庭联产承包责任制开始的。1980年，自治区党委根据中共中央下发的《关于进一步加强和完善农业生产责任制的几个问题》文件精神作出决定：各种形式的农业生产责任制都允许存在，不搞一刀切，不要硬扭。随着农村改革的发展，广西的城市经济体制改革也在自治区党委、政府的领导下积极有序地展开，广西全面改革开放渐次铺开，向纵深方向拓展。1984年开始工业改革，推行经济责任制；同年，北海市（含防城港）被国务院批准为沿海开放城市，广西开始掀起开放的热潮；1988年，钦州市、合浦县、防城各族自治县、梧州市、苍梧县和玉林市被国家列为沿海经济开放区，标志着广西对外开放全面铺开。1988年4月，第七届全国人大一次会议通过宪法修正案，“私营经济”的提法第一次出现在国家的根本大法中，广西紧跟其后，大力发展私营经济。由此，党的十三届三中全会以后，广西从农村到城市，从集体到个人，一股股强大的改革气旋喷涌而出。在改革开放头十年，广西经济经历了一个加速发展的飞跃期，生产总值实现翻番，改革开放成功开启了广西腾飞发展的新篇章。

二、40年栉风沐雨，改革开放成就了广西新发展

（一）沐改革春风，开广西发展新路

邓小平视察南方时发表的重要谈话，在事关中国道路向何处去

的又一重大历史关头，为全党指引了方向，也为广西指明了道路，标定了方位。由此，广西各族人民在自治区党委、政府的领导下，高举改革开放的旗帜，齐心协力谋突破、促发展。进入20世纪90年代以来，广西在继续巩固和完善家庭联产承包责任制、深化农产品价格机制改革的同时，开启了经济体制改革，并成功地实现了从高度集中的计划经济体制到初步的社会主义市场经济体制，从封闭半封闭状态到有序开放的伟大历史转折。

（二）定改革政策，谋广西全面改革开放

随着改革开放的进一步推进，自治区党委、政府进一步解放思想，不断加大改革力度，积极推进现代市场经济建设，推进财税体制、投资体制、金融体制、外贸体制等配套体制的改革。这些改革措施促进了广西市场经济的发展，探索出一条符合社会主义市场经济发展规律的经济改革和发展的新路子。社会主义市场经济体制已经初步建立并不断完善，确立了以公有制为主体、多种所有制经济共同发展的基本经济制度，市场经济的微观基础逐步形成；形成了统一开放的市场体系；宏观调控和社会保障体系逐步健全，以间接调控为主的宏观调控体系已经建立并不断完善，按劳分配为主、多种分配方式并存，各种生产要素按贡献参与分配的制度体系初步建立。社会生产力得到前所未有的大解放，国民经济持续快速发展。1980年，宜州合寨村群众选举成立村委会，由此揭开了中国农民“直接行使民主权利，依法管理自己的事情，创造自己的幸福生活”的历史序幕。如今，广西农民在美丽广西建设中把集体的智慧发挥得淋漓尽致，打造生态乡村，建设幸福家园，致富奔小康，不少村庄正在进行集体合作的市场化探索。

（三）抓改革机遇，实现广西跨越式发展

21世纪初，党中央及时作出了“工业反哺农业、城市支持农村”的准确判断，出台了一系列“多予、少取、放活”等支农富农政策，突破城乡二元体制的限制，围绕这一工作思路，广西进一步深化农村改革。20世纪末，党中央提出西部大开发战略，广西牢牢把握国家深入推进西部大开发的宝贵机遇，加快经济发展。2010年7月，西部大开发工作会议在北京召开，部署新一轮西部大开发战略，广西在其中承担着新的历史使命。自改革开放以来，广西经济保持快速增长，经济总量连上新台阶。从1979—2017年，广西经济年均增长10.9%，与同期全国平均增速相同；城乡居民收入大幅增长，人民生活从温饱不足发展到总体小康，实现了新跨越。1979—2017年，广西人均生产总值以年均8.3%的速度快速增长，广西城镇居民人均可支配收入和农村居民人均纯收入增长了18倍以上；人民生活从以“吃穿”为重点转向以“住行”为重点的多层次消费，广西贫困人口从1978年的2100万人减少到2017年的246万人。社会事业全面进步，由社会事业发展滞后向经济社会全面协调发展转变，广西精神文明、政治文明建设得到长足发展。覆盖城乡的义务教育体系全面建立，城乡社会卫生服务体系不断完善，文化事业和文化产业共同发展的格局初步形成，基本公共服务正在朝着均等化方向发展，政治体制改革稳步推进，基层民主活力不断增强，与社会主义市场经济相适应的法律法规体系已基本建立，等等。改革开放40年，广西实现了经济社会的全面跨越式发展，人民群众的获得感、幸福感、安全感不断增强。

三、40年昂首阔步，改革开放重塑了广西新形象

（一）构建西南出海大通道

改革开放之初，广西在区内改革的同时不断加快对外开放的步伐。1992年，广西正式提出建设大西南出海通道的设想，并拟定为西南地区出海通道服务的15项交通工程建设规划。同年，中共中央明确提出“要充分发挥广西作为西南地区出海通道的作用”。从1992年开始，按照党中央的战略决策，广西历届党委、政府紧紧围绕“建设西南出海大通道”这一重大议题，投入大量人力、物力和财力，进行大规模的基础设施建设。经过10年努力，广西区内及西南腹地从广西或经广西向各个方向出海的交通网络已具雏形，西南出海大通道基本建成。

（二）打造中国—东盟重要门户

2003年10月8日，中国国家领导人在第七次中国与东盟（10+1）领导人会议上倡议，从2004年起每年在广西南宁举办中国—东盟博览会，同期举办中国—东盟商务与投资峰会。2010年1月1日，中国—东盟自由贸易区正式启动，标志着这片由中国和东盟十国组成的，接近6万亿美元国民生产总值、4.5万亿美元贸易额的区域，开始步入零关税时代。这对广西对外开放和发展来说具有里程碑意义，也为广西的跨越式发展提供了又一重大历史机遇。自治区党委、政府牢牢抓住系列重大历史机遇，进一步加快广西对外开放的步伐。

（三）培育北部湾经济区增长极

21世纪初，以防城港、钦州港、北海港三港组成的北部湾港向现代化大港迈进，广西北部湾经济区开放开发已经上升为国家战略。2006年3月，广西北部湾经济区规划建设管理委员会成立，标志着广西北部湾经济区全面开放开发正式启动。经过十多年的发展，北部湾经济区已经成为广西探索沿边沿海联动发展新模式的典范。先行先试、大胆推进如个人本外币兑换特许业务试点，企业“先照后证”登记制度试点，城镇居民和农村居民统一参保补助等制度改革。与打造西江亿吨黄金水道一并，广西既要把北部湾地区发展起来，使之成为重要的经济增长点，同时也要把西江经济带发展起来，实现“双核驱动”，实现广西的经济发展。

（四）承担“一带一路”新使命

党的十八大以来，广西全面贯彻落实以习近平同志为核心的党中央赋予的“构建面向东盟的国际大通道，打造西南中南地区开放发展新的战略支点，形成21世纪海上丝绸之路与丝绸之路经济带有机衔接的重要门户”的“三大定位”新使命，深入实施开放带动战略，提升开放型经济水平，构建“四维支撑、四沿联动”的全方位开放发展新格局。由广西出海的国际陆海贸易新通道，连接中国西南西北腹地和东南亚国家，有效衔接了“一带”和“一路”。国际陆海贸易新通道建设的阶段性成果，是广西正在形成开放发展新格局的缩影。开放促发展，广西的战略地位得到显著提升，实现了由西南边陲向对东盟开放合作前沿和窗口的转变。广西对外开放不断扩大，全方位、宽领域、多层次的对外开放格局已经形成。

四、40年高歌奋进，改革开放创造了广西新业绩

（一）树立民族团结新典范

广西地处祖国西南边疆，区内有壮、汉、瑶、苗、侗、仫佬、毛南、回、京、彝、水、仡佬等12个世居民族和40多个其他民族居住，是全国5个自治区之一，是少数民族人口最多的省区，也是壮族人口最集中聚居的地区。早在新中国成立之初，广西就开启了在少数民族聚居地区实行区域自治的进程。至2013年末，广西除建立了壮族自治区以外，还建立有12个自治县，批准3个县享受自治县待遇，成立了59个民族乡。11个世居少数民族中有8个实行了区域自治，实行区域自治的少数民族人口约占广西少数民族人口的92%。广西形成了各民族政治上平等，各民族共同当家作主，依法管理民族内部事务，多层级的民族区域自治格局。改革开放以来，特别是进入21世纪以来，在党的民族政策光辉照耀下，在全国各族人民大力帮助和支持下，广西各族人民自强不息、开拓创新、励精图治、奋发图强、团结奋斗、同心同德建设美好家园，维护国家统一，促进边疆稳定，谱写了祖国南疆繁荣发展的新篇章。

（二）展现扶贫攻坚新面貌

加快贫困地区脱贫致富奔小康，是广西全面建成小康社会必须啃下的硬骨头。广西向来都是我国扶贫攻坚的主战场。一直以来，广西集“老、少、边、山、穷、库”多种困难于一身，贫困面大，贫困人口多，经济基础落后，扶贫工作剩下的都是难啃的硬骨头。广西要实现与全国同步全面建成小康社会，最大的短板和“拦路

虎”就是脱贫。于广西，扶贫是民生之首，是发展之要，更是赶超之基。改革开放以来，广西坚持以集中连片特困地区、重点县和贫困村为主战场，突出抓好贫困地区基础设施建设、产业发展、特困区域综合治理等工作，扶贫开发成就显著。尤其是党的十八大以来，广西上下深入贯彻落实习近平总书记关于扶贫开发的重要论述，把脱贫攻坚作为最大的政治责任、最大的民生工程、最大的发展机遇，全面吹响了广西“攻坚五年、圆梦小康”冲锋号，大力推进精准扶贫精准脱贫。2016年广西有111万贫困人口脱贫，减贫速度25%，均居全国前列；实现943个贫困村、4个贫困县摘帽，“十三五”脱贫攻坚首战告捷。广西在建立组织保障体系、精准管理模式、“一户一册一卡”模式、贫困退出和脱贫摘帽激励机制，以及实施监督、通报、协调“三项制度”等5个方面进行创新，推动广西脱贫攻坚开展，并在全国塑造了扶贫攻坚新面貌。

（三）描绘生态环境新画卷

促进产业“绿色转型”，推动经济“绿色增长”；创造更多“绿色财富”，提升社会“绿色福利”；切实履行“绿色责任”，作出更

广西牢固树立保护生态环境理念，探索具有广西特色的“绿色崛起”之路（黄佩强　摄）

多“绿色贡献”。在美丽广西的幸福画卷里，美好生态是底色。改革开放以来，广西在加快发展经济的同时，十分重视生态环境保护和建设。2017年，广西森林覆盖率62.31%，跻身全国最绿省区前三强。而每年发布的《中国环境状况公报》显示，广西不仅近岸海水质量位居全国前列，而且地表淡水、空气质量在全国也居一流水平。党的十八大以来，广西生态建设让曾经的“地球之癌”——石漠化尽显颓势。如今，八桂大地呈现出“石山增绿、群众增收、村在林中、家在绿中”的美好景象。

（四）谱写时代发展新篇章

党的十八大以来，面对复杂多变的国际国内环境和艰巨繁重的改革发展稳定任务，广西坚持把发展作为最大的政治、最硬的道理、最紧迫的任务，积极应对各种风险挑战，主动适应经济发展新常态，统筹推进“五位一体”总体布局和协调推进“四个全面”战略布局，全力做好稳增长、促改革、调结构、惠民生、防风险各项工作。特别是坚决贯彻落实习近平总书记提出的“三大定位”新使命和“五个扎实”新要求，确立“持续营造‘三大生态’、加快实现‘两个建成’，扎实推进富民兴桂，奋力谱写新时代广西发展新篇章”的总体思路和奋斗目标，作出深入实施创新驱动、开放带动、双核驱动、绿色发展四大战略，全力打好基础设施建设、产业转型升级、农村全面脱贫三大攻坚战的重大部署，积极推动珠江—西江经济带、左右江革命老区、桂林国际旅游胜地等区域发展上升为国家战略，实施“强龙头补链条聚集群、抓创新创品牌拓市场”产业发展布局，构建“南向、北联、东融、西合”全方位开放发展新格局，不断开创又好又快发展的新局面，综合实力稳步迈上新台阶，广西在国家战略全局中的地位作用显著提升。

改革开放40周年，也是广西壮族自治区成立60周年。60年来，广西主要经济指标实现数十倍甚至百倍增长，从一个西部边陲山区发展成为我国改革开放的重要窗口。广西60年来取得的成就是改革开放以来我国实现历史性变革、取得历史性成就的一个生动缩影。改革开放40年来，从农村到城市，从试点到推广，从经济体制改革到全面深化改革，广西人民始终坚持高度的历史自觉和使命担当，更加坚定地肩负起探索少数民族地区高质量发展之路、加快实现“三大定位”、维护民族团结和祖国统一以及强边固防、睦邻安邻的神圣使命，主动把自身发展放到党和国家工作全局中去思考、去谋划、去推进，倾力服务、奋发有为，为社会主义新时代民族团结进步事业贡献更多广西力量。时代潮流，浩浩荡荡，唯有弄潮儿能永立潮头。行进在伟大新时代的新广西，正焕发着勃勃生机。走在改革开放春天里的美丽八桂，将以习近平新时代中国特色社会主义思想为指引，坚定不移推进改革开放，为中国的繁荣发展作出新的更大贡献，推动谱写人类命运共同体的精彩华章。

第一章

解放思想拨乱反正

于无声处听惊雷，1978年的真理标准问题大讨论，拉开了当代中国思想解放的伟大帷幕。如果说实施改革开放是20世纪中国变化最深刻、最翻天覆地、最具有创新性的历史事件，那这场伟大的变革的起点就是思想解放。1978年12月召开的中国共产党十一届三中全会，否定了“两个凡是”的错误方针，果断停止使用“以阶级斗争为纲”的错误口号，重新确立了解放思想、实事求是的思想路线，实现了党的思想路线的拨乱反正，把党的工作重点转移到社会主义现代化建设上来，重新确立了马克思主义的思想路线、政治路线和组织路线。全会宣告我国进入改革开放的一个崭新时代，也由此揭开了广西解放思想求发展的序幕。自治区党委、政府按照党中央的部署，开始从思想路线上进行拨乱反正，全面部署平反冤假错案工作，逐步实现工作重点转向经济建设，从而促进了广西安定团结局面的形成，为广西全面推行改革开放和现代化建设奠定了基础。

一、实现伟大转折，恢复实事求是的思想路线

党的十一届三中全会是新中国成立以来党的历史上具有深远意义的伟大转折点，恢复了正确的思想路线，标志着我国“文化大革命”结束后的两年徘徊局面结束，揭开了中国改革开放的序幕，我国进入社会主义现代化建设新时期。

（一）破思想障碍走出徘徊

1976年粉碎“四人帮”，宣告“文化大革命”结束，中国处于百废待举的局面。党和政府揭发批判“四人帮”的反革命集团罪行，清查他们的反革命帮派体系，整顿党和国家组织，落实干部和知识分子政策，平反了一部分冤假错案，开始对“文化大革命”以前历次政治运动遗留下来的一些问题进行清理，恢复和整顿正常的工农业生产，促进科学技术和文学艺术的繁荣，恢复了高校招生考试制度等。这些都为党和国家实行新的改革开放政策奠定了良好的政治基础。

从1977到1978年，广西根据党中央的部署，政治上开展对“四人帮”篡党夺权阴谋揭发批判，经济上扭转了“文化大革命”时期的被动局面，总体经济形势有所好转，经济发展取得一定的成就。但由于没有根本上清除“左”的思想，没有发挥广西的资源优势和地理位置优势，许多问题没有得到解决。经济建设中存在的问题主要表现为：一是农、轻、重比例失调问题没有得到解决，甚至出现较为严重的偏离。由于突出发展重工业，导致农业发展缓慢，粮食减产，农副产品、日用消费品等事关居民生活的轻工业产品供

应紧张，人民生活水平改善不明显。二是过高的积累率影响导致积累和消费比例失调，城乡居民收入得不到保障，还出现劳动就业问题。三是基建投资效益不高，投入多、产出少。由于急于求成和追求高指标，使基本建设战线过长，摊子过大，真正完成投产的项目并不多。党的十一届三中全会后，这种情况有了根本的改变。

（二）思想解放助推拨乱反正

1978年5月11日，《光明日报》发表特约评论员的文章《实践是检验真理的唯一标准》，从马克思主义哲学的角度否定了“两个凡是”的错误方针，从而在全国掀起真理标准问题的大讨论，自治区党委也表态支持这篇社论的观点并在广西开展真理标准的大讨论。

1978年8月9日，《广西日报》转载了《实践是检验真理的唯一标准》一文，自治区党委委托广西社会科学研究所召开了真理标准问题理论讨

实践是检验真理的唯一标准

《光明日报》特约评论员

狠抓教学质量　办好“七·二一”大学

1978年8月9日《广西日报》第二版转载《光明日报》文章《实践是检验真理的唯一标准》（广西日报社　供图）

论会。同年10月16日，自治区党委召开常委扩大会议，认真学习和讨论关于实践是检验真理的唯一标准问题。自治区党委指出：弄清实践是检验真理的唯一标准问题，对于进一步解放思想，坚持实事求是，落实政策，调动广大干部、群众的积极性，加快实现四个现代化的步伐，都具有极其重要的意义。这次会议还研究解放思想要落到实处，指出要进一步落实好党的干部、知识分子等政策。这就为广西贯彻党的十一届三中全会精神，拨乱反正打好了理论基础。

1978年，党的十一届三中全会果断停止使用“以阶级斗争为纲”的口号，把全党工作重点转移到社会主义现代化建设上来，实现伟大的具有决定意义的转折。“以阶级斗争为纲”的停止使用，真正打碎了长期阻滞党和国家工作重心转向现代化建设的思想桎梏，消除了干部、群众对徘徊两年的种种困惑、疑虑，党和国家的工作步入了正确轨道，人民生活恢复了正常。党的十一届三中全会是新中国成立以来伟大的历史性转折，结束了我国徘徊中前进的局面，党和国家的发展终于又回到了正确道路上，奠定了改革开放事业的政治基础。

党的十一届三中全会后，自治区把工作重点转移到社会主义现代化建设上来，经过40年的发展，广西综合经济实力明显增强，对外开放水平日益提高，基础建设突飞猛进，人民生活水平逐步提高，促进壮乡历史性的飞跃，为构建富裕文明和谐美丽新广西创造了条件。

（三）布局广西思想解放大讨论

解放思想是党的思想路线的本质要求，是发展中国特色社会主义的一大法宝，是适应新形势、应对新挑战、认识新事物、完成新任务的根本思想武器。改革开放以来，我国改革的每一次突破，开放的每一次深化，发展的每一次提速，都是解放思想的结果。

党的十一届三中全会实现了伟大的转折，为自治区党委、政府解放思想指明了方向。1978年12月底和1979年初，自治区党委召开工作会议和四届三次全体（扩大）会议，传达贯彻党的十一届三中全会精神，把广西的工作重点也转移到社会主义现代化建设上来，并为拨乱反正作了思想准备。会议指出广西首先要进一步解放思想，开动机器；其次要大力宣传党的十一届三中全会精神，把广西党员和干部群众思想和行动统一到社会主义现代化建设上来；再次要抓紧落实党的各项政策，解决历史遗留问题，纠正错误，增强团结，保持政治局势的稳定。

这次会议之后，自治区党委、政府部署工作重点的转移。1979年9月3日至12日，自治区党委工作会议指出：全区绝大部分干部群众拥护党的十一届三中全会确定的路线、方针和政策，但还有相当一部分干部思想转不过来，对党中央的部署理解不透彻，工作中

区党委召开四届三次全体（扩大）会议

传达学习三中全会精神　集中精力搞好现代化建设

到会同志解放思想，开动机器，发扬民主，实事求是，展开批评和自我批评，热烈讨论把全党工作的着重点转移到社会主义现代化建设上来的重要意义和制定我区实行重点转移的措施

图为《广西日报》对广西壮族自治区党委四届三次全体（扩大）会议的报道（广西日报社　供图）

没有认真执行，存在这种现象的根本原因是对检验真理的标准问题理解不深。因此，广西必须在全区范围继续深入开展解放思想大讨论，认真补课。广西再次掀起以真理标准问题为中心的解放思想大讨论，通过“补课”，逐步认识了“左”的危害，做到与党中央统一步调，广大干部群众的思想进一步从“左”的禁锢中解放出来，为广西的改革开放事业的顺利推行扫清了思想障碍。

二、破除发展桎梏，拨乱反正树社会新风

在拨乱反正过程中，广西根据中共中央的部署，把在“文化大革命”期间被错误关押的一批领导干部从“牛棚”中解放出来，妥善安排工作；把因种种原因被下放到基层劳动的干部解放出来，重新安排工作。同时调整充实各级领导班子，一批政治坚定的优秀中青年干部走上各级领导岗位，还把一批工程技术干部重新调回原来的技术岗位。

（一）妥善处理历史遗留问题

党的十一届三中全会后，自治区党委坚持实事求是、有错必纠，平反了大批冤假错案，解决了广西解放以来的许多历史遗留问题。1979年2月，自治区党委对1957年“反右派”运动中被错划为右派的9700多名干部进行甄别平反。1981年6月，党的十一届六中全会通过《中国共产党中央委员会关于建国以来党的若干历史问题的决议》后，自治区纪委根据中央精神，对广西自1950年至1978年底的案件进行全面清理、复查，对冤假错案也作了甄别和

平反工作。1982年12月，自治区党委向中央递交《关于进一步处理好广西“文化大革命”遗留问题的请示报告》。1983年1月，中共中央批复这一报告，要求广西以《中国共产党中央委员会关于建国以来党的若干历史问题的决议》统一全区党员和群众的认识，按照“实事求是，有错必纠”“宜粗不宜细”的原则，抓紧平反一切冤假错案，尽快落实党的各项政策。

1983年5月，自治区党委召开处理“文化大革命”遗留问题工作会议，认真学习贯彻党中央指示精神，再次组织全体党员和人民群众学习党的十一届三中全会以来的路线、方针、政策和《中国共产党中央委员会关于建国以来党的若干历史问题的决议》，彻底否定“文化大革命”，克服派性，增强党性，把全区思想认识统一到该决议上来。会上还决定成立“处遗”领导小组，先后抽调10多万名干部在广西开展“处遗”工作。1985年6月，历时两年多的“处遗”工作宣告胜利结束，广西形成了安定团结的政治局面。

（二）贯彻落实知识分子政策

全面拨乱反正的另一项重要任务是落实知识分子政策，为知识分子平反，提高待遇，在广西营造尊重知识、尊重人才的良好环境。

1978年5月，自治区党委发布《关于认真落实党的知识分子政策的通知》，各地区、各部门根据通知，恢复各类专业技术职称的评定工作，一批又红又专、成绩突出的知识分子走上各类技术岗位，工作和生活条件也得到较大改善，调动了广大知识分子的积极性。同年6月，自治区党委和革委会召开科学大会，表彰了一大批优秀专家学者。

落实知识分子政策，使广大知识分子精神上得到解放，劳动受到尊重，社会地位显著提高，工作条件和生活待遇也得到了明显改善，促进了广西的安定团结，为广西全面改革开放和经济建设提供了精神动力和智力支持。

三、启动“灵魂引擎”，思想解放引领改革开放

“文化大革命”结束后，按照党中央的部署，广西遵行正确的思想路线的指导进行拨乱反正，逐步肃清了“四人帮”的流毒，明辨是非，稳定社会秩序，进一步恢复国民经济。

（一）狠抓整顿奠改革基石

1977年8月，自治区党委和革委会作出了关于贯彻落实全国农田基本建设会议精神和关于整顿加快发展社队企业的指示，广西随之掀起了农田基本建设高潮，新修和整修了一批水利工程，新增灌溉面积53.8万亩。广西各类社队企业发展到3.98万个，总收入7.99亿元。1978年5月，广西批判“四人帮”进入联系实际的阶段，自治区党委四届二次全会提出，要进一步紧密联系实际，肃清“四人帮”流毒。广西干部群众有针对性地开展批判，效果良好。如田林县在揭批“四人帮”中，肯定了定安公社那弄生产队实行“定劳力、定任务、定质量、定工分”的责任制，改变了过去社员干活一窝蜂、出工不出力的状况。

1978年6月，自治区革委会召开工业学大庆会议，在工业学大

庆和揭批“四人帮”斗争的推动下，纠正企业的无政府状态，改善了经营管理，稳定了生产秩序，恢复了“文化大革命”前的奖金、计件工资和各种岗位责任制、经济核算制等，一些长期亏损的企业开始盈利。如长期亏损大户柳州造纸厂，通过学习大庆经验，在厂里定任务、定消耗、定成本，推行厂、车间、班组三级核算等制度，激发了工人的生产热情，提前完成了1978年的生产任务，一举扭亏为盈。1978年，自治区工业总产值达到69.97亿元，比1977年增长9.51%。

（二）初试改革扬发展之帆

党的十一届三中全会后，为恢复经济，中共中央和国务院提出了国民经济“调整、改革、整顿、提高”的新“八字方针”。1977—1982年，是广西初步实行改革开放的时期，自治区党委、政府认真学习党的十一届三中全会精神，贯彻落实新“八字方针”，把广西工作重心转移到经济建设上来，稳步推进改革开放。

1979年5月，为贯彻落实中共中央确定的调整经济的新“八字方针”，自治区党委召开工作会议，调整农业、轻工业、重工业的比例关系，决定根据广西的实际情况，提出适当放慢重工业的发展速度，巩固农业基础地位，加快发展轻工业的原则。农业建设中，重申“粮食还是第一位”，并积极发展农村的多种经营，促进粮食增产，经济作物和林牧渔业较快发展。农业内部也进行相应调整，在保证粮食种植的前提下，因地制宜发展经济作物种植，鼓励发展林、牧、副、渔业，同时发展第二、第三产业，允许农村举办乡镇企业，发展小工业、建筑业、运输业、商业等，以此作为振兴农村经济的新途径。工业调整中，增加了对轻工业的投资，使轻工业的投资占工业总投资中的比重由1978年的17.73%提高到1982年的32.59%。相应提高了城市公用事业、文教卫生事业和职工住宅非生产性建设的投资比重；改变过去长期忽视职工生活的偏向，1979年城镇和工矿区职工住宅竣工面积680万平方米，这比广西解放后近30年的住宅竣工面积总和还要多，居民住房条件大有改善，对调动广大职工的生产积极性起了重要作用，使城镇居民也享受到改革的红利。工业调整中，保证煤、电、制糖、棉纺等重点工程建设，清理其他在建项目，压缩投资12.1亿元，关、停、并、转了一批产品不对路、长期亏损的小钢铁、小机械、小化肥等企业。

经过3年的调整，广西农、轻、重总产值之间的比例关系开始走向较为合理的状态，由1978年的39.5∶32.4∶28.1调整为1982年的49.0∶32.6∶18.4。广西是农业人口占绝对优势的大省区，城镇户籍人口偏少，因此，解决吃饭、穿衣是经济发展的头等大事。从这个意义上说，调整后的比例比较适应广西国民经济的发展要求，也符合人民群众的生产生活需要。

1979年，广西经济建设转变到发挥自身优势的思路上。1980年制定了改革开放的第一个广西经济战略发展规划。1980年2月，自治区党委、政府发布《关于建立商品粮基地公社的决定》，确定210个公社为商品粮基地，加大对这些基地的资金投入，兴修水利、改善交通、推广农业技术；对农民交售商品粮奖售化肥、自行车等紧俏工业品。这些措施，提高了农民发展粮食生产和交售商品粮的积极性，这210个商品粮基地在1980—1983年间，共增产粮食122.5万吨，充实了国家粮食库存，保障了社会供给，为工业发展提供了原料。

1980年6月，自治区党委集思广益、博采众长，提出广西自身的“八大优势”，即蔗糖、水电、有色金属、林业、土特产品、建筑材料、外贸和旅游业等，后来提出把稳定粮食生产作为保证发挥这“八大优势”的基础。在此基础上，1981年自治区党委、政府提出了广西经济发展战略，即“巩固一个基础（粮食），抓紧两大支柱（蔗糖、水电），发挥八大优势”的方针。蔗糖和水电这“两大支柱”包含在“八大优势”中，定为支柱更加说明这两大产业对广西发展的重要性。这一战略是自治区党委、政府和广西人民解放思想、实事求是的成果，是改革开放以来广西的第一个经济发展战略，这种战略思维对以后的广西改革开放事业具有重要的启示意义。

经过几年的建设，广西“八大优势”逐步显现出来，这一战略充分起到指引广西发展的作用。一是使糖业的支柱地位得以凸显。从1977年至1983年，新增日榨500吨以上糖厂28座，并扩建了一批老厂，改进了制糖工艺；1982年，广西甘蔗产量达到722.85万吨，比1977年增长1.90倍；机器制糖48.68万吨，比1978年增长93.94%。蔗糖发展，不仅增加了农民和地方财政的收入，而且带动了机械、食品、商业等行业的发展。二是促进了水电的开发速度。国家制定了红水河长期规划，开工建设天生桥、岩滩等大型水电站，广西还自力更生建设了一批小水电站，使广西的水电资源优势开始得到发挥。三是有色金属、林业、土特产品、建筑材料、外贸和旅游业也发展较快。广西建成了柳州工程机械厂、黎塘水泥厂、南宁棉纺厂等大中型企业，水泥产量由1978年的224.38万吨增加到1982年的274.49万吨，增长了22.3%；1982年国家把桂林市列为首批公布的24个历史文化名城之一，广西以此为契机促进以桂林为龙头的广西全区旅游产业开发和保护。

由于“八大优势”战略的贯彻落实比较到位，广西经济布局渐趋合理，经济效益显著提高。除传统的制糖、电力、矿业发展较快之外，一些新兴产业如汽车、化工、医药制造业以及卷烟工业等异军突起。

总之，改革开放的初期，广西总体形势逐渐好转，经济建设和其他各项事业取得了很大成绩，人民群众也享受到改革开放带来的实惠。1982年，广西生产总值129.15亿元，比1977年增长了55.69%；人均生产总值354元，比1977年增长40.18%；地方财政收入13.03亿元，比1977年增长7.95%；广西粮食总产量达1374.01万吨，比1977年增长23.21%；农民人均纯收入235.28元，比1978年增长96.07%，城镇居民人均生活收入468.72元，比1978年增长62.07%，城乡居民储蓄存款余额13.05亿元，比1977年增长2.91倍。

1985年6月，广西历时2年多的处理“文化大革命”遗留工作宣告结束，为全面经济改革的深入创造了条件，为进一步解放思想铺平了道路，安定团结的政治局面促进了经济的快速发展。这一年，中共广西壮族自治区第五次代表大会召开，通过了《加强团结、锐意改革，为实现广西经济尽快翻身而奋斗》的报告，确立广西经济社会发展要上一个新台阶，实现1990年生产总值要比1980年翻一番的目标。随后，自治区党委、政府认真贯彻中共中央、国务院的各项政策方针，团结和领导广西各族人民，排除各种阻碍、克服各种困难，快速实现了政治稳定、社会稳定和经济发展。

1988—1992年，是广西各族人民解放思想、开拓进取的5年，也是治理整顿后，广西改革开放和经济建设取得显著成绩的5年。通过加大技术改造力度，并按照市场需要不断调整产业及产品结构，广西逐步形成一批具有地方特色，有一定竞争力的优势产业和拳头产品。20世纪90年代，制糖业年产量基本都能保持在200万吨左右，成为全国最大的糖业基地；汽车、内燃机、工程装载机、空压机等为主的机械制造业生产在全国小有名气，其中，微型汽车产销量占全国第一位，工程装载机和中型柴油机产销量居全国第一位；以铝、锡、锰矿等开发工业为主的有色金属工业和水泥、陶瓷等在全国也占有一席之地。

这一时期，广西平果铝终于上马，这在广西有色金属工业发展上具有重大意义。1986年1月26日，邓小平视察广西，广西壮族自治区主要领导向他汇报工作时，请示中央批准平果铝尽快立项建设。同年9月13日，邓小平听取国务院领导有关国家重点建设项目定盘子汇报会，明确指示："广西平果铝要搞！"随后，广西平果铝项目被确定为国家"七五"计划重点工程之一。1991年5月7日，平果铝项目正式开工建设，一期总投资就达44.38亿元，成为

图为今日平果铝工业园（周军　摄）

中华人民共和国成立后一次性投资最大和利用外资最多的有色金属建设工程。1995年9月，平果铝全面建成投产，作为特大型的铝冶炼企业，它的建成投产，使桂西北铝土矿资源优势逐步转化为经济优势，拉动了桂西北的经济发展，对广西全区工业生产也起了重要的推动作用。

（三）解放思想促进改革开放

自治区党委、政府历来重视解放思想对广西改革开放和经济社会发展的重要意义，在每次思想解放运动中，都能做到针对广西实际情况，认识自身发展规律与地域特色，并正确地提出切实可行的整改方案，推动广西的改革开放新突破。

1. 解放思想加快步伐

1992年初，邓小平同志发表南方谈话，推进改革开放进入新阶段。1992年3月初，广西深入学习贯彻邓小平南方谈话精神，自治区党委作出部署，决定在广西开展全区解放思想大讨论，促进干部群众的思想大飞跃，实现广西改革开放和经济的大发展。

1992年4月，自治区党委六届四次全体（扩大）会议召开，传达学习邓小平南方谈话关于建设有中国特色社会主义的一系列新的重要论述，认真总结、分析广西改革开放和经济发展的成绩、经验、教训和存在问题，认真整改，制定加快广西发展的政策和措施。自治区党委领导作了题为《解放思想，加快改革开放步伐，抓住时机，把经济建设搞上去》的讲话。会议提出，广西要进一步解放思想，坚定不移地贯彻党的基本路线，加快改革开放步伐；要集中精力，把经济建设搞上去，力争生产总值增长速度高于全国平均增长水平，到20世纪末，广西生产总值突破1000亿元，提前实现第二步战略目标。1992年5月，党中央、国务院作出“充分发挥广西作为西南地区出海通道作用”的重大决策。这样，广西的改革开放实现了一个新跨越。1998年，广西生产总值达1903亿元，比1978年增长4.9倍，实现年均增长9.3%。广西综合经济实力已经大大增强，在全国排名第16位。2000年，广西生产总值达到2065亿元，经济实力明显增强，为21世纪实现“富民兴桂新跨越”奠定物质基础。

2. 解放思想赶超跨越

2004年中国—东盟博览会、中国—东盟商务与投资峰会永久落户南宁市。国家相继批准实施广西北部湾经济区发展规划和设立钦州保税港区，广西参与泛珠合作、西南协作及与港澳台等的合作深化拓展。泛北部湾经济合作稳步推进，广西在国内外的影响力不断增强，对外经济合作快速发展。

图为中国—东盟博览会举办地——南宁国际会展中心（卢伊琳　摄）

2006年，中共中央在听取广西工作汇报时要求，广西沿海发展应成为新的一极，后来又强调，广西要积极参加区域合作，努力建设成为中国与东盟的区域性物流基地、商贸基地、加工制造基地和信息交流中心，打造成为连接多区域的国际通道、交流桥梁、合作平台。2008年1月16日，国家正式批准实施《广西北部湾经济区发展规划》，广西北部湾经济区开放开发正式纳入国家发展战略，使北部湾经济区开放开发进入了一个新的阶段，为广西的大开放、大发展创造了良好的条件。

中国特色社会主义的伟大实践永无止境，解放思想也永无止境。2008年2月15日，广西“解放思想、赶超跨越”大讨论活动动员大会在南宁召开。自治区党委、政府号召在广西开展“解放思想、赶超跨越”大讨论活动，广西迅速掀起新一轮思想大解放热潮。

自治区党委、政府强调，解放思想的力度决定赶超跨越的速度，广西必须永不僵化，永不懈怠，干部群众真正做到想干事、会干事、干成事。必须继续高举解放思想的大旗，着力克服广西普遍存在的“四种思想”、增强“四种意识”：一是克服安于现状、不思进取的思想，增强忧患意识，真正想干事。二是克服瞻前顾后、不敢担当的思想，增强责任意识，真正敢干事。三是克服观念陈旧、因循守旧的思想，增强创新意识，真正会干事。四是克服本位主义、狭隘封闭的思想，增强大局意识，真正干成事。党员干部特别是各级领导干部必须敢于担当、敢于突破，向解放思想要动力，通过思想大解放实现大发展。广西要紧紧抓住制约科学发展的关键问题、影响改革开放的突出问题、涉及民生改善的热点问题，通过解放思想释放强大动力推进广西的赶超跨越。

这次大讨论活动把广西的解放思想提高到一个新的水平，进一步找出广西自身的不足，开阔了干部群众的视野，用深入改革的思维武装了党员干部，为各项工作开展提供强大的动力，促进了广西的大开放、大改革、大发展。根据中央“把广西打造成连接多区域的国际通道、交流桥梁和合作平台”的重要指示，2008年7月17日，自治区党委、政府出台《关于掀起交通建设新高潮的决定》，广西以更大的决心和气魄、更大的力度、更多的资源，投入到交通建设中。

经过多年的建设，防城港20万吨级码头等相继建成投产，形成了以防城港、钦州港、北海港为主的三大港口群，在此基础上又整合沿海三港为广西北部湾港，吞吐能力达2亿吨。内河航运设施和交通状况得到极大改善，南宁—广州西江航道全线可通航千吨级船队，建成了一批内河港口码头，内河港口吞吐量提高到近1亿吨。桂林、南宁、柳州、北海、梧州机场新建或扩建。陆路交通方面，广西建成了西南最大的扶贫工程——南昆铁路。广西区内新建了钦北、黎钦铁路，改造了湘桂线、黎湛线等铁路；建设南广、贵广、云桂等铁路，2012年底广西铁路营运里程达3580公里，高速公路总里程达3197公里。公路总里程突破10万公里，实现地级市通高速公路、县县通二级以上公路、乡乡通沥青水泥路、村村通公路。2012年，以南宁为中心、以沿海港口为龙头的海陆空交通网络主骨架基本形成，广西建设西南出海大通道的目标基本达成。

随着北部湾经济区开发上升为国家战略，这一地区正在成为沟通中国和东盟国家之间的重要经济合作区。为此，广西从2008至2010年，实施“三年规划、百亿工程”方案：开工建设68个重点项目，石化、钢铁、林浆纸等一批重大产业项目成功落地；有序推进重点产业园区的形成，园区内骨干路网、供水、排水、环保等基础设施基本完善；钦州保税港区一期工程按期封关运作。

2010年后，广西更加强调北部湾经济区优先发展，加快构建“两区一带”区域协调新格局。深化改革，扩大以东盟为重点的对外开放。全方位、多领域拓展开放合作空间。积极推进泛北部湾、大湄公河、中国南宁—新加坡经济走廊、中越“两廊一圈”等次区域合作。与东盟在文化、教育、卫生等社会人文领域的交流合作全面展开。

在大开放的格局下，广西更加注重加快北部湾经济区产业集聚，逐步形成石化、电子信息、新材料、冶金、轻纺、林浆纸、粮油食品等特色产业体系。积极开展与泛珠三角、长三角、西南地区和港澳台地区合作，2008—2012年累积引进世界五百强企业45家、中国五百强企业50家、中央企业48家、国内五百强民营企业48家；招商引资到位资金2012年达到5660亿元。

2012年，以东盟为重点的沿海、沿边、内陆全方位开放合作格局初步形成。北部湾，这片美丽富饶的区域成为我国经济增长最快、最活跃的地区之一，正在形成一个跨省区、跨国界的经济圈和对接东盟的新增长极。

广西还把城镇化作为提振内需的重要手段，加快发展了南北钦防城市群以及桂中、桂北和桂东南城镇群，优化城镇布局。实施中心城市带动战略，推进产业园区与城市新区互动发展。广西5个城市成为国家园林城市，3个城市成为国家森林城市。全面实施扩权强县改革，集约发展县城和重点镇。推进户籍制度改革，促进农村人口向城镇有序转移。2012年，广西城镇化率提高到43.53%。随着工业的发展，广西城镇化水平的提高使城镇规模不断扩展、辐射作用不断增强，特别是中心城市已成为经济增长极和发展引擎，对广西经济增长贡献越来越大。

在“解放思想、赶超跨越”大讨论的几年中，广西国民经济又好又快发展，综合实力跃上新台阶。2012年广西生产总值1.3万亿元，人均地区生产总值4427美元，财政收入1810.07亿元，金融机构各项存款余额1.6万亿元，社会消费品零售总额4474.6亿元，外贸进出口总额294.7亿美元。形成食品、汽车、冶金、石化、机械、建材、电力、有色金属、建筑、旅游等10个千亿元产业。非公有制经济规模日益扩大，2011年规模以上非公有制工业企业实现工业增加值2419.71亿元，占广西规模以上工业增加值的比重为59.1%，对广西规模以上工业增长的贡献率为66.0%，对促进广西工业经济较快发展起着非常重要的作用。

（四）新时代引领改革开放

党的十八大之后，以习近平同志为核心的党中央坚持和发展中国特色社会主义，不断深化对党的执政规律、社会主义建设规律、人类社会发展规律的认识，提出了一系列新理念新思想新战略，涉及党和国家事业发展各个领域，涵盖治党治国治军各个方面，形成习近平新时代中国特色社会主义思想。这一思想体系蕴含着深刻的马克思主义世界观方法论基础，开辟了我们党治国理政实践的全新境界，提供了破解中国发展难题的科学指南，从而使我们在思想上又获得了进一步解放。

2016年11月，中共广西壮族自治区第十一次代表大会召开，这次大会是全面建成小康社会进入决胜阶段的一次重要大会，是迎接党的十九大召开的一次大会。中共广西壮族自治区第十一次代表大会报告指出，广西“各项工作不断取得新突破，全区呈现出良好发展局面和广阔发展前景”，但也存在不少的困难和问题，其中不能忽视的一个问题就是解放思想不够，“一些党员、干部改革创新意识不强，克难攻坚的思路不宽、办法不多，解放思想任务艰巨”。因此，要高度重视，采取有力措施，切实解决解放思想不够的问题。报告强调，“广西发展已经站在新的历史起点上。我们要以咬定青山不放松、不破楼兰终不还的决心和韧劲，驰而不息、久久为功，一步一个脚印，一年一个台阶，一届一份答卷。要进一步解放思想，打破因循守旧、不合时宜的思想禁锢，打破封闭僵化、阻碍发展的体制机制，打破按部就班、亦步亦趋的思维定势，敢为人先、敢闯新路、敢争上游，最大限度调动全社会干事创业积极性，凝聚起推动发展、实现跨越的磅礴力量”。

这次大会上也形成了广西新的发展战略，即“深入贯彻习近平总书记系列重要讲话精神和治国理政新理念新思想新战略，团结带领全区各族人民，坚持发展第一要务，着力营造风清气正的政治生态、团结和谐的社会生态、山清水秀的自然生态，奋力实现‘两个建成’目标，谱写建党百年广西发展新篇章”。

正当广西人民为营造“三大生态”、实现“两个建成”目标努力之时，2017年4月19日至21日，习近平总书记来广西考察，对广西经济发展提出新要求，“扎实推动经济持续健康发展，扎实推进现代特色农业建设，扎实推进民生建设和脱贫攻坚，扎实推进生态环境保护建设，扎实建设坚强有力的领导班子”。习近平总书记强调，要用治国理政新理念新思想新战略来指导广西的实际工作，并希望广西广大干部群众进一步解放思想、改革开放、真抓实干，不断开创改革发展新局面。广西干部群众纷纷表示不辜负总书记的嘱托，决心以更大的热情投入伟大的改革开放实践中去，以更加坚定的自信、更加昂扬的斗志，以优良的工作实绩，为营造“三大生态”、实现“两个建成”、谱写建党百年广西发展新篇章而努力奋斗。

改革开放40年来，广西已经发展为我国对东盟开放合作的前沿和窗口；国际大通道、交流大桥梁、合作大平台逐步形成；综合经济实力跃上两万亿元台阶；经济发展由农业主导型正在向工业主导型过渡，并且实现了由传统发展方式逐步向低碳、绿色、可持续发展方式的转变；人民生活水平向总体小康迈进。一个自强不息、蓬勃发展的广西，一个开放包容、和谐文明的广西，一个日新月异、充满生机的广西，正以崭新的姿态展现在世人面前。广西各族人民正在以习近平同志为核心的党中央的领导下，为实现中国梦登攀奋进，为实现广西梦阔步前行。

第二章

体制改革全面铺开

忽如一夜春风来。党的十一届三中全会解除了人民思想上的束缚，改革开放的春风吹进了八桂大地。自治区党委、政府根据国家的总体战略，结合广西的具体实际，坚持把经济体制改革作为广西发展全局的“火车头”，牵引各项改革不断深入，实现新旧体制的转换与创新，推进了发展战略的实施。20世纪80年代初期，广西农村开始推行家庭联产承包责任制改革，解放了农村生产力，农民的生产积极性迸发出来。短短几年，农村发生了翻天覆地的变化。农村经济的发展对原来农村基层管理体制提出了挑战，为创造安定的生产和生活环境，广西农民首创了村民委员会的自治形式，成为农村基层政权改革的范本。在农村改革的同时，城市经济体制改革也稳步推行，企业实行了承包经营责任制，激发了企业的活力。这一时期的对外开放也取得较大突破，为以后的广西大开放奠定了基础。从经济体制到政治体制，广西体制改革全面铺开。

一、家庭联产承包责任制解放农村生产力

（一）“双包到户”试水农村改革

1980年9月，中共中央印发《关于进一步加强和完善农业生产责任制的几个问题》，初步肯定安徽等地包产到户的经验。1981年中央文件明确提出，包产到户是社会主义农业经济的组成部分，性质是社会主义的，是应该受到保护的，这样就消除了人们对包产到户的怀疑态度。没有实施包产到户的农民急切盼望着实施这一改革，1981年上半年，自治区党委、政府经过对“双包到户”（包产到户、包干到户）的深入考察，确认“双包到户”并没有改变土地的集体所有性质，“双包到户”应该定性为农村集体经济经营管理的一种新型的责任制形式。“双包到户”不仅可以在农业生产条件差的山区推行，也可以在农业生产条件好的平原和丘陵地带推行。通过这次考察，自治区强调生产队采用什么样的责任制，可以由多数群众的意愿决定，干部不得违背群众的意愿。这样，自治区实际上就是明确了同意“双包到户”的做法，于是，“双包到户”很快在广西全区范围内扩展开来。1981年10月，自治区党委、政府下发了《关于印发农业生产责任制两个试行办法的通知》（即《广西壮族自治区农村生产队统一经营联产承包责任制试行办法》和《广西壮族自治区农村生产队统一管理包干到户责任制试行办法》），以政府文件形式明确建立农村建设责任制要充分走群众路线，符合多数农民的意愿，各地实行责任制要做到因地制宜，责任制形式可以灵活多样。这两个改革办法传达后，绝大多数生产队采用了包干到户或包产到户的办法，而其中又以采用包干到户办法的居

多。在农民的热情推动下，仅2个月的时间，“双包到户”就在广西如火如荼地大规模铺开，至1981年底时，广西全区实行“双包到户”的生产队达到全部农村生产队总数的62.4%，1982年上半年达到96.3%，基本完成了这一划时代意义的农村改革。这样，以农户家庭经营为主的联产承包制就取代了广西农村自实现农业合作化以来实行的“三级所有，队为基础”的农业经营管理集中统一的体制，这是一次最深刻的经济体制改革，再一次解放了农村的生产力。

（二）家庭联产承包责任制全面推开

1982年，广西农村普遍推行包干到户和包产到户两种家庭联产承包责任制。与家庭联产承包责任制改革相关的改革措施：一是采取“休养生息”的方针，1981年起自治区两次调减粮食征购任务共2.3亿斤（11.5万吨），一定程度上减轻了农民负担，使农民自留口粮有了较多的增加，也为农村的多种经营提供了物质基础。自治区人民政府还推行了农产品增产不增税的政策，使农业税与农业收入的比重，降低到历史最低水平，对农业所需资金，政府财政和信贷部门给予大力支持。二是按照国家规定，自治区大幅度提高农副产品的收购价格，增加了农民收入。三是价格改革和流通体制改革也惠及农村，政府逐步放开了农产品价格和农村市场，搞活农村商品流通。这些改革，适应了农村生产力水平和农业生产的特点，因而极大地调动了农民生产经营的积极性，使农村面貌短时间就发生了可喜的变化。农业经济活力增强，种植业、畜牧业、水产业、工副业等也都获得了很大发展。1982年，广西粮食生产比1981年净增224.56万吨，成为1949年后广西粮食增产最多的一年，广西人均占有粮食达373公斤。

1984年至1985年初，广西进行政社分开的管理体制改革，废除了人民公社，设立乡镇，并且因地制宜，逐步调整农村产业结构。对于不适合种植水稻、玉米等粮食作物的耕地逐步调整为种植甘蔗、烤烟等经济作物，实现农民的增产增收，加快林业、畜牧业、农副业、渔业的发展，有条件的地方创办了乡镇企业，积极鼓励农村第二、第三产业的发展。

家庭联产承包责任制的改革，促进了广西农村生产力的发展，广西农村出现了翻天覆地的变化。农业综合生产能力跃上新台阶，1978—1990年，广西农业总产值实现年均递增4.75%。1990年，广西粮食总产量1402.6万吨，糖料蔗1501.8万吨，水果91.6万吨，肉类104.15万吨，水产品产量32.35万吨，乡镇企业总收入104.99亿元。农村产业结构逐步得到优化。林果业、养殖业等发展较快，在农业总产值中农、林、牧、副、渔各业产值所占的比重变得更加平衡，乡镇企业异军突起。农民人均收入大幅度增加，1990年广西农民人均纯收入达到499.7元，与1978年相比，增长3.18倍；广西49个贫困县的600万人解决了温饱问题。

二、开创村民自治制度先河

（一）农村改革的政治保障

包产到户、村民自治、乡镇企业，被称为中国农民的三大历史性创造。其中的村民自治就是广西农民首创的，这是广西对我国基层民主政治建设作出的伟大贡献，是我国改革开放初期的农村改革中的一大亮点，引领了全国的农村基层组织及管理体制的改革。

生产力的发展要求与之相适应的生产关系调整。家庭联产承包责任制的实行，是中国农村的历史性变革，使农村经营方式和分配方式发生根本性变化，调动了广西农民群众的生产积极性，促进了农村经济发展。然而，这一经济领域的改革对生产大队这种政社合一的农村基层管理体制提出了挑战，客观上要求必须改变这种落后的管理体制，以适应农村新的形势。家庭联产承包责任制推行初期，人民公社、生产大队的管理体制大大弱化，基层干部思想转换不到位，农民对改革理解也有偏差，导致一些地方农村的基层组织不能有效履职，甚至出现瘫痪、半瘫痪局面，影响到原有的社会秩序，社会治安急剧恶化，民事纠纷不断，群众强烈不满，强烈希望扭转这种局面，创造安定的生产和生活环境。

（二）村民自治的成功探索

广西宜山县三岔公社合寨大队（今河池市宜州区屏南乡合寨村）也存在这种情况，该生产大队1980年实行土地承包责任制，生产大队的凝聚力和约束力减弱，大队支书和生产队队长的话没人听，各种各样的矛盾纠纷不断，村民为争水灌田大打出手，乱砍滥伐林木事件层出不穷，盗窃、赌博盛行。合寨大队管理委员会对这些现象束手无策，老百姓急切盼望有人站出来，改变这种局面。

面对这种情况，合寨生产大队的果地屯和果作屯的社员被蒙宝亮、蒙光新、韦焕能等人发动起来，寻求改变的出路。1980年1月8日，合寨大队果地屯农民在生产队队长蒙光新召集下，在村口的球场上举行了村委会成立大会，蒙光新宣布了14条村民公约，包含禁止乱砍伐、严禁赌博、严禁乱放牛羊、禁止唱痞山歌等，村民们一致举手同意，签字盖章表示坚决遵守。大会选举蒙光新为果地屯村民委员会主任，另选出1个副主任和3个委员，5人没有报酬，纯粹是为村里人服务。果地屯建立村民委员会，合寨村成为中国村民自治第一村，蒙光新则成为全国第一个由村民直选产生的村干部。2月5日，合寨大队果作屯中共党员韦焕能召集本屯村民在一棵大樟树下开会，85户村民代表以无记名投票的方式，选举产生果作屯村民委员会，韦焕能全票当选为村民委员会主任。会后，果作屯村民委员会民主商议，制定了村规民约和封山公约，包括严禁赌博，不准在路边、田边、井边挖鸭虫，不准盗窃等。之后几个屯也效仿他们成立村民委员会，实行村民自治，村里治安明显好转，农业生产也快速发展，合寨大队也随之改为村委会，宜山周边县的村屯纷纷学习合寨经验建立村委会。

1982年，在宜山县精神文明建设经验交流会上，合寨村向全

图为中国村民自治第一村合寨村村委会（自治区远程办　供图）

县介绍了建立村民委员会的经验。最主要的是村民委员会制定了村规民约，涉及道德风尚、公共卫生、治安联防等内容，村民自我监督、自我约束，坚决实施，刹住了赌博、偷盗等歪风邪气，村民们的生活越来越安定。其经验先推广到广西全区，进而在全国实施。

继村民委员会建立后，广西于1984年5月开始探索乡镇管理的新改革，加强基层政权建设，先选取昭平县作为试点进行政社分开、建立乡政府，取得良好效果后，6月23日在全区推广。6月25日，自治区党委、政府发布《关于政社分开，建立乡政府的通知》，在广西全区撤销人民公社建制，改为乡人民政府，规定乡的规模以原有公社的管理范围为准，实行一乡一社。建立乡政府的同时，改生产大队为村民委员会，彻底废除了人民公社“一大二公”的农村基层管理体制。政社分开后，各地在年底基本完成了乡镇的换届选举。这样，在广西87个县、市，建立起区公所12个、乡政府1107个（其中民族乡63个）、镇政府262个，并建立村民委员会1.53万个。

1985年，为配备健全农村基层班子，广西抽调3.8万干部下乡抓基层建设，健全完善各种承包制，帮助农民治穷致富等。1987年6月，自治区党委、政府决定将村民委员会改在自然村设立，原来以生产大队为基础设立的村民委员会改为村公所，作为乡镇的派出机构，从而加强对农村的管理。1987年底，广西以自然村建立的村民委员会有6.65万个，圆满完成了此项改革。

（三）村民自治的主要影响

改革的种子，往往从基层实践中萌发。蒙光新、韦焕能和合寨村村民这些纯朴的农民可能没有意识到，他们自发成立村民委员会这一大胆探索，冲破了农村人民公社、生产大队、生产队的基层管理体制，竟然不自觉地开启了当代中国广大农村新的历史性变革，成为农村管理体制的创举，揭开了中国农民“直接行使民主权利，依法管理自己的事情”的历史序幕。合寨村村民韦焕能作为为农村管理体制改革作出突出贡献的人，两次登上中央电视台，第一次是作为1999年央视七频道“春节联欢晚会”的嘉宾，第二次是2008年10月作为央视纪念“改革开放30年文艺晚会”的嘉宾。

合寨村农民的村民自治是一项了不起的变革，这一创举震动了全国，直接引起了中国农村基层管理体制的重大改革，更是我国基层民主的伟大实验，开创了农村民主管理的新形式，具有深远的影响，得到中央的肯定：“农民群众实行直接民主，要办什么，不办什么，先办什么，后办什么，都由群众自己依法决定，这是最广泛的民主实践；八亿农民实行自治，真正当家作主，是一件很了不起的事情，历史上从来没有过。”1982年，《中华人民共和国宪法修改草案》以国家根本大法的形式确定村民委员会是我国农村基层的组织。2010年，全国人大常委会委员长为合寨村题词：“中国第一个村民委员会”。宜州成为中国第一个村委会发祥地，中国农村民主自治的探索由广西发轫，这是广西农民的骄傲。

三、国企经营体制改革释放国有经济活力

（一）提出有计划的商品经济

1984年，党的十二届三中全会通过《关于经济体制改革的决定》，突破了把计划经济同商品经济对立起来的传统观念，这是具

有开创性的观念革新。《关于经济体制改革的决定》把我国的社会主义经济定性为公有制基础上的有计划的商品经济。全民所有制经济可以实行两权分离，即所有权和经营权的适当分开；全民所有制企业在服从国家计划指导的前提下，应享有具体的生产和经营上的广泛自主权，使企业真正成为自主经营、自负盈亏的社会主义商品生产者和经营者。《关于经济体制改革的决定》还提出我国要在计划体制、价格体制、政企分开、建立多种形式的经济责任制等方面进行改革，中国全面的经济体制改革正式开始。

（二）放宽搞活国有经济

广西的经济体制改革从1984年起全面铺开。为指导广西的改革，中共中央书记处专门印发讨论广西经济工作汇报提纲的会议纪要，明确了广西经济工作的指导思想。

广西根据中共中央关于改革开放的总的指导思想和中央对广西的指导纪要，针对本区工业企业经营不灵活，集体经济和私营经济发展缓慢的实情，把立足点和着眼点放在放宽政策上面，1984年制定了《关于搞活工业经济的若干规定》（即“工业十二条”），以放宽搞活为主线，在国营企业推行利改税改革，允许国营企业从新增利润中得到较多的利益，搞活了企业，增强了企业的发展后劲。在搞活国营企业的同时，加速发展多种经济成分。1985年，自治区党委、政府召开广西全区城市经济体制改革座谈会，专门解决如何增强企业活力问题，提出具体的解决措施：一是逐步减轻国营企业的负担；二是银行优先贷款给效益好、资金短缺的企业；三是下放企业自主权，使企业真正成为自主经营的商品生产者和经营者；四是农产品加工业可实行城乡联营；五是鼓励政府各部门提出有利于增强企业活力的建议等。

1986年底，国务院出台《关于深化企业改革增强企业活力的若干规定》，明确了全民所有制大中型企业推行多种形式的经营承包责任制，小型企业试行租赁、承包经营等，为国营企业改革提供了方向。1987年，广西国营企业改革的重点是继续给企业下放权力，再按照所有权和经营权分离的原则和国务院发布的《关于深化企业改革增强企业活力的若干规定》，在广西工业企业中健全和完善企业经营管理机制，全面推进完善多种形式的经营承包责任制。

经过一年的稳步推行，截至1987年底，广西已有79.9%的全民所有制工业企业实行各种形式的承包经营。这些企业中，318家全民所有制大中型企业实行承包经营，占自治区所属大中型企业总数的90%，5个自治区辖市的全民所有制工业企业完成承包经营改革的占72.8%，8个地区完成改革的企业占83.3%。

广西实行多种形式的承包经营，主要有：有的企业实行上缴利润基数包干，超过这一利润基数，企业有权分成；有的企业从上缴利税源头入手，实行上交的部分承包；有的企业实行上缴利润递增包干；微利企业实行利润包干；亏损企业实行扭亏包干；有的企业把握好企业的原料购进和产品产出这两项，实行投入产出包干；较小的企业试行企业经营责任制和实行租赁经营等。总的来说，推行承包经营还是从利润（经济利益）入手的阶段性的探索性改革，提升了企业中从领导到员工的生产积极性。仅从经济利益角度的刺激是不够的，广西在推行企业承包经营责任制的同时，也逐步深化企业内部经营机制的改革。在企业管理方面，广西有61%的全民所有制工业企业推行厂长负责制，有的企业实行厂长任期目标责任制，还有一部分企业人事改革更加深入，试行招标招聘制。在分配方面，有的企业实行上缴税利与工资总额挂钩，上缴越多，企业员工所得就越高；有的实行浮动工资、岗位工资或计件工资；有的企业实行百元产值工资含量或单位产品工资含量包干等分配形式。这样，在企业里混日子，干多干少一个样的日子不复存在了。在企业用工制度方面，全民所有制企业普遍推行合同工制，真正打破了"铁饭碗"；有的企业按企业内部业务试行劳动组合制，优化劳动组织结构，提高了生产效率，使固定工制度也活起来。1987年广西企业推行的承包经营改革，使企业的经营体制发生了巨大变化，激发了企业的活力，鼓舞了企业的经营者，工人从中获利，生产积极性大幅度提高。广西全区的工业企业开始得以全盘搞活，效果十分显著。广西预算内工业企业的总产值比1986年增长14.6%，销售收入增长23.3%，实现利税增长15.9%，上缴利税增长13.3%，这是以前从来没有过的。可见，经营体制重大改革产生的内生动力是巨大的。

1988年企业承包经营体制改革得以继续深化，同年10月国务院制定《全民所有制工业企业承包经营责任制暂行条例》，广西认真贯彻该条例，广西全区的企业承包经营责任制进一步规范化、法律化。1991年底，广西全民所有制企业的90%实行承包经营责任制，大中型企业实行承包经营责任制的比例占92.4%，基本按国家的要求完成了承包经营责任制的改革任务，广西的工业生产有了明显改观，工业基础比以前也日渐雄厚，为进一步的改革开放起到固本强基的作用。

四、确立有计划的商品经济体制

（一）调整所有制结构

1984年中共中央制定的《关于经济体制改革的决定》还明确："我们要迅速发展各项生产建设事业，较快实现国家繁荣富强和人民富裕幸福，必须调动一切积极因素，在国家政策和计划的指导下，实行国家、集体、个人一起上的方针，坚持发展多种经济形式和多种经营方式；在独立自主、自力更生、平等互利、互守信用的基础上，积极发展对外经济合作和技术交流。"《关于经济体制改革的决定》还指出集体经济是社会主义经济的重要组成部分，我国现在个体经济对于发展社会生产、方便人民生活、扩大劳动就业具有不可代替的作用，是社会主义经济必要的有益的补充。

广西根据党的十二届三中全会精神和中共中央书记处的讨论广西经济工作汇报提纲的会议纪要精神，在建立社会主义商品经济方面推进改革，实行国营、集体、个体一起上的方针，在保证发挥全民所有制经济主导作用的条件下，大力扶植和鼓励集体经济，允许个体经济和其他经济成分发展，发展多种经营方式和多条流通渠道。广西逐渐打破了单一公有制经济形态，逐步形成了以公有制为主体的，集体经济、个体经济多种经济成分为补充的格局，使各种经济形式得到了较快的发展。与生产体制相配合，流通体制改革也逐步推开，扩大市场调节范围，在搞活商品流通、改革粮食经营、改变供销社体制、加速发展乡镇企业等方面也加大改革的步伐。

（二）流通体制改革

为了改善商品生产者的市场环境，广西对流通体制进行了多方面的改革，逐步建立起社会主义商品市场，依靠价值规律对商品生产进行调节。一是减少政府商业部门直接管理的商品品种和数量，让市场起更大的调节作用；二是下放权力，改革批零制度，把商业二级批发站交给地市管理；三是改革物资管理办法，实行计划分配与市场调节相结合，减少统配物资，扩大生产资料的市场调节范围；四是破除行政区划壁垒，打破所有制的约束，实行计划收购、订购、选购、代购、企业自销，以及集体、个体运销等多种多样的购销方式；五是对国营大中型商业企业实行类似于生产企业的承包经营责任制，小型商业企业放开经营等。

与流通体制配合的是价格改革。1979年后价格改革主要是以调整农产品价格为主，改变农产品价格长期偏低的状况，农民在改革中获益，促进了农业生产。1985年，在农产品价格改革的基础上，加快了其他商品的价格改革步伐。自治区人民政府颁布《关于改革价格管理的试行办法》，重点是改革商品价格管理体制。主要改革措施是，保持市场物价基本稳定，放宽城乡集体经济产品的价格管理，对农副产品、重工业品、议价原材料加工的食品和日用工业品、饮食服务业的价格都有不同程度的放开，基本上改变了国家计划价格管得过多统得过死的状况。按照国家对建立有计划商品经济的要求，广西初步形成国家定价、国家指导价和市场调节价相结合，统一性与灵活性相结合的新价格管理体制。1987年，在广西社会零售商品总额中，国家定价、国家指导价和市场调节价各占35%、15%、50%，这说明市场在商品流通中的作用在逐步扩大。

市场价格改革反馈给生产领域，起到刺激生产的作用，这样就更加活跃了商品的流通。

（三）大力发展乡镇企业

1983年中央一号文件《当前农村经济政策的若干问题》提出农村工作的要点，即在不断完善以家庭经营为主的联产承包制基础上，发展各种专业户、经营联合体、专业村和乡镇企业。1984年6月，自治区经济工作会议认真学习贯彻中央文件精神，破除农业就是种植业的狭隘观点，树立了“无工不富”的新理念，实行农工商综合经营，重点发展乡镇企业，开辟农村致富新途径。为大力发展乡镇企业，1984年8月，自治区党委、政府发出《关于认真加强对乡镇企业领导的通知》，成立厅局一级的乡镇企业管理局作为领导乡镇企业的行政机关，专门负责这项工作，支持既发挥本地资源优势和传统技术优势，又符合市场需要的乡镇企业的发展。

1985年3月，自治区人民政府又发出《关于加速发展乡镇企业的通知》，进一步放宽政策，促进乡镇企业的健康快速发展。改革的主要举措有：一是各有关部门要支持乡镇企业的发展；二是给予乡镇企业一定的税收减免；三是允许乡镇企业经营多数农副产品，有计划放开小矿藏，允许乡镇企业开采，允许农村建筑队进城参加工程招标；四是保护乡镇企业的合法权益，制止各种乱摊派、乱收费行为等。这样，就为乡镇企业的发展创造了更为宽松的环境，1985年广西乡镇企业的总产值达到29亿元，比上一年增长52.84%，其中，玉林市发展最快，乡镇企业产值达到2.1亿多元。

1986年，自治区党委、政府又下发《关于发展乡镇企业若干问题的规定》，要求多方面扶持乡镇企业，实行更大的优惠政策，特别是税收优惠政策支持。这一年，广西乡镇企业从业人员为162.89万人，占广西全区农村劳动力总数的十分之一，乡镇企业总产值达到41.64亿元，占农村农民总收入的四分之一。最大的平南县水暖器材厂，总产值1050万元，上缴利税70多万元，成为广西第一个产值超1000万元的乡镇企业。1987年，广西乡镇企业总产值达57.67亿元，从业人员181.61万人，分别比1982年增长了2.56倍、4.82倍。

（四）扩大对外开放，发展横向联合

1985年6月，中共广西壮族自治区第五次代表大会召开，会议主题是“解放思想，放宽政策，对外开放，对内搞活，充分发挥广西优势和中心城市作用，加速发展沿海和桂东南，积极开发桂西和桂西北”。这次会议明确了广西的经济发展战略，为全面改革和对外开放准备了条件。

中共广西壮族自治区第五次代表大会召开的前一年即1984年，北海市（含防城港）就已经成为国务院公布的全国14个沿海对外开放城市之一，被赋予仅次于经济特区的对外开放的特殊政策和灵活措施，给广西进一步扩大对外开放创造了条件。为了加强广西对外开放的领导，自治区成立了对外开放领导小组，下设办公室。1985年广西在桂林召开首次国际经济技术合作洽谈会，外商到会踊跃，成交4000多万美元。此后，广西多次赴国外召开经济技术洽谈会或参加国际博览会。1987年，自治区人民政府公布了利用外资的优惠政策，使广西引进外资和对外贸易工作取得了较快发展。1987年广西出口贸易总值达5.43亿美元，比1982年增长58.31%。

图为北海港口（卢伊琳　摄）

1988年，中央提出沿海地区经济发展战略。同年5月，自治区党委、政府作出《关于我区贯彻实施沿海地区经济发展战略的决定》，提出广西的“翻两番”奋斗目标，即1989年广西生产总值比1980年翻一番，1997年再翻一番，年均增长9%，争取全区在20世纪末接近小康水平。《关于我区贯彻实施沿海地区经济发展战略的决定》提出广西对外开放的战略举措主要包括：调整产业结构，大力发展“三来一补”，大力发展出口加工业和创汇农业等；加强与其他省（区、市）横向经济联合与协作；抓紧交通、能源、通信等基础设施建设等。广西还根据对外开放的新形势调整了战略布局：一是优先发展沿海开放带，包括桂东南三地（梧州、玉林、钦州地区）、两市（梧州、北海）、一港区（防城港），沿海开放带要在1990年初步形成外向型经济的框架，并能带动全区经济发展。二是南宁、柳州、桂林3个中心城市要大力发展外向型产业，桂林市要大力发展旅游业和旅游经济，促进外向型经济的发展。三是桂西北地区要积极对接沿海，把开放和扶贫结合起来，发展有特色的外向型经济。广西按照实施沿海地区经济发展战略，深入推进改革开放，初步形成了全方位、多层次、宽领域的对外开放的战略格局，为以后更深层次的对外开放打下坚实基础。

五、治理整顿与深化改革

（一）整顿经济过热

实行改革开放后的10年间，广西经济社会发展发生巨变，工业发展较快，农业也有很大进步。其中1984—1988年，是广西改革开放以来平均经济增长最快的5年。但在快速增长的同时，出现了一些问题和矛盾，经济出现过热现象，特别是投资过热，产出效率提高并不大。1989年，国家开始治理整顿，稳定经济秩序。根据国家的要求，广西也进行经济环境治理、经济秩序整顿。广西停建一批计划外工业与基建项目，重点保证能源、交通、农业项目建设，确保年内可以建成投产的糖厂等支持产业的在建项目；大力压缩楼堂馆所等非生产性项目，对重复性加工、效益差的项目坚决下马，以保证必需的生产性建设项目。由于严格落实中央政策，广西清理整顿工作进展顺利，固定资产的投资过快趋势得到遏制，1989年广西全民所有制单位固定资产投资总额为41.4亿元，比上一年锐减11.5亿元，下降幅度达到21.74%，广西经济环境总体趋于良好，为下一步的深化改革和推动广西经济健康、持续、协调发展创造了有利条件。

（二）全面深化经济体制改革

1988—1992年，自治区党委、政府根据国务院进行经济体制改革的有关决定及部署，结合广西实际深入开展经济体制方面的多项改革。1988年12月，自治区人民政府发出《关于深化企业改革、提高经济效益的通知》，指出要按照“一个竞争、六个优化”的要求深化企业内部机制改革，“一个竞争”就是在企业内部管理方面引进竞争机制；“六个优化”就是要优选企业经营者，优化劳动组合，优化工艺技术，优化管理方法，优化能源、原材料利用，生产出优化产品。《关于深化企业改革、提高经济效益的通知》要求认真贯彻执行《中华人民共和国企业法》和国务院批转国家体改委的《在治理整顿中深化企业改革强化企业管理的意见》，实现所有权与经营权的两权分离，进一步完善企业承包经营责任制，把国家或自治区下达的承包经营的多项指标，层层分解到车间、班组和个人。

1991年3月，自治区人民政府发出《关于进一步搞活大中型企业的若干规定》，要求进一步贯彻落实国家颁发搞活企业的法律、法规和政策，进一步完善企业承包经营责任制，向集约化发展、完善大中型的企业集团，强化企业内部管理，提升企业经营管理水平。根据自治区人民政府的安排，广西选取57家国有大中型工业企业和企业集团作为转换企业经营机制改革试点，这些企业都是精心挑选的，是各个行业的骨干或代表企业，大多数企业经营者素质较高、管理基础较为扎实，企业生产的产品符合国家产业政策。其中在主要工业基地柳州市选择了13家大中型企业或企业集团，南宁、玉林、梧州等地市也相应选择了一批企业作为改革试点，开展以转换经营机制为重点的改革试点。

1992年2月，广西57家工业企业转换经营机制综合改革试点单位座谈会在南宁召开。自治区党委、政府进一步明确这些企业享受各项优惠政策和《中华人民共和国企业法》所赋予企业的经营自主权。会议指出，为深化改革，这些企业应该更加放开手脚，打破“铁饭碗、铁交椅、铁工资”，把企业经营机制改革推向深入。同年3月底，自治区人民政府把这次座谈会的成果以法规形式确认，发布《广西壮族自治区人民政府关于在全民所有制大中型工业企业中进行转换经营机制综合改革试点的通知》对大中型企业转换经营机制的原则、目标、试点内容和试点工作的管理等作出明确规定，并扩大试点，选取柳州工程机械企业集团、南宁机械厂等100家大中型企业作为企业转换经营机制的改革试点，各地市也根据本地区实际，选择198家企业作为改革试点。同年11月，自治区政府召开转换企业经营机制工作会议，在先期改革试点的基础上，总结经验教训，出台《广西壮族自治区全民所有制工业企业转换经营机制实施办法》，决定全方位给企业放权，鼓励企业在生产经营权、采购物资权、产品销售权、进出口权、内部机构设置权、企业领导体制、企业劳动用工、工资和资金分配等8个方面，采取突破性的改革措施。为配合这项重要改革，自治区党委、政府要求各级政府部门也要切实转变职能，做好服务，合力支持广西的企业转换经营机制改革；要求各地市党政主要领导要集中精力，把工作重点放到转换企业经营机制上来，坚决贯彻落实国务院颁发的《全民所有制工业企业转换经营机制条例》，切实增强企业经营的活力。

这些改革措施的推行，一定程度上厘清了企业内部管理机制的许多不合理之处，提高了企业经营者和工人的积极性，为企业的发展提供了改革动力，企业的经济效益得到大幅度提高，进而促进了广西工业生产持续、稳定、高速发展。

1988年和1992年，国务院分别批准成立桂林、南宁两个国家级高新技术产业开发区，支持广西发展高新技术产业，带动辐射广西的产业发展。1992年广西工业总产值达582.81亿元，比1988年增长1.08倍。

与全国一样，广西的改革也是首先在农村取得突破，进而扩展到城市；从经济体制改革开始，政治体制改革也随即启动。随着家庭联产承包责任制的实施，通过村民自治制度、国企经营体制、商

图为南宁高新区中关村产业园一角（周家志　摄）

品经济体制等一系列体制改革措施，广西的改革开放渐次铺开，向纵深方向拓展，并为全国的农村体制改革提供了成功的探索经验。只有敢于走别人没有走过的路，才能收获别样的风景。广西的各项事业逐步进入正常轨道，有效促进了广大农民和工人参加管理、发展生产的积极性，有力地促进了生产和各项事业的恢复，广西迎来了发展的春天。

第三章

南方谈话风暖八桂

东方风来满眼春，在中国改革开放向何处去的重要历史关头，中国改革开放和现代化建设总设计师邓小平发表了著名的南方谈话，消解了人们对改革开放的顾虑，科学地总结了党的十一届三中全会以来的基本实践和基本经验，从理论上指出了加快改革开放和经济发展的一系列方法和方式，树立了新的改革开放标杆，建立了新的改革开放话语体系，促成中国再一次的思想大解放，从整体上设计了中国的发展路线，指明了中国未来前进的方向，推动了中国经济社会的全面进步。广西各地深入学习贯彻南方谈话精神，联系实际找差距，学榜样，通过边学习边制定措施，进一步转变思想、转变观念，大胆改革、勇于突破，加大改革的力度，加快开放的步伐，基本奠定了广西社会主义市场经济体制的格局，经济社会发展又上了一个新台阶，以改革的实践充分证明了南方谈话的重要性。

一、贯彻邓小平南方谈话精神

（一）南方谈话吹响改革开放新号角

全国的第二次思想大解放是从1992年邓小平南方谈话和随之召开的党的十四大开始的。1992年初，邓小平视察深圳、上海等地时发表了重要的南方谈话，掀起了新一轮思想大解放，开启了中国改革开放的新征程。

南方谈话主要内容：一是指出改革的重要性。改革也是解放生产力，不改革开放，不发展经济，不改善人民生活，只能是死路一条。二是指出改革开放胆子要大一些，敢于试验，要大胆地试，大胆地闯。没有敢闯敢冒的精神，就走不出一条好路新路，也就成就不了新事业。三是指出改革开放不敢闯的原因是纠结姓“资”、姓“社”的问题。判断的标准就是“三个有利于”，即是否有利于发展社会主义社会的生产力，是否有利于增强社会主义国家的综合国力，是否有利于提高人民的生活水平。四是打破社会主义对应计划经济、资本主义对应市场经济的旧观念。五是解释什么是社会主义的问题，指出社会主义的本质是解放生产力，发展生产力，消灭剥削，消除两极分化，最终达到共同富裕。六是指出影响改革开放根深蒂固的还是“左”的东西，中国要警惕右，但主要是防止“左”。社会主义要大胆吸收和借鉴人类社会创造的一切文明成果，吸收和借鉴当今世界各国包括资本主义发达国家的一切反映现代社会化生产规律的先进经营方式、管理方法。七是要抓住时机，发展自己，关键是发展经济，力争隔几年上一个台阶。

南方谈话中，邓小平强调的核心观点主要是，“坚持党的‘一个中心、两个基本点’的基本路线，一百年不动摇”，“加快改革开放的步伐，大胆地试，大胆地闯”，“抓住有利时机，集中精力把经济建设搞上去”。他还提出了判断改革开放和各项工作成败得失的“三个有利于”标准。

在南方谈话的指引下，我国逐步确立了社会主义市场经济体制改革目标，极大地突破了以前的陈旧观念，为广西的改革开放指明了前进道路，从而有力地推动了各项工作的开展，使广西的改革开放和现代化建设事业又上了一个新台阶。1992年成为广西经济全面高速发展，朝着实现第二步战略目标迈开大步的进取之年。

（二）以贯彻南方谈话精神引领广西改革开放

1992年，自治区党委、政府把学习贯彻落实邓小平南方谈话精神当作头等大事来抓。同年3月初，自治区党委、政府部署深入学习邓小平南方谈话精神，开展广西解放思想大讨论，坚持以南方谈话精神为指导，促进广西干部群众的思想实现巨大转变，实现广西经济社会的大发展。各级宣传部门以宣传贯彻邓小平南方谈话和党的十四大精神为重点，紧紧围绕经济建设和改革开放的主题，全面开展各项宣传工作。自治区党委宣传部编写了《关于邓小平同志重要谈话学习问答》《解放思想，加快广西改革开放步伐》《学习邓小平同志重要谈话材料汇编》等理论宣传书籍和材料下发基层，深入到各地、市、县和国有大中型企业，通过学习班、报告会、研讨会、撰写体会文章等方式，以报刊、广播、电视、黑板报为宣传媒介，广泛组织学习宣传。

1992年4月14日至18日，自治区党委举行六届四次全委会议，集中学习南方谈话精神。会议主题是，学习邓小平关于建设有中国特色社会主义的一系列重要论述，解放思想，加快改革开放步伐，抓住时机，把经济建设搞上去。会议讨论了《关于抓住时机，加快改革开放步伐，推动经济建设跃上新台阶的决定》，指出广西联系实际，认真总结、分析广西改革开放和经济发展的成绩、经验、教训和存在问题，理顺思路制定加快广西发展的政策和措施。会议解决了几个重要问题：一是要进一步解放思想，坚定不移地走有中国特色的社会主义道路，坚定不移地贯彻党的基本路线，要冲破姓“社”还是姓“资”的思想束缚，坚持“三个有利于”的标准，改革开放的胆子要大些，加大广西改革开放力度。二是发展才是硬道理，要集中精力，把广西经济建设搞上去，在认真实施“八五”计划和十年规划的基础上，力争广西生产总值增长速度要高于全国平均增长速度，到20世纪末，地区生产总值突破1000亿元，提前实现第二步战略目标。三是要坚持两手抓，两手都要硬，搞好精神文明建设；要加强各级领导班子建设，重视培养年轻干部，切实改进思想作风和工作作风，团结带领人民群众干实事，加快广西改革开放步伐。

广西在学习邓小平南方谈话中，联系实际，借鉴外地经验，找出本地的差距，边学习、边制定措施贯彻落实。广西通过认真学习贯彻邓小平南方谈话和党的十四大精神，进一步解放思想、转变观念，冲破“左”的思想禁锢，解开了困扰多年的姓“社”姓“资”的思想顾虑，明确要从广西实际出发贯彻落实中共中央和国家的各项方针政策，明确经济发展速度能快就不要慢。这次解放思想，推动广西认真贯彻“三个有利于”，彻底转变观念，大胆改革，扩大开放，迅速调整广西全区对外开放工作的思路和发展布局。

一是从实际出发提出了“两高一低”经济建设新目标。力争到20世纪90年代广西经济平均发展速度要高于同期的全国平均发展速度，还要高于广西20世纪80年代平均发展速度，提前3年即在1997年实现第二个翻番；采取措施控制人口增长过快趋势，实现人口增长率要低于国家给广西下达的控制任务。二是调整了经济发展战略，以沿海北海、钦州、防城港“金三角”为对外开放的重点；发挥南宁的辐射作用，带动“三沿”开放；开发右江河谷、红水河谷2个扶贫综合开发带；办好柳州城市综合改革、玉林地区城乡综合改革、桂林旅游开发3个试验区。三是以市场为导向，抓好产业结构调整和所有制结构调整。四是加大港口、铁路、高速公路交通设施建设，促进西南出海通道的形成，并以此作为繁荣广西经济的大事来抓。五是外引内联，拓宽资金渠道，用好用足中央给予广西的优惠政策，加快广西外向型经济发展，进一步扩大对外开放。

二、加快对外开放步伐

（一）全面部署对外开放

1991年3月，自治区党委、政府在南宁召开广西对外开放工作会议，主要研究进一步扩大对外开放的问题，部署“八五”期间的对外开放工作。会议总结了广西改革开放10年经验与差距，出台了《关于进一步推进对外开放工作的若干措施》，提出广西要进一步扩大对外开放，要充分利用国内国外两个市场、两种资金和技术，开发好全区资源；按计划有步骤多层次地利用外资；着重抓好沿海开放城市北海市、防城港区和经济开放区6个市县，推进沿海、沿江、沿边地区的开放，鼓励发展各种形式的边境贸易，并通过开放区的辐射作用，带动和促进全区的开放和发展。各部门、各地市也都制定了对外开放的长远目标、近期任务和主要措施。为了确保这次会议精神落到实处，自治区还出台相关的配套措施。

（二）从实际情况出发加快对外开放步伐

随着对外开放的深入，广西发展的自有资金不能满足需要，为弥补自身的缺陷，1992年自治区制定《自治区人民政府关于进一步加快利用外资若干规定的通知》等一批新的鼓励利用外资发展外向型经济的政策措施，切实下放权力，促进发展横向经济联合。

1992年4月，由国务院组织的西南和华南部分省区区域规划会议在广西的北海、南宁召开，这次高规格的会议研究了西南和华南区域经济合作与加快改革开放和建设西南三省的出海大通道问题。会议达成了西南、华南区域经济整体发展意向，广西的区位优势被党中央高度重视，对于广西的对外开放和经济社会发展具有重大的现实意义和深远的战略意义。会后不久，中共中央发布《关于加快改革，扩大开放，力争经济更好更快地上一个新台阶的意见》文件，明确提出“要充分发挥广西作为西南地区出海通道的作用”，标志着西南出海大通道建设的全面展开，这是广西首次被提高到作为对外开放前沿这么重要的位置。

为了把党中央的政策落实到位，抓住这次绝佳的机遇，加快改革开放和经济发展的步伐，1992年6月25日，自治区党委、政府在岑溪召开了广西对外开放工作会议，提出了广西对外开放的总体思路：进一步解放思想，深化改革，扩大开放，“三沿”突破，北联南开，中部扩展，辐射全局，力争广西经济更好更快地上新的台阶。会议主要议题就是对广西对外开放的指导思想、总体布局、方针政策、主要措施作出部署，决定以北海、钦州、防城港为对外开放重点，充分发挥首府南宁对外开放城市的作用，促进沿海、沿边、沿江进一步开放。这样，广西就形成了由沿海到内地的对外开放的新局面。北海市于1984年就已成为沿海开放城市；梧州市、玉林市、钦州市、苍梧县、合浦县、防城各族自治县1988年获批沿海经济开放区；1992年国务院又批准凭祥市、东兴镇为边境开放市镇，首府南宁市实行沿海开放城市的政策。至此，广西对外开放地域面积已达2.1万多平方公里，占广西总面积的近十分之一；开放地区总人口达622.02万，占广西总人口的14.5%。1992年出口总额110831万美元，比1987年增长103.99%。

随着改革的深入，广西还加大对工业结构的调整，落实多项重大技改项目，重点扶持制糖、水泥、林化、有色金属、汽车等支柱产业和优势产业，关闭了一批能耗高、污染严重、经济效益差、不符合国家产业政策的企业，淘汰和压缩了一批落后的生产能力，形成了以汽车、有色金属、钢铁、制糖、化工、电力和农产品加工等优势产业为主导，市场竞争力和自我发展能力强，结构比较合理，适合区情的现代工业体系，工业经济增长方式已经逐渐从粗放型向集约型转变。

三、初步构建社会主义市场经济体制

（一）加快“两个转变”

1993年11月2日，《邓小平文选》第三卷出版发行，广西认真按照党中央的要求，层层落实、自上而下学习《邓小平文选》精神。1994—1995年两年间，自治区党委在广西掀起学习《邓小平文选》的高潮，广西各级领导干部和党员参与各种形式的学习活动，如读书、讨论、座谈会等，再一次接受思想的洗礼。广西党员干部深入学习原著，结合本职工作深入理解我国改革开放的伟大实践，弄懂了“什么是社会主义，怎样建设有中国特色的社会主义”这一个改革开放深入下去的基本理论前提问题。

在学习领会《邓小平文选》基本精神的基础上，为了在广西形成改革共识，把思想集中到中共中央关于改革开放的总体要求上，1996年1月15日，自治区党委决定在广西开展“两个根本性转变”的学习大讨论活动。所谓“两个根本性转变”，是指我国的经济体制从传统的计划经济体制向社会主义市场经济体制转变；我国的经济增长方式从粗放型向集约型转变。这两个转变也反映了社会主义市场经济体制的新动能与本质体现。通过这次学习大讨论，广西干部群众深入透彻地理解了“两个根本性转变”对广西未来改革开放事业的指导意义，明确了广西实施“两个根本性转变”的具体任务、具体执行方法和实施重点。无论是从哲学方法上，还是改革开放的创新理论上，广西干部群众对社会主义市场经济体制的把握在思想认识上都有极大的提高，打通了许多干部对广西改革开放存在的心结，打消了他们对深化改革开放的顾虑。这次大讨论基本实现了把干部群众的思想和行动统一到实行“两个根本性转变”上来的目的。

（二）构建社会主义市场经济新格局

1997年9月12日至18日，中国共产党第十五次全国代表大会在北京召开，这次大会的主题是高举邓小平理论伟大旗帜，把建设有中国特色社会主义事业全面推向21世纪。党的十五大把邓小平理论写入党章，成为中国共产党指导思想，并明确公有制为主体、多种所有制经济共同发展是我国社会主义初级阶段的基本经济制度。这次大会承前启后、继往开来，为全党和全国人民指明了迈向21世纪的前进方向。1998年7月15日，自治区党委、政府按照党中央的统一部署，在广西掀起学习邓小平理论活动的高潮，把学习《邓小平文选》的活动再次推向纵深领域。通过这次理论学习，广西党员干部的思想进一步统一到邓小平理论上来，进一步统一到党中央的部署上来，进一步统一到用邓小平理论指导广西改革开放的实践上来。这样，广西学习邓小平理论思想就化为无穷的实践动力，促进广西社会主义市场经济体制的初步形成，确立了公有制为主体、多种所有制经济共同发展的经济格局。

1997—2001年5年间，广西改革开放扎实推进，初步建立了社会主义市场经济体制。首先是国有企业改革整顿取得突破性进展，有效治理了长期束缚国有企业发展的“政企不分、机构臃肿、人浮于事、吃大锅饭”等问题，广西多数企业初步形成了适应社会主义市场经济变化的经营机制、产品创新机制、激励和约束机制。广西多数企业根据现代企业制度的要求彻底转变观念，做到员工能进能出、管理者能上能下、收入能高能低，一批骨干企业已基本建立现代企业制度框架。一些企业迅速适应了市场的变化，成为体制改革的弄潮儿，也有一些不能适应社会主义市场经济的企业则在改革大潮中遭到淘汰。

在建立社会主义市场经济体制的过程中，财政、金融、计划、医疗、住房、教育、卫生、科技、社会保障制度和粮食流通体制等方面的改革稳步推进，农村的经济体制改革进一步得到深化，市场在资源配置中的基础性作用越来越大。广西在构建社会主义市场经济体制的过程中，发挥沿海沿边优势，对外开放步伐加快，利用外资和进出口贸易保持大幅度增长，外向型经济有了新的发展，全方位对外开放框架已经形成。

第四章

西部开发富民兴桂

20世纪90年代，我国开始推进以东部沿海地带为重点的区域经济非均衡发展，然后逐步转向统筹区域经济协调发展。1997年10月，自治区党委七届四次全会部署实施以区域经济、开放带动和重点突破三大发展战略为主要内容的“三大战略、六大突破”战略，目的是把广西的潜能充分挖掘出来，构建一个特色鲜明的经济发展格局。1999年9月，党的十五届四中全会明确提出“国家要实施西部大开发战略”。着眼于我国现代化建设的长远发展，党中央全面部署加快少数民族和民族地区经济社会发展的工作，为少数民族地区的发展指明了方向。2001年10月，中共广西壮族自治区第八次代表大会召开，提出了富民兴桂新跨越的奋斗目标。这一目标的实施以加快发展为主题，以经济结构调整为主线，以推进工业化、城镇化为重点，以改革和科技进步为动力，以提高人民生活水平为根本出发点，全面推进社会主义现代化建设。实现富民兴桂，是历史和时代赋予广西各级党组织和广大共产党员的庄严历史使命，是广西各族人民的共同心愿。

一、深入实施“三大战略、六大突破”

党的十五大以后，构建社会主义市场经济体制的重大改革激发了广西的经济活力，广西的经济又上了一个新台阶。1997年自治区党委七届四次全会通过的《关于贯彻落实十五大精神，努力实现改革与发展新突破的若干意见》，提出广西改革开放和经济社会发展的总体思路，即“三大战略、六大突破”战略决策。

（一）布局“三大战略、六大突破”

自治区党委根据广西区情、改革与建设现状及国内外经济发展趋势，指出广西必须实施区域经济、开放带动和重点突破三大发展战略，即实施区域经济战略，充分发挥优势，形成特色经济；实施开放带动战略，更好地利用国内国外两个市场、两种资源，提高经济质量与水平，促进经济更快发展；实施重点突破战略，明确主攻方向，突出工作重点，集中力量办大事。“三大战略”有机统一、相辅相成，构成加快广西改革发展的总体思路与战略格局。“六大突破”就是抓住关系广西改革与发展全局的关键问题，实施重点突破，一是解放思想，实事求是，实现思想认识的新突破；二是坚持以农业为基础，以加快工业化进程为重点，实现经济结构优化的新突破；三是加大改革力度，实现经济体制转换的新突破；四是以沿海地区为龙头，实现对外开放的新突破；五是大力推进科技进步，实现科学技术与经济结合的新突破；六是建立完善机制，创造良好环境，实现人才培养、引进和使用的新突破。实施“三大战略、六大突破”这一总体战略思路的初衷是向改革要动力，从全局的角度调整经济结构，充分挖掘广西自身的潜能，结合广西经济发展历史上形成的经济特色格局，发挥各地的比较优势，发展特色经济，进一步改善和优化生产力布局。

实施区域经济战略，就是要引导地区经济协调发展，促进经济合理布局，提高生产力整体水平。广西经济发展不平衡，各地情况不一，优势、特点各异。发展区域经济，必须依据国家产业政策和市场经济规律，选择适合本地条件，有优势、有特色的产业作为发展的方向与重点，从根本上解决地区产业趋同、不合理重复建设等问题，充分发挥各地比较优势，形成广西的整体优势，扩大经济总量，增强经济实力。据此，必须在原有经济布局的基础上，进一步形成以下5个各具特色的经济区域：一是桂南沿海经济区，涵盖南北钦防4个城市，重点发展港口经济、海洋产业、高新技术产业；二是以柳州为核心的桂中经济区，重点发展工业；三是以桂林为中心的桂北经济区，重点发展旅游业和农林业；四是桂东经济区，涵盖玉林、梧州等，重点发展现代农业、乡镇工业和外向型经济；五是桂西经济区，涵盖百色、河池等，重点发展种养业和矿业。各经济区域要制定、实施不同的指导方针和政策，加强区域间的合作，依托中心城市的辐射，以优势产业带动其他产业的发展，在广西范围内尽快形成优势互补、相互涵盖、特色鲜明的经济格局。

实施开放带动战略，就是要进一步扩大对外开放，振兴广西经济。广西经济发展相对滞后，资金、技术、人才匮乏，必须充分发挥广西沿海、沿江、沿边的区位优势，在更大范围、更高层次上实行对外开放，以更加积极的姿态，大力发展开放型经济，引进外资、技术、人才和管理经验，加快与国际经济接轨，带动广西经济快速发展。首府南宁和北海、钦州、防城港等沿海地区，区位优势突出，港口、城市密集，应建设成为开放度更高、政策更活、软硬环境更加优越的对外开放区域，成为广西对外开放的龙头。沿江、沿边、沿交通干线地区，中心城市和其他地方，也要发挥自身优势，加快开放步伐，积极参与国际经济合作和竞争，培育新优势，创造新经验，全面提高对外开放水平。

实施重点突破战略，就是要加快建立社会主义市场经济体制，保持国民经济持续快速健康发展。没有重点突破，就没有经济的全面快速发展。在世纪之交和改革攻坚的关键时期，必须要抓住关系改革与发展全局的重大和关键问题，针对影响国民经济发展的突出薄弱环节，努力实现思想认识、经济结构优化、经济体制转换、对外开放、科学技术与经济结合以及人才培养、引进和使用的新突破，把广西的社会主义现代化建设事业全面推向前进。

区域经济、开放带动和重点突破三大战略，在逻辑上是一个整体。区域经济战略，实质上是优势经济战略。在充分发挥优势的同时，通过对外开放，引进资金、技术、人才和先进的管理经验与广西的优势结合，发展优势产业，带动其他产业发展。与此同时，还要注意集中力量在重点问题上加以突破，以争取最好的效果。六大突破，是具有全局意义的战略重点的突破，思想观念转变的突破是前提，经济结构优化、经济体制转换、对外开放水平、科技与经济结合等四个突破是主体，人才开发和使用的突破是实现前五个突破的组织保证。

（二）“三大战略、六大突破”为广西发展奠定战略基础

实施“三大战略、六大突破”的5年，经过广西人民艰苦不懈的努力，广西改革开放事业发生了巨大变化，经济社会发展取得显

著成就，重点领域取得了较大突破，八桂大地青春焕发，为21世纪实现“富民兴桂新跨越”奠定了坚实基础。

一是广西经济持续快速健康发展，生产力水平又上了一个新台阶。在国家宏观调控政策指导下，广西根据国内市场供求由卖方市场向买方市场转变的新趋势，调整并优化产业结构、提高经济效益，经济总量得到大幅度提升。1997年，广西生产总值为1817.25亿元，虽然经历了亚洲金融危机的冲击，但是国民经济仍保持较快增长。为了扩大内需，刺激经济增长，从1998年开始，广西通过各类措施实施国家扩大内需政策，有效地促进了经济持续增长。在1998—2001年这4年中，广西生产总值以年均8.1%的速度增长，为党的十五大以来同期最高水平，在此期间人均生产总值年均增长7.2%，人均生产总值提前一年于1999年实现了比1980年翻两番的目标。2000年广西生产总值首次突破2000亿元大关，达到2050.15亿元，实现历史性的突破，经济总量位居全国各省、市、自治区中等水平，为21世纪实现“富民兴桂新跨越”打下了坚实的物质基础。2001年，广西生产总值为2231.19亿元，是1997年的1.2倍。在高速健康发展的同时，经济实力显著增强，经济效益明显提高：第一，经济增长的稳定性增强，生产总值年度增长波动较小。第二，工业经济效益逐步好转，广西规模以上工业企业经济效益综合指数2001年达到102.5，为近5年的最高值；工业企业实现利润大幅增长，其中2001年为37.11亿元。第三，财政收入占生产总值比重不断提高，由1997年的8.8%上升到2001年的11.5%，5年的财政收入年均增长10.5%，实际财政收入5年累计增长了1.14倍。第四，城乡居民收入不断增加，城镇居民人均可支配收入增加幅度较大，由1997年的5110元增加到2001年的6666元，增加了30.5%；

相对城镇居民人均可支配收入的增长，农民人均纯收入增长慢些，由1997年的1875.28元增加到2001年的1944元，增加了3.7%。

二是经济结构调整取得实质性进展，经济结构进一步优化，三次产业结构比重愈加合理。1997年三次产业结构为31.9：33.8：34.3，到2001年调整为25.2：35.5：39.3，呈现出第二、第三产业比重上升，第一产业比重下降的良好趋势。非公有制经济发展加快，其占经济总量的比重在2001年达到41%，比1997年上升了4.9个百分点。农业基础地位更加巩固，主要农产品生产能力明显提高，农业产业化初具规模，特色农业加快发展，县域经济发展态势良好。通过对产业结构进行战略性调整，加快工业兴桂步伐，工业有长足发展，优势产业和产品发展壮大，工业成为经济增长的主导力量，工业对经济增长的贡献率年均达到40%，初步形成了制糖、有色金属、电力、机械、汽车等一批支柱产业和特色优势产业。工业经济效益逐步好转，经过改革整顿后，广西规模以上工业企业重新焕发出了生机和活力，竞争力明显增强，顺利整体扭亏为盈。1999年广西规模以上工业企业扭亏为盈，实现净盈利3.5亿元，2000年净盈利大幅增加，达到35.94亿元，2001年为37.11亿元。通过大力实施“品牌战略”，提升广西工业品的知名度，增强了企业的品牌竞争力和自主创新能力，先后有柳州两面针牙膏、柳工牌装载机、玉柴牌柴油机、三环牌日用陶瓷等一批产品获“中国名牌产品”称号。在制糖、有色金属、机械和汽车、医药、食品、日用品等行业中打出了广西的品牌，如2001年，柳工集团的装载机出口30多个国家和地区，全国市场占有率为18.2%，居国内领先地位；玉柴集团的系列柴油机产销量也名列前茅。第三产业发展较快，传统行业进一步加强，新兴行业保持强劲发展势头。通信、旅

"三大战略、六大突破"战略决策推动广西第三产业发展，旅游市场升温。图为今日的北海银滩（周军　摄）

游、交通运输、商贸等服务业蓬勃发展，市场一片繁荣，长期困扰广西的商品短缺时代宣告结束。

三是"三大战略、六大突破"确立的5个经济区建设成效明显，桂南沿海经济区的港口经济、海洋产业和高新技术产业，随着对外开放的扩大正在强势崛起；下大力气通过国有企业改革整顿，以工业为重点的桂中经济区焕发出新的生机和活力；桂东经济区的现代农业、乡镇工业和外向型经济渐成格局，有条不紊地接受珠三角地区的产业转移，并取得重大进展；桂北经济区的旅游和农林业又有新发展；桂西经济区的矿产业和种养业蓬勃兴起，开工建设国家重点项目龙滩水电站，扶贫攻坚取得阶段性胜利。各经济区特色经济加快发展，区域特色经济格局进一步形成。广西各地从实际出发，各展特长、发挥优势，奋勇争先，经济社会发展前景一片光明。

“三大战略、六大突破”既符合党的十五大精神又紧密联系广西实际，是非常切实可行的经济发展战略，为广西奠定了全面而具有区域特色的经济发展的新格局，为21世纪广西改革开放大发展打下坚实基础。

二、抓机遇加快富民兴桂跨越步伐

“西部大开发”是我国于2000年开始实施的重大战略，目的是“把东部沿海地区的剩余经济发展能力，用以提高西部地区的经济和社会发展水平、巩固国防”。党中央提出实施西部大开发战略，为广西发展带来了千载难逢的机遇。

（一）抓思想观念的解放和创新机遇

要全面学习和理解党中央实施西部大开发的重大意义和决策精神，就要求广西各族人民，尤其是党员、干部进一步解放思想，提高认识，创新观念。故步自封、因循守旧的思想仍然广泛存在，凡事不自力更生而是“等靠要”，市场经济观念不强，竞争意识薄弱等问题，成为西部大开发政策执行中首要的障碍。西部大开发势必产生新旧思想观念的碰撞，为广西各族人民和各级干部转变思想观念提供了最佳环境和实践，要求广西吃透党中央西部大开发战略的重要意义和指导方针，把各项政策落到实处，集思广益、群策群力，使得广西各族人民和各级干部最大限度地从思想和行动上都动员起来，把握好西部大开发的新机遇。

（二）抓完善基础设施建设的新机遇

加强基础设施建设是西部大开发的重点领域之一，有助于增强西部地区的综合竞争力和发展条件。建设和完善交通设施、水陆空运输网、通信、电力、物流、市政、能源等设施条件，有助于形成全国统一的交通运输、邮电通信、物流等联通网络，吸引来自国家和社会各领域更多的投资机会，获取更多的国家重点项目，有助于缓解经济社会发展的瓶颈。

（三）抓加快经济结构调整和产业升级的机遇

在21世纪初期，经济全球化和西部大开发是广西面临的两大机遇，科技创新力度加大，新技术不断推陈出新，广西积极承接国际国内产业转移。此外，世界范围内新一轮产业结构调整步伐加快，在这样的大背景下，广西的经济结构调整和产业升级也获得新的机遇，进入了一个新的发展时期。广西运用新技术和高科技对传统产业进行改造升级，为欠发达地区实现跨越式发展打下了经济基础。

（四）抓改善生态环境的机遇

生态环境保护和建设是国家实施西部大开发的重点之一。在西部大开发中，国家会给西部地区一些特殊的政策和扶持措施，促使改善生态环境的政策措施更加全面、系统、实惠。广西抓住了这一机会，对本地区的生态环境进行综合治理，形成促进人与自然、经济与社会和谐发展的良好局面，这是加快和改善区域经济、实现可持续发展的重大举措。

（五）抓加大对外开放的机遇

进入21世纪之后，经济全球化的趋势越发明显，发展速度加快，我国进一步扩大对外开放的领域和范围，这为西部大开发提供了良好的经济和市场环境，有利于广西利用国内国外两个市场对资源进行有效配置；有利于广西从国内外引进先进的科学技术、管理方式和优秀的人才，有效带动本地区的发展。

然而，机遇中往往存在着挑战，挑战中也蕴含着新的机遇。从广西区情来看，在西部大开发中广西所面临的挑战主要包括：广西与沿海省市的经济和社会发展水平仍存在较大差距，扶贫攻坚任务艰巨；西部其他各省都在加紧营造大开发的新优势，对广西形成较大的压力；中国加入世界贸易组织，对包括广西在内的西部欠发达地区是挑战大于机遇，会对广西造成冲击和诸多不确定性与风险；人才队伍不合理、总量不足，各行业缺乏具有创造力和知识产权技术的高层次人才等。

为了抓住西部大开发这一机遇，迎接挑战，中共广西壮族自治区第八次代表大会明确提出了“富民兴桂新跨越”的历史性任务。富民，就是要在经济发展和社会进步的基础上，不断提高广西各族人民的物质文化生活水平，使人民群众获得切实的经济、政治、文化利益，实现从小康到富裕的历史性跨越。兴桂，就是要依靠科技，加快工业化和城镇化进程，大力发展社会生产力和先进文化，努力向工业化省区转变，综合经济实力强大，实现从后发展地区到社会主义现代化省区的历史性跨越。

实现富民兴桂的阶段性目标是：新世纪的第一个五年，全面实现“十五”计划目标，国民经济增长速度高于全国平均水平，人民生活向全面小康迈进；到2010年，生产总值比2000年翻一番，综合经济实力再上一个新台阶，人民的小康生活更加富裕；到建党一百年时，国民经济更加发展，各项制度更加完善，人民生活水平进一步提高，并加快向富裕生活迈进；再经过几十年的努力，到新中国成立一百年时，实现邓小平同志提出的第三步战略目标，基本实现社会主义现代化。

为实现这一目标，中共广西壮族自治区第八次代表大会提出了以下发展方向，主要包括：一是要大力发展生产力，以结构调整为主线，加强农业发展，大力推进工业化和城镇化，加快国民经济和社会信息化；二是实施区域经济战略和可持续发展战略，依靠科技进步和创新，促进社会生产力水平再上新台阶；三是发挥西南出海通道优势，以西部大开发为契机，大力培育和发展特色主导产业，进一步优化生产力布局；四是抓住我国加入世界贸易组织的机遇，扩大对外开放，扩大利用外资规模，积极吸引国内外科技含量较高的企业到广西落户；五是做好人力资源开发工作，重点抓好党政干部、企业经营管理者和科技人才三支队伍建设，加快培养和造就广西经济社会发展急需的各类人才；六是加强和改善党的领导，全面推进党的思想、组织和作风建设，深入开展反腐败斗争，努力提高各级党组织的创造力、凝聚力和战斗力，以崭新的风貌带领广西各族人民实现富民兴桂的历史使命。

（六）实施富民兴桂的主要举措

2000—2005年期间，广西实施富民兴桂的具体举措主要包括以下方面：

1. 坚持把农业放在经济工作的首位，进一步加强农业的基础地位，确保农业和农村经济有更大发展

一是切实抓好粮食生产。在继续稳定党在农村的基本政策，稳定和完善家庭联产承包和统分结合的双层经营体制，稳定土地承包制度，充分调动和保护广大农民种粮积极性的基础上，重点发展“两高一优”农业、节水农业、生态农业和创汇农业。加快中低产田改造步伐，加强粮食生产基地建设。二是加快推进农业产业化经营，按照“种养加、产供销、贸工农”一体化的组织模式，建立市场牵龙头、龙头带基地、基地连农户的产业化发展格局，推动农产品生产、加工、销售三个环节的有机结合和相互促进，使农民不仅从农产品生产中获得收益，同时也能分享加工、销售环节的利益，消除农业丰收与农民收入减缓增长的反差。

2. 工业实施了放权让利、扩大企业自主权的改革

改革开放后，广西的工业改革经过了从放权让利到制度创新的历程，通过放权让利、扩大企业自主权的改革，现代化工业生产开始步入“自主经营，自负盈亏，自我积累，自我改造，自我约束，自我发展”的道路。通过破产、兼并，淘汰了一批长期亏损、没有发展前途的企业，优化了资本结构，盘活了部分闲散资产。通过企业兼并和强强联合，组建了一大批特大型、大型企业集团，从而发挥了规模效益，进一步优化了产业结构，提高了广西企业在国际竞争中的实力。此外，通过大量引进外资，实行对外开放，广西的工业产业化发展进程大大加快，加快了工业企业技术装备水平的提高与工业产品的更新换代，工业从无到有、从小到大逐步发展，初步建立起门类比较齐全、布局比较合理、初具区域经济特色的工业体系，主要产品产量在全国占有重要地位，工业实力不断增强。

3. 服务业总量不断扩大，结构不断优化

服务业规模不断扩大，对经济增长的贡献日益增强。广西服务业增加值2005年达到1655.70亿元，按可比价格计算，比2000年增长了67.6%，2005年服务业对经济增长的贡献率达到32%。在经济结构调整进程中，服务业吸纳了大量从第一、第二产业分流出来的人员，成为吸纳劳动力就业的主要渠道之一。2005年末，广西从业人员2703万人，其中服务业从业人员885.42万人，占广西从业人员总数的32.8%，比2000年提高5.1个百分点，占广西非农行业从业人员之和的72.2%。服务业结构不断优化，传统服务业仍是服务业主体，现代服务业发展迅速。2005年，广西交通运输、仓储、邮电通信、批发零售贸易和餐饮业等传统服务业增加值达到788.48亿元，占服务业的比重为47.6%，传统服务业仍是推动服务业增长的主要力量。

4. 对国有企业实行战略性改革

经济体制改革的关键是转换国有企业的经营机制。广西以深化国有企业改革为切入点，从打破“企业吃国家大锅饭，职工吃企业大锅饭”入手，在广西全区范围内推开了一场以市场为导向、以产品为中心、以质量为生命、以效益为目标、以改革为动力、以职工队伍为基础、以领导班子为关键的国有企业改革整顿攻坚战。重点推进企业产权制度改革，加快建立现代企业制度。通过改革整顿，广西国企逐步摆脱困境。1999年，广西国有及国有控股企业扭转了连续3年净亏损的局面，整体扭亏为盈。到2001年底，广西国有及国有控股企业净盈利22.98亿元，与1997年底净亏损13.95亿元相比较，净增利润36.93亿元。国有企业三年扭亏脱困的目标基本实现，100多家国有大中型企业初步建立了现代企业制度框架。广西39个工业行业大类中有21类行业实现整体扭亏或增盈，有10个行业实现整体扭亏，1997年亏损并列入国家三年脱困监控对象的245家国有及国有控股大中型工业企业到2000年底已减少57%。

5. 加强基础设施建设

加强基础设施重点工程建设，尤其是进一步加强农业和农村基础设施建设，改善农民生产生活条件，为西部地区加快发展打好基础。一方面，广西加快推进交通、水利等重点基础设施建设，积极筹备和推进地处少数民族地区的大型水电站龙滩水电站和百色水利枢纽工程；完善大西南出海通道，包括沟通南宁至中越边境的友谊关、桂林至梧州、南宁至广州的铁路和高等级公路网建设；实施广播电视到村工程；等等。另一方面，进一步完善能源供给、城市公用事业等基础设施瓶颈行业，重新确定地方政府的主要职责及其考核标准，把地方政府为企业和公众提供多少公共服务，诸如市政建设、人口发展、就业机会、教育文化卫生事业、环境保护、政策法规等方面的情况，作为衡量地方政府工作的主要标准，通过提供产权保护、制止垄断、保护公平竞争和进行市场基础设施建设，为所有生产者提供机会均等的服务。

图为兼有发电、灌溉、航运、供水等综合功能的百色水利枢纽工程（蒋勤　摄）

6. 打好扶贫攻坚战

经过改革开放和长期的扶贫工作，到1997年广西尚未解决温饱的贫困人口已从1985年的1500万减少到366万。但是，这些贫困人口基本居住在生产生活条件比较恶劣的石漠化片区，脱贫难度大，是扶贫工作的硬骨头。在自治区党委、政府的领导下，各级党委和政府率领广大干部群众开展了一场世纪之交的扶贫攻坚大决战。重点战场是少数民族聚居的石漠化片区，主要是搞好水、路、电、学校、医院等基础设施建设，解决饮水难、行路难、用电难、上学难、看病难等问题。到2001年底，广西未解决温饱的贫困人口降至120万。

少数民族聚居区基础设施建设是广西扶贫攻坚的重点战场。图为都安瑶族自治县龙湾乡新修的盘山公路（陆波岸　摄）

7. 加强人才队伍建设，为西部大开发提供有力的人才保障

转变人才观念和人才管理方式，调整人才结构，想方设法吸引人才、使用人才、留住人才。一是围绕经济结构的调整和区域经济的发展要求，调整和优化人才结构，从提高人才群体效益出发，运用各种有效手段，确保人才总量、人才结构布局、人才素质适应广西西部开发的需要。按照“加强第一产业、提高第二产业、发展第三产业”的基本思路，稳定、壮大农业人才队伍，加强基础产业、支柱产业、高新技术产业人才的引进与培养，重点引进培养短缺的金融、国际商贸、营销管理、信息以及管理方面的高层次人才，使第一、第二、第三产业人才形成协调发展的态势。二是大力发展人力资源市场，充分发挥人才市场机制在人才资源配置中的基础性作用，推进整体性人才资源开发，实现人才资源的合理配置。为适应我国加入世界贸易组织的新形势，重点培养、引进一批懂国际竞争、熟悉世界贸易规则的人才，促进人才资源的重新组合和深层次开发，以推动广西经济新发展。

8. 扎实推进生态建设和环境保护

由于历史和现实的诸多因素影响，西部地区经济发展基础薄弱，生产方式粗放，支撑西部地区经济发展的大都是能耗高、污染重、效益低，被纳入限制或淘汰之列的资源型产业，这导致西部地区往往陷入生态环境保护与经济发展的两难境地。一方面，广西积极落实国家出台的退耕还林等一系列生态环境保护政策，重点解决西部地区的生态问题，积极推进生态文明示范区建设，实施珠江水系上游石山地区退耕还林、营造沿海防护林带、修建地头集雨水柜工程，构建珠江流域重要生态屏障；另一方面，跳出传统发展模式，克服把生态建设和产业发展割裂开来的“两张皮”现象，以“生态建设产业化、产业发展生态化”为突破路

径，在发展产业的同时恢复和保护生态环境，在恢复和保护生态环境的过程中促进产业发展，在二者的结合中形成相互促进、协调发展的新格局。

9. 深入实施互利共赢的开放带动战略

广西积极打造全方位、多层次、宽领域的对外开放格局，以大开放促进大合作、大发展。一是切实转变外贸增长方式，进一步优化出口商品结构、市场结构、经营主体结构和贸易方式结构，扶持和培育一批大型出口龙头企业；大力发展边境贸易，加强边境经济合作区建设。二是进一步优化投资环境，以项目为中心，创新招商引资机制，积极引进有实力的外商到广西投资。三是扩大国内外区域合作，积极参与中国—东盟自由贸易区建设，全面参与大湄公河次区域、“两廊一圈”、泛珠三角经济区、西南六省区市等区域经济

泛珠三角经济区是我国经济最具活力和发展潜力的地区之一。图为宣传泛珠三角合作的广场一角（陈峰　摄）

合作。承办好中国—东盟博览会，努力把广西建设成为中国—东盟自由贸易区的区域性加工制造中心、物流中心、商贸中心和文化交流平台。四是加强“百企入桂”工作、大力引进区外民营资本。积极实施“走出去”战略，鼓励和支持制糖、电力、汽车、机械等优势企业到境外开展互惠互利的对外投资、工程承包和劳务合作。

三、民族团结进步事业取得新发展

（一）强化民族团结进步的法治保障

1. 制定完善本地配套法规、条例

1984年5月31日，第六届全国人民代表大会第二次会议通过了《中华人民共和国民族区域自治法》（以下简称《民族区域自治法》）。这是中国第一部关于民族区域自治的专门法律。1988年1月，广西设立自治区人民代表大会民族委员会，2002年设立自治区人大常委会法制工作委员会，由此启动并加快了广西民族立法进程。同时，广西各自治县着手制定自治条例的修改完善工作，从1996年至2002年，各自治县陆续完成了自治条例的第一轮修改工作。广西已初步形成了以《民族区域自治法》为主干，地方法规和自治县自治条例、单行条例相配套的具有广西特色的民族法规体系，为民族自治地方的经济社会发展、边疆和谐稳定和民族团结进步提供了有力保障。

2. 营造良好法治环境

广泛深入地宣传党的民族理论、政策、法规，教育各族干部群众增强中华民族认同感，引导各族群众互尊互信、互学互帮，互相尊重彼此的传统文化、生活习俗和宗教信仰，自觉维护民族团结。

每5年的普法计划，都把民族法律法规列入重要内容之一。从2003年开始，定期开展《民族区域自治法》宣传活动，把每年9月定为广西民族团结进步宣传教育活动月，在广西广泛深入开展党的民族政策和以《中华人民共和国宪法》为核心、以《民族区域自治法》为主要内容的民族法律法规宣传教育活动，增强宣传教育的针对性，极大地增强了各族群众珍惜和维护民族团结的自觉性、坚定性。

3. 加强执法监督检查

自治区人大常委会定期围绕各族群众关心的热点、难点问题，听取自治区人民政府有关少数民族聚居区经济社会发展的专项工作报告，多次开展民族法律法规报告情况的检查。自治区党委、政府及有关部门也经常采取多种方式，开展对贯彻落实党的民族政策和民族区域自治法规情况的监督检查，通过对各地各部门的监督检查，及时掌握民族工作新情况、新问题和存在的薄弱环节，深入分析原因，提出解决问题的办法措施，推动民族团结进步事业健康有序地开展。

（二）着力保障和改善民生，不断夯实繁荣发展的物质基础

1. 认真贯彻落实党中央的各项惠民政策

一是扶贫政策。1990年，国家设立了“少数民族贫困地区温饱基金”，加大对包括广西在内的民族地区的扶贫倾斜力度。2000年是国家实施“八七”扶贫攻坚计划的最后一年，也是广西扶贫开发承前启后的一年。借助西部大开发的良好发展机遇，自治区人民政府办公厅于2000年出台了《关于印发2000年广西扶贫攻坚实施方案的通知》，确定了扶贫思路，制定了扶贫目标和主要任务，进一步改善贫

图为广西东兴北仑河井然有序的边贸互市码头（周军　摄）

困地区的生产条件和生态环境，巩固温饱成果，降低返贫率；在总结扶贫攻坚实践经验的基础上，紧紧抓住西部大开发的机遇，结合广西实际，制定新的扶贫开发10年规划，把扶贫开发工作推向新阶段。二是开展兴边富民行动。1999年由国家民委联合国家发展改革委、财政部等部门倡议发起了兴边富民行动边境建设工程，宗旨是振兴边境、富裕边民。广西紧抓这一契机，全面解决边境地区主要困难和问题，打好扶贫攻坚战；努力发挥边境地区的区位优势，利用与周边国家经济的互补性，大力发展边境贸易，积极开展经济技术交流与合作；进一步促进人口较少民族发展；充分发挥报纸杂志、广播电视的作用，逐步加大宣传力度，使兴边富民行动影响广泛，深入人心。

2. 强力推进基础设施建设

实施西部大开发以来，广西加大了对少数民族地区交通、水利、电力、通信、教育、文化、卫生、广播电视等基础设施的投资和建设力度，优先安排基础设施项目和同少数民族群众生产生活密切相关的中小型公益性项目，努力改变这些地区基础设施薄弱的状况。此外，2000—2002年，毗邻越南的广西边境沿线开展了一场有史以来最大规模的边境建设大会战。这场旨在改变中越边境地区落后的基础设施和边民生活状况的建设会战，涉及边境地区的8个县（市、区），103个镇，陆地边境总长637公里，总人口242万，占边境地区总人口80%的少数民族是建设会战的主要受益者，为加快少数民族聚居区的经济社会发展奠定了良好基础。

3. 加大财政税收扶持力度

实施西部大开发以来，自治区党委、政府高度重视推动各民族的共同繁荣发展，不断加大对自治县、民族乡的扶持力度，安排扶持资金所占的比例逐年提高，不断加大政策扶持力度，从财政转移支付、专项扶持资金分配使用、税收等方面给予倾斜，帮助少数民族聚居地区和贫困地区解决实际问题。积极配合国家统一实施“兴边富民行动”，争取国家专项资金，连续10多年有效地改善了边境地区的基础设施。

（三）创新民族地区社会治理

1. 加强少数民族流动人员的服务和管理

一是建立少数民族人员摸排机制，全面摸查了本地少数民族流动人员情况，切实做到“底数清、情况明”。二是加强与城镇少数民族领头人的联系沟通，及时掌握流动少数民族人员的动态，协调管理工作。建立外来少数民族流动人员联系点制度，加强对流动人员的登记。将联系点设在社区、市场及其他少数民族流动人员分布较多的地方，及时了解他们遇到的困难与问题，提供帮助。三是鼓励城市社区建立“民族工作服务站”和“民族团结之家”等机构，为辖区的少数民族群众提供服务，推进民族工作进社区，形成社会联动、各方互动、齐抓共管的民族工作网络，促进民族间的交往、交流、交融。

2. 妥善处置涉及民族因素的矛盾和纠纷

一是建立民族关系监测评价处置机制，强化网络安全管控，及时、全面、系统、科学地掌握民族关系动态和发展趋势，排查可能影响民族团结和社会稳定的苗头性、倾向性隐患。二是在处置涉及民族因素的矛盾纠纷时，正确区分不同性质的矛盾，不把一般的群众利益纠纷当作民族问题来处理，严防别有用心的人借机挑起事端，制造民族矛盾。对侵害少数民族合法权益的各类违法犯罪深入开展严打整治专项行动。

（四）大力发展民族教育事业

1. 大力发展民族特色教育，促进民族教育加快发展

2002年，《国务院关于深化改革加快发展民族教育的决定》提出“要积极推进民族教育手段现代化”“实施培育少数民族高层次骨干人才计划”等政策。广西积极贯彻落实党中央制定的民族教育大政方针，做好中央精神的传达工作，并结合本地区实际情况，制定出实施的具体措施。2003年，广西颁布实施了《广西壮族自治区人民政府贯彻落实国务院关于深化改革加快发展民族教育的决定的意见》，提出了“进一步增强对民族教育的扶持力度”“加大对民族教育的投入”“进一步加强对民族教育的支援工作”“大力加强教师队伍建设”“积极稳妥推进壮文进校和壮汉‘双语’教学试点工作”“积极推进民族教育手段现代化进程”“加强民族团结教育和学校德育工作”等九大政策措施。

2. 积极举办民族班

1980年广西开始在部分高等学校开设少数民族预科班和民族班，2003年实施《关于加快我区高等学校少数民族预科教育发展的实施办法》，提出加大对民族预科教育的经费投入、在广西民族学院预科部（后更名为广西民族大学预科教育学院）增挂“广西少数民族预科教育基地”的牌子、做好民族预科招生工作、大力加强民族预科教师队伍建设、抓好民族预科教育教学改革、帮助民族预科贫困学生解决生活困难问题等措施。

3. 积极实施西部人才培训项目

组织开展“西部地区少数民族后备干部国外中长期培训项目”，每年选派30多名优秀少数民族干部到中央国家机关或发达省市挂职学习，选派部分少数民族优秀干部到美国、英国和新加坡等发达国家学习。

4. 改善少数民族聚居区教育发展条件

自治区在经费投入上对少数民族聚居区教育长期实行倾斜政策，着力改善中小学办学条件。实施了贫困地区义务教育工程、中小学危房改造工程、教育对口支援工程、边境地区建设大会战教育建设工程、东巴凤革命老区建设大会战教育建设工程等一系列的教育建设工程，极大地改善了少数民族贫困地区的办学条件。

四、实现了由温饱到总体小康的历史性跨越

实施西部大开发之后的5年（2001—2005年），正值广西“十五”时期，这是广西历史上最好的发展时期。借助西部大开发的东

风，广西进一步加大对外开放的力度，经济增长速度加快，社会秩序良好，民族团结和睦，居民收入稳定上升，各项事业取得新成就。广西各族人民艰苦奋斗，开拓进取，胜利完成了国民经济和社会发展第10个五年计划，为“十一五”时期实现更快更好发展奠定了坚实基础。

（一）综合经济实力明显增强

据统计，广西生产总值由2000年的2050.14亿元增加到2005年的4075.75亿元，增加2025.61亿元，“十五”时期年均增长10.6%。财政收入由2000年的220亿元增加到2005年的475.39亿元，增加255.39亿元，“十五”时期年均增长16.7%。2005年人均生产总值超过1000美元，人均财政收入超过1000元人民币，标志着广西经济发展进入了新阶段。

（二）产业结构持续优化

据统计，“十五”时期广西第一、第二、第三产业增加值年均增长分别为5.3%、14%和10.8%，三次产业结构由2000年的26.3∶35.2∶38.5，调整到2005年的22.3∶39∶38.7。加快调整农业结构，发展特色农业，进一步形成布局合理、特色鲜明、农林牧渔业协调发展的格局，建立一批各具特色的现代农业示范区，促进大宗农产品专业化、基地化、规模化、产业化生产。工业增加值年均增长13.8%，对经济增长的贡献率平均达到41.5%，成为经济增长的第一动力，资源型工业、重工业比重上升，重点工业产品市场占有率扩大，企业竞争力提高，规模以上工业企业盈亏相抵后实现利润总额年均增长28.5%。服务业规模不断扩大，对经济增长的贡献日益增强，2005年的服务业增加值达到1655.7亿元，比2000年增长了67.6%，年平均增长10.9%。服务业结构进一步优化，旅游业、交通运输业、商贸业、房地产业和会展业等取得长足发展。

（三）基础设施和重大项目建设力度加强

据统计，“十五”时期广西固定资产投资对经济增长的贡献率年均超过60%。全社会固定资产投资年均增长20.8%，比“九五”时期增加近1倍。新开工规模以上项目2.8万个，比“九五”时期增加1倍多。新增高速公路598公里，新增沿海港口吞吐能力1416万吨，新增发电装机容量338万千瓦。南宁至友谊关高速公路全线贯通，广西作为连接中国与东盟国际大通道作用进一步发挥。沿海基础设施建设大会战初显成效，龙滩水电站、百色水利枢纽、洛湛

南宁至友谊关高速公路，与越南1号公路对接，被称为“南疆国门第一路”（陈峰　摄）

铁路广西段、桂林至梧州高速公路、华银氧化铝一期工程等一批重大项目开工建设。沿海炼油、林浆纸等事关全局的重大产业项目前期工作取得实质性进展。边境基础设施建设和东巴凤基础设施建设大会战胜利告捷。随着一批交通、能源、水利、通信、城市设施等基础设施日趋完善，经济加快发展的基础进一步夯实。

（四）改革开放稳步推进

国有企业改革深入推进，规模以上国有企业产权制度改革基本完成，体制机制创新取得新进展。财税、金融、投资等方面的改革扎实推进，农村税费改革步伐加快，在2004—2005年2年里直接减轻农民负担17.61亿元。非公有制经济快速发展，规模进一步扩大，2005年完成增加值占广西生产总值的比重达到47%，比2000年提高6个百分点。广西作为连接中国与东盟国际大通道作用进一步发挥，成功举办了每年一次的中国—东盟博览会和中国—东盟商务与投资峰会，国际国内区域合作取得新成效，对外开放水平进一步提高。“十五”时期广西外贸进出口总额年均增长20.5%，其中出口总额年均增长14%；累计实际利用外资总额39.5亿美元，年均增长8.8%；累计引进区外境内招商引资项目1万多个，实际到位资金897亿元。

（五）城乡人民生活水平持续提升

“十五”时期，广西城镇居民人均可支配收入年均增长8.8%，农民人均纯收入年均增长6%。市场消费持续旺盛，社会消费品零售总额年均增长11.5%。就业和再就业工作进一步加强，社会保障体系初步建立。累计新增城镇就业102万人，城镇登记失业率控制在4.6%以内。扶贫攻坚工作取得突破性进展，农村未解决温饱贫困人口减少64万，低收入贫困人口减少324万。边境基础设施建设和东巴凤基础设施建设大会战胜利告捷。累计建成5589个五保村，解决了8万多个五保对象住房难问题。城乡居民生活质量明显提高，生活水平实现了由温饱到总体小康的历史性跨越。

（六）社会事业发展明显加快

科技进步贡献率、科技活动产出水平、科技环境改善指标以及科技创新能力进一步提高，累计取得自治区级科技成果1629项。人才强桂战略全面实施，人才队伍整体实力持续提升，干部人事制度改革取得新进展，各级各类教育事业改革发展取得新成效。文化体育产业加快发展，文化基础设施和公共文化服务体系建设进一步加强，群众性文化和体育活动广泛开展，竞技体育运动取得新成绩。公共卫生体系进一步健全，突发公共卫生事件应急防控能力有新提高。广播电视覆盖率达到91%，“村村通”阶段性目标全面实现。资源合理开发、环境保护和生态建设得到加强，环境质量总体保持稳定。社会治安综合治理取得明显成效，人民内部矛盾得到有效化解。与境内外敌对势力的斗争不断加强，禁毒和打击走私等工作取得新成绩。工会、共青团、妇联等群团组织在经济社会发展中发挥了重要作用。

（七）行政效能得到明显提高

政府职能加快转变，新一轮政府机构改革稳步实施，行政管理体制改革进一步深化，政企分开、政务公开和电子政务积极推进，政府经济调节、市场监管、社会管理和公共服务职能进一步增强。

行政许可法深入实施，政府立法工作和依法行政水平有新提高，执法监督力度加大。解放思想再讨论、政务环境评议评价和保持共产党员先进性教育等活动有效开展，公务员队伍建设进一步加强。廉政建设和反腐败斗争深入推进，政风建设取得新成效。

实施西部大开发战略，加快中西部地区发展，是党中央面向21世纪作出的重大决策。将广西纳入西部大开发的重要省区之一，体现了党中央对广西的亲切关怀。伴随西部大开发和富民兴桂战略的实施，广西经济社会发展取得了辉煌成就，综合实力不断增强，产业结构逐步优化，基础设施条件明显改善，八桂大地发生了翻天覆地的巨大变化。在党中央、国务院的亲切关怀和坚强领导下，在全国人民的大力支持下，广西各族干部群众艰苦奋斗、开拓创新，富民兴桂的新成效既写在全面建设社会主义现代化国家的新征程中，也写在广西各族人民不断收获的笑脸上。

第五章

四大强区齐头奋进

“十二五”时期，广西根据中央的方针政策，从实际出发，制定了指导经济社会发展的战略，提出了发展的战略思路、战略目标和战略措施，逐步探索和形成了一系列体现科学发展观要求、符合广西实际的发展思路和政策措施，从富民兴桂新跨越迈入了富民强桂新跨越的新时期。富民强桂新跨越，是广西立足于后发展欠发达基本区情作出的必然选择。战略任务归纳起来主要是经济建设、科技创新、文化发展、生态文明4个方面，并将“富民”与“强桂”这两大关键点有机统一起来，既是对近年来党中央和自治区党委一系列重大战略决策的进一步落实，又是对广西未来发展之路的强力引领；既是富民强桂新跨越的战略任务，又是广西在西部地区争当贯彻落实科学发展观的排头兵、率先实现全面建设小康社会目标的战略支撑。

一、“经济强区”实现经济腾飞

经济发展是实现“富民”与“强桂”的基础和前提，是中心任务和第一要务。中共广西壮族自治区第十次代表大会报告强调指出："实现富民强桂新跨越，首先要实现经济发展新跨越。坚持把加快转变经济发展方式贯穿始终，突出经济结构战略性调整，着力打造'三基地一中心'（区域性现代商贸物流基地、先进制造业基地、特色农业基地和信息交流中心），建设西部经济强区。"

（一）现代产业体系不断完善

产业强则广西强，以更大力度发展现代产业，是增强广西综合实力和竞争力的关键。中共广西壮族自治区第十次代表大会报告中明确指出，"坚持工业化与信息化融合发展、制造业与服务业协调发展，提高现代产业水平"，"要更加重视'三农'工作，落实强农惠农政策，在工业化、城镇化深入发展中同步推进农业现代化"。2011年以来，自治区人民政府先后颁布实施了70余份规划和文件，涉及千亿元产业、战略性新兴产业、现代服务业和现代农业等产业发展，为广西现代产业体系的构建和完善提供了政策保障。

1. 工业转型升级步伐加快

工业是调结构、转方式的主战场。2013年，在自治区党委、政府颁布实施的《中共广西壮族自治区委员会 广西壮族自治区人民政府关于加快新型工业化实现跨越发展的决定》中明确提出要"着力改造提升传统产业，着力发展先进制造业，着力培育壮大战略性新兴产业，着力构建'14＋10'现代产业体系，走广西特色新型工业化道路，实施工业强桂战略，以工业的跨越发展推动全区经济社会的大发展"，并提出"工业总量规模在全国排位有所上升，达到'两优化'，实现'三提升'。形成传统产业全面提升，先进制造业比重不断增大，战略性新兴产业快速壮大，大企业顶天立地、中小企业铺天盖地的工业发展新格局”。

2011年以来，广西加快工业跨越发展，全力打造食品、汽车、机械、有色金属、石化、冶金、建材、造纸与木材加工、电力、电子信息、医药制造、纺织服装与皮革、生物、修造船及海洋工程装备等14个千亿元产业，重点发展新材料、新能源、节能环保、海洋经济、生物医药、新一代信息技术、新能源汽车、生物农业、先进装备制造、养生长寿健康产业等10个战略性新兴产业，产业规模和实力稳步提升。到2015年，千亿元产业由3个增加到10个，两千亿元产业增加到6个，食品产业突破3000亿元。微型汽车、轮式装载机、车用柴油机、多功能乘用车等产品市场占有率全国第一，食糖产量连续四个榨季占全国60%以上，蚕茧产量连续10年居全国第一，桑蚕丝产量连续5年居全国第一。

图为广西五菱汽车生产线（雷时稳　摄）

2. 现代服务业迅猛发展

服务业是现代产业体系的重要支柱，服务业的兴旺发达是现代经济的显著特征。广西把加快发展现代服务业作为产业结构调整的战略重点，先后颁布实施了《加快旅游业跨越发展的若干政策》《宽带广西战略行动计划》《广西壮族自治区人民政府关于促进健康服务业发展的实施意见》等促进服务各行业发展的文件。2015年出台的《中共广西壮族自治区委员会　广西壮族自治区人民政府关于加快服务业发展的若干意见》是指导广西服务业发展的纲领性文件，提出着力打造服务“一带一路”、面向东盟、辐射西南中南地区的区域性国际航运中心、商贸物流中心、金融服务中心、信息交流中心、国际旅游目的地和国家养老服务业综合改革试验区，加快形成具有广西特色和持续竞争力、支撑力、带动力的现代服务业产业体系。

近年来，广西致力于建设服务业聚集区，推进桂林国家服务业综合改革试点，构建南宁区域性国际金融中心，发挥中国—东盟商品交易中心作用，建设区域性现代商贸物流基地。进一步提升旅游业支柱产业地位，打造国际旅游目的地和游客集散地，推进桂林世界旅游城、北海涠洲岛旅游区、中越国际旅游合作区等一批重大项目建设。加快建设信息网络基础设施，大力发展信息服务，形成区域性信息交流中心。至2015年，新兴服务业投资不断加强，生产性服务先进制造业融合更加紧密，生活性服务业的科技含量和规范化程度不断提升，以现代物流、文化、旅游、会展、金融等为主体的现代服务业成为新的战略支撑产业。

3. 特色高效农业稳定发展

中共广西壮族自治区第十次代表大会报告指出：“富民重在富农民，强桂必须强农村。”多年来，广西着力转变农业发展方式和调整产业结构，开展特色农业产业“品种品质品牌”提升行动，于2011年颁布实施了《广西壮族自治区农业（种植业）“十二五”规划》及粮食、糖料蔗等13个优势特色农产品的“十二五”专项规划。2012年，为加快广西农作物种业发展，自治区人民政府下发了《广西壮族自治区人民政府关于加快推进现代农作物种业发展的实施意见》，为农作物种业发展制定了总体要求和重点工作。2013年自治区人民政府先后下发了《广西壮族自治区人民政府关于促进我区糖业可持续发展的意见》和《广西壮族自治区人民政府关于加快发展政策性农业保险进一步促进农业持续稳定发展的若干意见》。2014年自治区人民政府先后颁布实施了《广西壮族自治区人民政府关于促进现代渔业跨越发展的意见》和《广西壮族自治区人民政府关于做大做强水牛奶业的意见》，分别制定了广西现代渔业和水牛奶业发展的总体要求和工作重点。2016年，出台了《广西农业和农村经济发展“十三五”规划》《广西糖业发展“十三五”规划》《广西现代生态养殖“十三五”规划》《广西农业可持续发展规划（2016—2030年）》《广西壮族自治区现代农业（种植业）发展“十三五”规划（2016—2020年）》等多项农业专项规划，下发了《广西壮族自治区人民政府办公厅关于加快转变农业发展方式的实施意见》和《广西壮族自治区人民政府办公厅关于推进农村一二三产业融合发展的实施意见》，为广西农业发展提供了政策保障。

至2015年，广西粮食自给率保持基本稳定，特色优势产业生产能力不断增强，广西主要农产品有效供给基本保障，质量安全水平不断提高。优势特色农业产业规模、效益同步增长，蔗糖、水果、蔬菜、木薯、桑蚕、畜禽、奶水牛、水产品、木材等产业的产量位居全国前列。水果产业成为全国5个总产量突破千万吨的省区

广西优势特色农业产业规模、效益同步增长。图为硕果累累的芒果园（梁灿芳 摄）

之一。蔬菜产值突破600亿元，成为重要的“南菜北运”蔬菜基地和全国最大的秋冬菜基地，以秋冬春蔬菜种植为主体的外销型蔬菜产业已发展成为广西种植业中仅次于粮食、甘蔗的第三大农业支柱产业；水产品产量在全国排名第8位；林业产业总产值突破4300亿元，全国有1/3木材产自广西。广西已有家庭农场4536家，农民专业合作社24820家，自治区级以上农业产业化龙头企业229家，农业产业化水平进一步提升。

（二）新型城镇化跨越发展

城镇化是现代化的必由之路，是扩大内需、拉动投资、改善民生的最大潜力所在。为了加快推进广西城镇化跨越发展，2010年12月底，自治区党委、政府正式颁布了《中共广西壮族自治区委员会　广西壮族自治区人民政府关于加快推进我区城镇化跨越发展的决定》及20个配套文件。2011年，中共广西壮族自治区第十次代表大会报告中进一步提出，要推进新型城镇化跨越发展，深入实施中心城市带动战略、加快发展县城和重点镇、深化户籍制度改革和深化扩权强县改革。2014年，颁布实施了《广西壮族自治区新型城镇化发展规划（2014—2020年）》，其中明确提出要围绕以人为核心推进以人为本的城镇化，围绕优化布局推进集约高效的城镇化，围绕生态文明推进绿色发展的城镇化，围绕四化同步推进产城融合的城镇化，围绕城乡融合推进城乡一体的城镇化，围绕文化传承推进多元特色的城镇化，围绕改革创新积极稳妥推进城镇化。

1. 构建协调的城镇体系

深入实施中心城市带动战略。中共广西壮族自治区第十次代表大会报告中提出要“推进南宁五象新区、柳州柳东新区、桂林临桂新区建设，发展南宁、柳州超大城市和桂林特大城市，做大做强其他区域中心城市，加快南北钦防同城化步伐，支持贺州、来宾、崇左新建城市加快建设”。加快发展中小城市，2014年颁布的《广西壮族自治区新型城镇化发展规划（2014—2020年）》中要求：“全区75个县城在推进新型城镇化发展中发挥着重要节点作用。实施大县城战略，加快培育一批经济强县，以主体功能定位为导向，优化空间结构，加强基础设施建设，发展特色产业，强化产业功能、服务功能和居住功能，促进经济发展和人口集聚，改善人居环境，提升城市品位，提高县域城镇化水平。”2015年，出台了《广西壮族自治区人民政府关于实施大县城战略提高县域城镇化发展水平的意见》。有重点地发展小城镇，2010年出台的《中共广西壮族自治区委员会　广西壮族自治区人民政府关于加快推进我区城镇化跨越式发展的决定》中指出，“加大对城镇群城镇带中具有较强经济实力、发展潜力和集聚带动效应的重点镇的扶持，加快培育和发展一批强镇强村，把一批具备条件的重点镇发展成为经济强镇”，同时出台了《广西壮族自治区人民政府关于塑造城镇特色提升城镇品质的意见》《广西壮族自治区人民政府关于进一步加快重点镇发展的意见》《关于促进特色名镇名村发展的意见》《广西村镇规划集中行动实施方案》等相关配套文件。

2. 深化户籍制度改革

改革开放以来，随着小城镇落户条件的放宽，制约广西二元结构体制的户籍制度逐步放开。至2010年，户籍制度改革进一步深化，在《中共广西壮族自治区委员会　广西壮族自治区人民政府关于加快推进我区城镇化跨越式发展的决定》中指出：“加快落实放宽中小城市、小城镇落户条件政策，引导在城镇稳定就业和居住的农民有序转变为城镇居民。”随后，又分别于2010年、2014年出台了

岭南风格极其浓郁的黄姚古镇成为极具代表性的广西特色名镇之一（何发清　摄）

《广西壮族自治区人民政府关于深化户籍制度改革的意见》《广西壮族自治区人民政府关于印发广西北部湾经济区户籍同城化方案的通知》，进一步放宽落户条件。2015年颁布实施《广西壮族自治区人民政府关于进一步推进全区户籍制度改革的指导意见》，在广西实施差别化落户政策，放宽南宁、柳州、桂林等核心城市的落户条件，并全面实行居住证制度，“居住证持有人享有与当地户籍人口同等的劳动就业、基本公共教育、基本医疗卫生服务、计划生育服务、公共文化服务、证照办理服务等权利”。2017年，广西已全面实施城乡统一的“一元化”户籍登记制度，大部分设区市、所有的县级市、县城和建制镇已全面放开落户限制，基本实现城镇落户“零门槛”。南宁、梧州、贵港、来宾、百色已完成本市户口迁移政策调整工作。

3.“两区一带”协调发展

2009年10月，国务院颁布了《国务院关于进一步促进广西经济社会发展的若干意见》，将广西划分为北部湾经济区、西江经济带和桂西资源富集区的“两区一带”新发展规划，统筹考虑土地利用、经济布局、人口分布和城镇格局，最终实现区域互动、协调发展的新发展结构。广西按照《国务院关于进一步促进广西经济社会发展的若干意见》部署，充分发挥北部湾经济区引领带动作用，积极打造西江经济带产业集聚优势，同时增强资源富集的桂西地区的自我发展能力。

率先发展广西北部湾经济区。《广西壮族自治区国民经济和社会发展第十二个五年规划纲要》要求：“深入实施广西北部湾经济区发展规划，全面落实国家赋予的各项优惠政策，继续在资源配置、产业布局、重大项目、政策支持等方面加大倾斜力度，推动产业、港口、交通、物流、城建、旅游、招商、文化等实现大发展。”中共广西壮族自治区第十次代表大会报告中进一步指出：“广西北部湾经济区开放开发是国家战略，必须坚持优先发展不动摇，着力培育壮大石化、冶金、电子信息、新材料、机械装备制造、农产品加工等重点产业，完善保税物流体系，打造临海先进制造业基地、区域性国际航运中心和重要物流枢纽，用五年时间实现经济区生产总值占全区生产总值40%以上。”近年来，自治区充分发挥北部湾经济区引领和带动作用，加快沿海港口建设和提级改造，积极培育壮大临港产业集群，加强重点产业园区建设，推进同城化发展。截至2015年，北部湾经济区发展规划修编完成，重点实施产业增量提质、区域性航运中心建设等八大工程，14个重点产业园区发展迅猛，超500亿元的园区达到6个，产业集聚效应凸显，经济增长在广西处于领先。此外，北部湾经济区同城化成效显著，通信同城化、城镇群规划、旅游同城化、社保同城化、口岸通关一体化基本完成，户口迁移网上审批、出入境管理、住房公积金异地贷款等实现同城化。

加快发展西江经济带。中共广西壮族自治区第十次代表大会报告中指出：“西江经济带是我区经济跨越发展重要增长区域，必须全力建设以西江水运为重点的综合交通运输体系，优化沿江产业布局，加快向珠三角等先进生产力地区靠拢，建设桂东国家级承接产业转移示范区，推进柳州来宾一体化发展，打造先进制造业基地、资源型精深加工基地和特色农产品加工基地。”2012年，自治区人民政府正式批复实施的《广西西江经济带发展总体规划（2010—2030年）》，是以西江干流为发展主轴的区域规划，涵盖工业产业、环境保护、文化社会事业发展等关系经济社会发展的方方面面。提出西江经济带总体布局，明确西江经济带“实施‘两步走’

战略的示范区、探索可持续发展的试验区、打造成为西江开发轴的先行区、面向东盟开放合作的门户区”的功能定位，打造“生态优先、交通引领、工业主导、产业升级、城镇集聚、品质提升、社会和谐”的西江经济带。2014年，国务院批复实施《珠江—西江经济带发展规划》，珠江—西江经济带正式上升为国家战略。其中广西南宁、柳州、梧州、贵港、百色、来宾、崇左7个城市纳入规划范围内。同年，广西也出台了《珠江—西江经济带发展规划广西实施意见》，进一步细化主要任务和工作重点。截至2015年，启动西江经济带基础设施建设大会战，统筹推进重大项目166项，微软创新中心、国光西部产业园、粤桂（贵港）热电循环经济产业园等一批重大项目落户，承接产业转移取得新进展。

加快桂西资源富集区发展。桂西资源富集区是指地处河池、百色、崇左3个市所辖的30个县（市、区），是国家西部大开发“十二五”规划明确支持建设的8个资源富集地区之一。中共广西壮族自治区第十次代表大会报告中指出：“建设桂西资源富集区具有特殊重要作用，必须积极实施优势资源开发战略，加快转变资源开发利用方式，提高资源就地转化率，促进产业链延伸升级，建设国家重要战略资源接续区和资源深加工基地。”2012年，《桂西资源富集区发展规划》颁布实施，提出“经过10年左右的努力，把桂西地区建设成为特色鲜明、产业发达、生态环保、富裕和谐的绿色经济区”的目标，形成“三核四带七组团”的开发格局和“五地一区”的现代产业体系，桂西经济因此走上“快车道”。2012年以来，广西扎实推进桂西资源富集区建设，编制完成左右江革命老区振兴规划，加快铝工业基地、水电和有色金属工业基地、蔗糖和锰工业基地的改造升级，加快发展边境贸易、特色旅游和现代农业。

二、“科技强区”形成增长动力

（一）科技创新能力不断提升

中共广西壮族自治区第十次代表大会报告中指出：“深入实施科教兴桂、质量兴桂战略，构建科技创新体系。发挥企业技术创新主体作用，增强科研院所和高等院校创新动力，扩大与国际国内知名院校合作，推动建立产业技术创新战略联盟。加强国家和自治区级创新平台建设。深入实施广西创新计划、千亿元产业重大科技攻关工程，突破一批前沿性、关键性、基础性和共性技术，加快产品创新，提高产品质量，壮大一批创新型企业。”2011年，《广西壮族自治区科学技术发展“十二五”规划》也提出：“实施科技创新能力建设工程。加快完善广西创新体系，大力加强科技创新平台建设，提升企业技术创新能力、高校院所知识创新能力、科技成果转化能力，加快创新型城市、中国—东盟科技合作平台与基地建设，促进创新资源集聚，为创新型广西建设提供条件保障。”2011年，自治区人民政府印发的《广西创新计划（2011—2015年）》则对提升创新能力进行细化，提出通过实施企业自主创新能力提升工程、高新技术产业促进工程、科技兴农能力提升工程等七大科技工程，加强创新能力建设，完善区域创新体系。

实施重大科技专项。广西围绕发展高新技术产业、培育战略性新兴产业、改造提升传统产业实施重点领域关键、共性技术的攻关，从基础研究、共性关键技术攻关到产业化示范进行全链条创新设计。组织实施新能源汽车、铝资源、非粮生物质能源、制糖等11个重大科技专项，攻克了一批产业关键技术难题，研发了一批国内外领先并拥有自主知识产权的新产品。

创新人才队伍持续壮大。广西出台《广西壮族自治区院士后备人选培养工程实施方案》，通过专项支持、科研项目支持、团队建设、平台支撑、院士带培等方面强化广西院士后备人才的培育。加大对科技领军人才、青年人才和优秀团队的支持力度，采用特殊政策引进和培养高层次创新人才，先后建立了自治区主席院士顾问、八桂学者和特聘专家制度，选聘主席院士顾问117名、自然科学类八桂学者59名、特聘专家92名，建设院士工作站80家；一批高层次创新人才脱颖而出，先后入选“长江学者奖励计划”、国家杰出青年、国家“千人计划”“万人计划”，形成了广西高层次人才队伍建设的新格局。

创新平台建设持续加强。加快推进药用资源化学与药物分子工程省部共建国家重点实验室建设，推荐广西电子信息材料构效关系重点实验室申报省部共建国家重点实验室培育基地。截至2015年，共有78家重点实验室，其中国家级2家，自治区级70家，自治区级重点实验室培育基地6家，建成了国家工程技术研究中心3家、国家工程实验室3家、国家地方联合工程研究中心（实验室）11家、国家级企业技术中心8家，广西工程技术研究中心达到213家，建设了23家千亿元产业研发中心、25家工程院、28个产业技术创新战略联盟。整合广西千亿元产业研发中心、工程技术研究中心和工程院3类产业技术创新平台建设。

创新创业政策环境进一步健全。广西先后修订《广西壮族自治区科学技术奖励办法》《广西壮族自治区科学技术进步条例》《广西壮族自治区专利条例》《广西壮族自治区高新技术产业开发区条例》，出台《广西壮族自治区人民政府大力推进大众创业万众创新的实施方案的通知》，评选出760项广西科学技术奖，坚持每年举办广西科技活动周等大型活动，各类群众性科普主题活动覆盖广西全区，创新创业环境日益优化。

（二）知识产权得到有效保护和利用

当前，创新已经成为引领发展的第一动力，知识产权作为激励创新的基本保障、发展的重要资源和竞争力的核心要素，发挥着越来越重要的作用。党的十八大以来，党中央、国务院将知识产权工作提高到前所未有的高度，围绕知识产权事业发展作出了一系列战略部署。广西也加大了知识产权工作，取得不俗的成绩。

发明创造成绩显著。2011年颁布实施《关于在全区开展全民发明创造活动的决定》，2012年出台了《广西发明专利倍增计划》，优化了专利发展的综合创新环境。自2012年以来，广西发明专利受理量、授权量和每万人口发明专利拥有量增长率等3项主要指标连续4年位居全国前列，2015年广西发明专利受理量首次进入全国前10名，发明专利申请量合计76692件，授权合计8781件，每万人发明专利拥有量达到2件。

知识产权战略成效显著。自治区人民政府制定出台了《广西深入实施知识产权战略行动计划（2015—2020年）》；广西与国家知识产权局首次建立合作会商制度，双方签署了合作会商议定书；广西成为首批知识产权区域布局试点7个省（市、区）之一。2015年广西区域知识产权指数在全国排名由第24位升至第17位，知识产权产出水平居全国第9位。截至2015年，广西有效注册商标68258件，其中中国驰名商标29件，广西著名商标686件。

知识产权管理和服务能力增强。2015年出台的《广西知识产权服务业集聚发展区培育工作方案（2015—2020年）》，提出“通过培育和建设知识产权服务业集聚区，完善地区知识产权服务业管理体系，优化服务结构，提高服务能力，做大做强知识产权服务业，推动知识产权与产业、科技和经济的深度融合发展”的目标。南宁市、桂林市被列入国家知识产权试点城市，南宁、柳州高新技术产业开发区被列入国家知识产权试点园区，截至2015年，广西共有国家知识产权强县工程试点县（区）14个，国家级知识产权优势企业24家，全国中小学知识产权教育试点学校2所，自治区支持培育知识产权优势企业134家，5家企业通过知识产权管理体系认证，贯标服务机构8家，专利信息分析服务机构10家，广西专利代理机构33家。

知识产权保护力度不断加大。修订了《广西壮族自治区专利条例》，在重点民生领域组织开展知识产权执法维权“护航”专项行动，制定出台知识产权违法行为举报奖励办法，设立开通了知识产权维权援助与举报投诉公益服务“12330”平台。

（三）科技体制机制取得新突破

加强科技改革创新的政策支持力度。广西出台贯彻落实《中共中央、国务院关于深化体制机制改革加快实施创新驱动发展战略的若干意见》和《深化科技体制改革实施方案》的意见和相关配套政策。在科技项目和经费管理改革、推动科技成果转化等方面出台了近20个涉及科技改革创新的政策文件。自治区人民政府出台《关于深化自治区本级财政科技计划和科技项目管理改革的实施方案》，调整优化各部门管理的各类科技计划形成新的科技计划体系，建立健全统筹协调与决策机制、公开统一的自治区科技管理平台、公开统一的评估监管与动态调整机制。广西科技厅、财政厅制定《关于事业单位科技成果使用处置和收益管理暂行规定》，下放管理权限，明确规定研发团队和完成人可获得科技成果转移转化收益所得70%～99%的奖励，激励科研人员创新创业。推进科技行政管理改革，科技行政许可事项减少至3项，“科技计划项目审批”等办结时限缩减50%。

精简审批事项。正式取消政府部门和各市及有关行业组织的“科技成果鉴定”，“科技计划项目审批”不再列入广西行政审批项目目录。进一步优化审批流程，广西科技厅印发《关于简化广西科学研究与技术开发计划项目管理签章的通知》。推进实施权力清单制度，及时向社会公众公布自治区科技厅（知识产权局）权力事项目录和责任清单。

三、“文化强区”促进社会繁荣

文化是民族血脉，是人民的精神家园。2011年5月，广西出台《广西壮族自治区文化产业发展“十二五”规划》。《中共广西壮族自治区委员会关于制定国民经济和社会发展第十二个五年规划的建议》明确首次提出“建设具有时代特征、壮乡风格、和谐兼容的民族文化强区”。《广西壮族自治区国民经济和社会发展第十二个五年规划纲要》对建设文化强区也作出了规划。2011年11月11日，中共广西壮族自治区第十次代表大会提出：“以高度的文化自觉和文化自信，深化文化体制改革，推动社会主义文化大发展大繁荣，努力建设具有时代特征、壮乡风格、和谐兼容的民族文化强区。”

2015年，《中华人民共和国国民经济和社会发展第十三个五年规划纲要》中明确提出“公共文化服务体系基本建成，文化产业成为国民经济支柱性产业”，《广西壮族自治区国民经济和社会发展第十三个五年规划纲要》也提出“大力发展文化事业和文化产业，建成具有时代特征、壮乡风格、和谐兼容的民族文化强区”，表明了中央和自治区在“十三五”时期大力推进文化发展的决心和信心。

（一）文化事业发展跨上新的台阶

《广西壮族自治区国民经济和社会发展第十二个五年规划纲要》提出“加快实施文化惠民工程，加强基层文化队伍建设，基本建成公共文化服务体系”。

1. 公共文化服务体系逐步完善

2011年，《广西壮族自治区文化产业发展“十二五”规划》指出“要加强基层文化队伍建设，基本建成公共文化服务体系”。“十二五”收官之际，广西覆盖城乡的公共文化服务网络框架初步形成，有公共图书馆112个、文化馆123个、文化站1168个、村级公共服务中心7079个。3个设区市被列为国家公共文化服务体系示范区，4个县（市、区）被列为示范项目。创新农村公共文化服务模式，推进建设7079个村级公共服务中心，覆盖49.3%的行政村，创造了在西部欠发达地区建设基层公共文化服务体系的广西经验，农村公共文化事业走在全国西部省区市前列。

2. 文化保护取得重大突破

2011年，《广西壮族自治区文化产业发展“十二五”规划》提出要“坚持一手抓保护、一手抓利用，正确处理保护和利用的关系。构建完备的、富有广西地域特色的文化遗产保护利用体系”。

图为被列入世界文化遗产的左江花山岩画文化景观（李桐　摄）

2012年出台了《广西壮族自治区左江岩画保护办法》，2013年出台了《广西壮族自治区灵渠保护办法》及《广西壮族自治区传统工艺美术保护办法》，2016年出台《广西壮族自治区人民政府关于进一步加强文物工作的实施意见》，为广西文化保护提供政策保障。左江花山岩画文化景观被确定列为2016年中国申报世界文化遗产唯一项目，并于2016年7月申遗成功，成为我国第35项世界文化遗产。壮族霜降节于2016年11月作为中国二十四节气扩展项目之一入选联合国教科文组织人类非物质文化遗产代表作名录。灵渠于2018年8月被列入世界灌溉工程遗产名录。海上丝绸之路·北海史迹、侗族村寨·三江侗族村寨列入中国世界文化遗产预备名录。文物保护成果显著，全国重点文化保护单位增至66处、自治区级文物保护单位336处、市县级文物保护单位1937处；国家历史文化名城3个、名镇7个、名村9个、历史街区1个，自治区历史文化名镇13个、名村26个，中国传统村落89个；4处文物保护单位被列入国家大遗址名单，甑皮岩遗址被公布为华南地区唯一的国家考古遗址公园，靖江王府及王陵被列入国家考古遗址公园立项名单。广西民族博物馆“BEIXNUENGX（贝侬）——壮族文化展”荣获全国博物馆十大陈列展览精品。推动中越边境非物质文化遗产惠民富民示范带建设，在边境地区建成23个非物质文化遗产传承保护示范点。

3. 民族文化散发光芒

打造民族文化活动品牌，“唱响八桂中国梦艺术精品到基层”等惠民演出品牌以服务基层、服务群众为导向深入农村、社区、企业、校园、军营开展惠民演出。文学桂军迅速崛起，文学精品力作不断涌现。舞台艺术实现整体突破，涌现出《八桂大歌》《侗族大鼓》《丝路花雨》等一批饮誉海内外的舞台精品。2011年，壮剧《天上恋曲》入选国家舞台艺术精品工程重点资助剧目，桂剧《七步吟》入选国家舞台艺术精品工程年度资助剧目；2012年，音乐剧《桂花雨》继入选国家舞台艺术精品工程资助剧目，获文华大奖特别奖后又荣获国家“五个一工程奖”。实景演出《印象·刘三姐》誉满全球。“壮族三月三”等节庆文化品牌逐步打响，农历三月初三是广西少数民族传统节日，是壮族同胞以歌会友、以歌传情的盛大集会，更是弘扬民族文化的盛会。2014年，自治区人民政府出台《广西壮族自治区少数民族习惯节日放假办法》，提出“‘壮族三月三’是本自治区少数民族习惯节日，本自治区全体公民放假2天”。自治区党委、政府精心组织举办“壮族三月三·八桂嘉年华”活动，历年“壮族三月三”期间，广西各地举办活动千余场，参与游客达千万人次，“壮族三月三·八桂嘉年华”已成为集民族文化、群众体育、风情旅游、特色消费于一体的品牌，成为壮乡儿女践行文化自觉、展示文化自信的窗口。

（二）文化产业实力不断增强

2010年，《广西壮族自治区国民经济和社会发展第十二个五年规划纲要》要求“推动文化产业成为千亿元产业，增强文化产业整体实力和竞争力”。同年，自治区人民政府出台的《广西壮族自治区人民政府关于加快文化产业发展的实施意见》对文化产业发展的总体要求、发展目标、主要任务进行了细化。2011年5月，《广西壮族自治区文化产业发展“十二五”规划》进一步提出“把文化产业作为广西重要的千亿元产业和新的经济增长点来培育，始终坚持以文化内容为核心，最大限度地提升相关产业的文化内涵和文化附加值，提升广西文化产业的整体实力和核心竞争力，为把广西建成北部湾文化产业圈以及中国—东盟文化产业发展聚集区奠定良好的基础”。2011年11月，在中共广西壮族自治区第十次代表大会上，提出“加快转变文化产业发展方式，着力打造千亿元文化产业，构建现代文化产业体系，推动文化产业跨越式发展、成为国民经济支柱性产业”。2016年，自治区出台《促进文化产业发展若干政策措施》，制定了在新常态下广西加快文化产业发展的目标要求，并从加大扶持力度、完善用地政策、放宽市场准入条件、拓宽投融资渠道、完善奖励政策、加大人才引进和培育、加强组织领导7个方面推进文化产业发展。

1. 构筑现代文化产业体系

2011年，《广西壮族自治区文化产业发展“十二五”规划》提出“加快以创意内容为核心的文化服务业发展，重点发展文化创意、影视制作、出版发行、印刷复制、演艺娱乐、数字内容和动漫等文化产业，积极推进我区文化产业基地、园区和特色文化产业群建设”，注重产业融合发展，提出“推动文化与科技融合发展，着力培育文化领域战略性新兴产业，以科技创新推动文化业态、文化生产和文化传播方式创新，拓展新型文化产品和文化服务，促进产品升级和产业结构优化”，“推动文化与旅游融合发展，大力发展文化

南宁国际民歌艺术节已成为广西的一个文化品牌。图为第十四届南宁国际民歌艺术节场景（周家志　摄）

休闲娱乐产业，深度开发文化旅游演艺产品、工艺品和文化节庆活动，以文化提升旅游，以旅游传播文化。推动文化与商业融合发展，大力发展时尚文化产业，促进文化产业与通信、建筑、制造、教育、会展、休闲、培训等行业的融合发展”，推进广西特色文化品牌建设，提出“重点打造民族文化品牌、红色文化品牌、海洋文化品牌、商贸文化品牌及和谐文化品牌、开放文化品牌、创新文化品牌、生态文化品牌，培育自主特色品牌”。2016年12月颁布的《广西壮族自治区文化发展“十三五”规划》中，根据新形势的发展提出通过优化文化产业发展布局、发展壮大优势文化企业群、做大做强主导文化产业、建设文化产业多元化品牌体系、扩大和引导文化消费等任务来构建现代文化产业体系。2017年12月颁布实施的《广西文化产业跨越发展行动计划（2017—2020）》中，又从壮大传统产业、培育新业态和推动融合发展3个主要任务来健全文化产业体系。

经过几年的发展，广西现有国家级文化产业示范基地8家，自治区级文化产业示范园区4家、文化产业示范基地103家，成长型小微文化企业60家；自治区动漫骨干企业28家，自治区动漫人才培养基地16家；培育了38个特色文化产业（项目）示范县（市、区），特色文化产业成为县域经济发展的新引擎。新闻出版广播影视产业发展迅速，2015年数字影院总数151家、银幕465块，电影院线票房收入7.74亿元，印刷业总产值突破百亿元，数字出版年总产值达4亿元。2016年，广西广电网络公司成功上市，成为少数民族自治区中第一家成功上市的文化企业。

2. 健全现代文化市场体系

2011年颁布的《广西壮族自治区文化产业发展“十二五”规划》提出“重塑市场主体，培育市场要素，拓展市场传播渠道，创新文化产品和文化服务，构建统一开放、竞争有序、健康繁荣的现代文化市场体系”。同时，提出通过建立健全知识产权保护机制、加强文化市场诚信建设、鼓励发展适应市场经济的新型文化行业组织、开展文化市场企业信用等级评定和统筹城乡文化市场布局五个方面来健全现代文化市场体系。同年发布的《广西壮族自治区人民政府关于加快文化产业发展的实施意见》中，提出通过加强文化产品市场渠道建设、加快建设覆盖城乡的全区出版物发行网络体系、大力发展文化生产要素市场、加快建设和完善各类文化协会和文化商会、加强文化市场监管五个方面建设现代文化市场体系。

经过几年的发展，统一、开放、竞争、有序的现代文化市场体系逐渐形成，截至2017年初，广西共有文化市场经营机构8142个，列全国第13位；利润总额9.2亿元，列全国第18位；文化消费满意度在全国排名前列。互联网上网服务行业专项升级试点工作有序推进，网络文化市场新兴业态快速壮大。建立健全文化市场监管体系，推进文化市场“黑名单”管理，开展专项治理整顿和安全生产大排查活动，文化市场经营活动繁荣有序。

（三）文化改革创新取得新的突破

2011年11月，在中共广西壮族自治区第十次代表大会上，提出“加快经营性文化单位改革，全面推进文化事业单位内部改革，创新文化管理体制，完善政策保障机制”。近年来，广西连续推出了系列文化体制改革计划，推动社会主义文化大发展大繁荣的部署，推动文化体制改革取得历史性突破，推动文化事业、文化产业取得跨越式发展。

2011年，广西起草了《关于深化国有文艺院团体制改革的意见（代拟稿）》，制定了《广西壮族自治区直属国有文艺院团体制改革实施方案（草案）》，从而确保了改革有章可循，稳步推进。2011年1月13日，自治区人民政府下发《关于同意广西电影集团有限公司组建方案的批复》文件，广西电影制片厂于同年9月29日举行了揭牌仪式。2011年6月1日，广西演出有限责任公司正式挂牌成立。2011年6月23日，国家广电总局正式批复成立柳州广播电视台。

2012年6月，广西出台《中共广西壮族自治区委员会关于贯彻党的十七届六中全会精神　深化文化体制改革　推动文化大发展大繁荣建设民族文化强区的若干意见》，提出“文化体制改革重点任务如期完成，逐步建立起充满活力的文化管理体制和运行机制，文化的凝聚力、创新力、传播力、保障力和竞争力不断增强。广西文化影响力明显提升，形成与区位优势相适应的文化优势，与经济社会发展相适合的文化环境，与人民群众精神文化需求相适应的文化能力”。

2012年8月，自治区财政厅下发了《关于做好财政支持文化改革发展工作的通知》，对广西各级财政支持文化改革发展工作提出了具体的指导意见和要求。2012年8月16日，广西演艺集团有限责任公司、广西壮族自治区戏剧院成立暨揭牌仪式在南宁举行（广西演艺集团有限责任公司由广西歌舞剧院、广西杂技团、广西木偶剧团、广西演出有限责任公司等4个单位组建而成。广西壮族自治区戏剧院由广西壮剧团、广西桂剧团、广西彩调剧团、广西京剧团等4个单位整合组建）。2012年9月26日召开的全国文化体制改革工作表彰大会上，广西广播电视信息网络股份有限公司、广西出版传媒集团有限公司、广西演艺集团有限责任公司、来宾市群众艺术馆4家单位获文化体制改革工作先进单位称号。

截至2015年，广西保留事业体制文艺院团9家，转制文艺院团22家，划转69家，撤销17家。国有转制文艺院团企业运营机制进一步完善，改制后的文艺院团艺术创作生产实现可喜发展。文化市场综合执法改革全面完成，广西14个设区市和95个县（市、区）组建文化市场综合执法机构。组建广西电影集团有限公司、广西期刊传媒集团有限公司、广西新华书店集团股份有限公司、广西演艺集团有限公司。完成经营性图书音像出版单位转企改制、非时政类报刊出版单位体制改革工作。成为全国首个实现省（自治区、直辖市）、市、县、乡镇、村广电网五级贯通的省区。

四、“绿色强区”助推文明进步

广西最大和最具有竞争力的优势是生态优势，广西大力发展生态经济，深入推进生态文明建设，努力把生态优势转变为发展优势，走出一条具有广西特色的生态美、产业强、百姓富的绿色转型、绿色发展之路。

（一）以循环经济为主导的生态经济加快发展

多年来，广西注重协调经济建设和生态环境的关系，利用生态理念和生态技术构建新兴产业和改造传统的三次产业，使能源资源消耗最低排放最少、产业提供的产品绿色化健康化安全化，实现经济发展与环境友好、人类进步与自然和谐的物质生产方式和生活消费方式，努力走出一条具有广西特色的经济发展和生态文明建设新路子。

2007 年 1 月，自治区党委、政府下发《关于落实科学发展观建设生态广西的决定》提出“培育发展生态效益型经济是生态广西建设的首要任务”，“要按照建设资源节约型和环境友好型社会的要

图为钦州炼油厂厂区（梁灿芳　摄）

求引导和规范经济活动，以生态经济理论和循环经济理念指导经济结构调整和产业结构优化升级，推进‘生态产业化’、‘产业生态化’，形成以科技创新型、资源节约型、环境友好型为特征的具有广西特色的生态经济体系”。同年9月，自治区人民政府颁布实施的《生态广西建设规划纲要（2006—2025年）》提出“建设以循环经济为主导的生态经济体系”，并从“构建循环经济型工业”“大力发展生态效益型农林牧渔业”“加快发展生态友好型服务业”三个方面做了详细规划。

2010年，自治区党委、政府下发《中共广西壮族自治区委员会　广西壮族自治区人民政府关于推进生态文明示范区建设的决定》提出“大力发展循环、低碳型工业”“大力发展生态循环型农业”“优化发展生态效益型林产业”“大力发展节能与环保产业”“大力发展生态旅游业”“着力把广西建成生态产业发达的生态经济

之区”。

2011年11月，中共广西壮族自治区第十次代表大会提出“大力发展生态产业。坚持生态建设产业化、产业发展生态化，把生态优势转化为产业发展新优势，构建发达的生态产业体系”。同时，提出“加快发展循环经济。加快构建特色优势产业循环利用体系，推动生产、流通、消费各环节循环经济发展，促进社会经济发展大循环”。

2013年颁布的《广西循环经济发展“十二五”规划》作为广西循环经济发展的纲领性文件，对循环经济发展的指导思想、总体思路、发展定位和主要目标、重点任务、空间布局及示范工程等都做了详细的规划。

2015年自治区人民政府出台了《广西生态经济发展规划（2015—2020年）》，对广西生态经济发展的总体要求、主要任务和重点工程等做了详细规划，提出“重点实施新兴生态产业发展、资源型产业生态化改造、产业园区生态化建设、生态种养发展、生态旅游发展”等工程，使生态优势转化为经济发展优势。

如今，广西制糖、铝、水泥等传统产业循环化改造取得显著成绩，“城市矿产”和再生资源循环利用初具规模，养殖业和甘蔗、桑蚕、水稻、林竹等种植业初步探索出循环发展模式。电子信息、生物工程及制药、新能源等新兴生态产业比重持续增加，休闲农业、生态旅游、健康养老等生态服务业加快发展。初步建成制糖、汽车、机械装备、铝、再生资源等循环经济产业园区，一批工业园区实行循环化和生态化改造。循环经济发展迅猛，截至2017年，广西获得各类国家级循环经济品牌30余个，规划建设各类项目820余个。其中，国家循环经济示范城市（县）、国家园区循环化改造示范试点各4个，国家再生资源回收体系建设试点城市、资源综合利用“双百工程”示范基地及骨干企业、国家循环经济教育示范基地各3个，国家餐厨废弃物资源化利用和无害化处理试点城市、国家“城市矿产”示范基地、国家循环经济试点示范企业各2个。

（二）生态建设与环境保护显著增强

作为粤港澳地区的重要生态屏障和全国喀斯特地貌分布面积最广、石漠化严重的地区之一，特殊的地理位置和国土空间格局，赋予广西更艰巨的“绿色责任”。广西着力算好发展与保护的大账、总账、长远账，为维护国家和区域生态安全作出更多的“绿色贡献”。

1. 实施生态功能分区

早在2007年，广西就将全区划分为8个生态区，在《生态广西建设规划纲要（2006—2025年）》中提出“根据各生态区的区位特征、自然生态特点、主导生态功能及主要生态问题、资源环境承载力、开发现状及发展潜力等，明确其产业发展方向和生态保护与建设重点”。2010年，在自治区党委、政府下发的《中共广西壮族自治区委员会　广西壮族自治区人民政府关于推进生态文明示范区建设的决定》中，提出“根据资源环境承载能力、现有开发强度和未来发展潜力，明确全区重点开发、限制开发和禁止开发三类主体功能区的范围和发展定位，建立健全与形成主体功能区相适应的政策机制和各有侧重的绩效评价考核机制，努力构建主体功能定位清晰、各具特色，人口经济资源环境相互协调，公共服务和人民生活水平差距不断缩小的区域协调发展格局”。

2. 资源保障体系逐步完善

2007年，自治区党委、政府下发《关于落实科学发展观　建

北海金海湾红树林生态保护区筑起生态保护的堡垒（邓华　摄）

设生态广西的决定》提出“加大自然资源的合理开发利用和保护力度，提高资源利用效率和综合利用水平，促进资源粗放利用向集约和节约利用转变，增强经济社会可持续发展的资源保障能力”。2007年9月颁布的《生态广西建设规划纲要（2006—2025年）》分别对水、土地、森林、矿产、海岸带及海洋、生物、气候、清洁能源和可再生能源等八大资源的保护、节约和合理利用进行了详细的规划。2010年，《中共广西壮族自治区委员会　广西壮族自治区人民政府关于推进生态文明示范区建设的决定》进一步提出“坚持节约优先，大力推广节地、节能、节水、节材，促进资源高效综合利用”。2011年11月，中共广西壮族自治区第十次代表大会提出“加强资源管理与节约利用，实行最严格的耕地保护和节约集约用地制度，建立重要矿产资源储备体系”。注重对水资源的保护，2012年下发《广西壮族自治区人民政府关于实行最严格水资源管理制度推动产业转型升级的实施意见》；2015年颁布的《广西生态经济发展规划（2015—2020年）》提出要实施水环境改善工程；2016年下发《广西节约用水管理办法》。经过多年努力，广西全区生态环境质量保持良好，2015年广西生态环境状况指数为64.3。至2015年底，广西森林蓄积量居全国第四位，森林覆盖率居全国第三位、西部地区第一位，广西森林生态服务功能总价值居全国第三位。广西6处自然保护区晋升为国家级自然保护区，新建140处自然保护小区，国家和自治区级重点野生动、植物种类保护比例达到90%以上；建设3个国家级和2个自治区级森林生态系统定位研究站。广西山口红树林国家级自然保护区入选“2013中国十大魅力湿地”，广西17个国家湿地公园试点开始建设。天然红树林、珊瑚礁、海草床、滨海湿地、海陆过渡带植被基本完整，保留了东南沿海最完整的海洋天然生态系统结构与功能。

3. 环境污染整治不断推进

2007年，《生态广西建设规划纲要（2006—2025年）》中提出“切实加强环境监管，严格执行环境影响评价制度、污染物排放总量控制制度和排污许可证制度，强化从源头上防治污染和保护生态，改变先污染后治理、边治理边破坏的状况”，并对环境污染综合防治、保护自然生态、生态修复和重建等作出了翔实规划。2010年，《中共广西壮族自治区委员会　广西壮族自治区人民政府关于推进生态文明示范区建设的决定》对环境保护提出更高要求，提出“着力把广西建成生态屏障坚实的优质环境之区”，要保持一流的水环境和空气环境质量，构建一流的生态系统，建设一流的污染防治体系。2011年11月，中共广西壮族自治区第十次代表大会提出“深入实施‘绿满八桂’造林绿化工程和重大生态修复工程，加快建设西江千里绿色走廊和北部湾绿色生态屏障，全面推进石漠化综合治理，加强自然保护区建设，强化生物多样性和海洋生态保护，实现‘一个村庄一座绿岛、一座城市一片森林’。加强城乡生活污水和垃圾处理设施建设与管理，保护水生态，促进人水和谐，提高环境质量”。2015年颁布的《广西生态经济发展规划（2015—2020年）》提出“大力推进生态环境治理，提升人均环境质量”，重点实施大气环境治理工程、土壤修复与改善工程、固体废弃物处置工程。经过广西全区人民的努力，广西北部湾近岸海域和九洲江、南流江、环江、刁江、漓江等重点流域污染整治取得初步成效。以重金属、危险废物等为重点，开展了重金属污染治理和危险废物污染风险控制工作。全力推动大气污染防治，实施工业烟粉尘和挥发性有机物治理，加强机动车污染防治，严控城市建筑工地和道路扬尘污染，开展秸秆禁烧和秸秆综合利用。城镇生活垃圾无害化处置设施建设快速发展，建成了南宁市餐厨垃圾处理厂。

（三）生态文化体系不断完善

2007年，自治区党委、政府颁布的《关于落实科学发展观建设生态广西的决定》提出“建设体现现代文明的生态文化体系”，同年9月下发的《生态广西建设规划纲要（2006—2025年）》对该体系做了详细规划，提出“加强生态文明教育，强化生态环境意识，努力促进全社会崇尚有利于资源节约、环境保护的生产方式、生活方式和消费方式，建立人与自然和谐、良性互动的关系”，并对培育生态文明观、推行环境友好型生产方式、倡导绿色文明健康的生活方式、开发和丰富生态文化产品等任务进行详细规划。至2015年，广西已成功创建国家森林城市5个、全国绿化模范单位16个，完成村屯绿化自治区级示范村屯5000个、一般村屯5.58万个，37个村入选国家“美丽乡村”目录，18个获得“全国生态文化村”称号。南宁市荣获“国家生态园林城市”“国家海绵城市建设试点城市”“国家节能减排财政政策综合示范城市”称号，桂林、柳州、北海、百色、梧州、钦州、玉林和北流等8个市获得“国家园林城市”称号，鹿寨县、平果县、乐业县、凌云县4个县获“国家园林县城”称号。北海市获得“国家级海洋生态文明建设示范区”称号；共创建了22个国家级生态乡镇、1个国家级生态村、118个自治区级生态乡镇和1469个自治区级生态村，12个市县（区）列入国家生态文明示范工程试点；玉林市、桂林市及马山县、富川瑶族自治县纳入国家生态文明先行示范区建设，贺州市及融水苗族自治县、东兰县、金秀瑶族自治县和百色市凌云县列入国家生态保护与建设示范区；南宁市、桂林市、玉林市列入国家级水生态文明城市试点，贵港市、宜州市（今宜州区）及蒙山县列入自治区水生态文明城市试点；新增145家自治区级绿色环保系列创建活动命名表彰单位，创建了3所国际生态学校、3家全国中小学环境教育社会实践基地。

“十二五”时期是广西加快发展的黄金时期，也是广西科学发展、和谐发展、跨越发展的关键时期，是深化改革开放、加快转变经济发展方式的攻坚时期。富民强桂新跨越很大程度上决定广西能否逐步缩小与全国的差距，为与全国同步实现全面建成小康社会打下具有决定性意义的基础。实现富民强桂新跨越，是广西人民的美好愿景，是我们的庄重承诺。广西必须增强忧患意识、创新意识、赶超意识，不辱使命、不负重托、不懈奋斗，不断巩固发展广西团结和谐稳定的大好局面。

第六章

脱贫攻坚奔全面小康

广西地处祖国南疆，是全国5个少数民族自治区之一，又是全国石山面积最大、贫困人口最多、贫困程度最深、自然灾害最严重、国家重点扶持的省区之一。1978年，尚未解决温饱的农村贫困人口2100万，占当年农村人口的70%。消除贫困，最终实现共同富裕，是社会主要的本质要求，是贫困地区广大农民群众的愿望。改革开放以来，广西农村有计划、有组织、大规模进行扶贫开发，自治区各级党委、政府咬住扶贫不放松、真抓实干，积极带领广西各族人民坚持不懈，持之以恒开展扶贫工作。在国家的关心和社会各界的大力支持下，经过全区广大干部群众的顽强拼搏，艰苦奋战，广西扶贫开发取得了令人瞩目的历史性成就。

一、开发式扶贫圆了贫困人口的温饱梦

（一）体制改革拉开广西扶贫序幕

从党的十一届三中全会到1983年，广西民政厅负责管理贫困群众生产生活困难的救济工作。1984年1月，自治区人民政府发出

《关于支援最贫困公社发展生产的通知》，决定重点扶持广西43个山区县155个最贫穷的公社，资金主要投在能尽快解决群众温饱的短、平、快项目上。同年2月，自治区人民政府成立广西老少边山穷地区建设办公室。从此，广西扶贫开发才开始进入有组织、有计划阶段。自治区党委、政府总结以往扶贫工作的经验教训，随着形势的发展和贫困实际情况，大胆地改革和完善扶贫的方式方法，制定了以政府主导、全社会参与、全民动员的扶贫方针，广西扶贫工作由救济式向经济开发式转变。在这一阶段中，主要通过推进农村经济体制改革、逐步提高农产品价格、放开农产品市场、发展乡镇企业、制定扶贫减贫政策和投入扶贫资金来进行扶贫，农村贫困现象大幅度缓解，农村贫困发生率由1978年的70%左右下降到1985年的44%。

（二）大规模开发扶贫助推贫困人口越上温饱线

1986年3月，自治区党委、政府成立了扶贫工作领导小组，将原老少边山穷地区建设办公室改为扶贫开发办公室，48个贫困县（自治县）也建立了相应机构，广西建立了自上而下的扶贫工作网络。同时，先后出台《关于扶贫地区脱贫致富的决定》《关于加强扶贫工作的决定》《关于“八五”期间扶贫开发工作的决定》等文件，为扶贫开发提供政策保障。其间，增加了扶贫开发的人、财、物投入，实行开发式扶贫，在贫困地区大力发展种养业，大力加强基础设施建设，积极开展科技扶贫，引进和推广农村实用技术，从各级各部门各单位派出工作队到贫困县、乡、村定点挂钩扶贫，组织开展东西协作扶贫。经过7年的努力，广西贫困问题得到进一步缓解，全区未解决温饱的农村人口从

1986年1500万减少到1993年800万，农村贫困发生率从44%下降到21%。

（三）八七扶贫攻坚开启扶贫攻坚战

1994年，国务院制定并实施《国家八七扶贫攻坚计划》，提出要集中人力、物力、财力，用7年左右的时间解决全国8000万贫困人口的温饱问题。1995年，自治区党委、政府研制了《广西实施〈国家八七扶贫攻坚计划〉方案》，同年还颁布了全国第一个省级人大通过的地方性扶贫法规——《广西壮族自治区扶贫开发条例》，先后制定了《广西壮族自治区贫困县扶贫标准及验收办法》《广西壮族自治区特困村扶贫标准及验收办法》《广西壮族自治区石山地区部分群众小额信贷扶贫实施管理办法（试行）》《广西壮族自治区部分石山地区部分群众异地安置工作若干规定》《关于贯彻落实中共中央、国务院关于尽快解决农村贫困人口温饱问题的决定的意见》等一系列政策文件，进一步加大力度，强化措施，调整思路，用倒计时的方式，动员全社会力量大打扶贫攻坚战。广西进一步摸清贫困人口底数，明确了扶持重点，采取小额信贷、干部帮扶等扶贫到户措施，对大石山地区人均耕地0.3亩以下的特困群众实行异地安置，对28个国定贫困县扶贫攻坚项目实行一次性规划，突出抓革命老区扶贫。1997年底开始，广西以大会战方式加快贫困地区基础设施建设，先后开展解决饮水难、行路难、用电难等十大会战，有效改善贫困群众的生产生活条件。加大力度抓好中央及自治区、地、县各级各单位挂钩扶贫、区内对口帮扶、广东帮扶。努力扩大贫困地区的对外开放，千方百计引进外资扶贫。各级政府和有关部门进一步加大贫困投入。经过多年奋力攻坚，广西在1999年提前完成了《国家八七扶贫攻坚计划》的任务，到2000年广西49个贫困县国内生产总值达到590亿元，地方财政收入增长到38亿元，未过温饱线人口由原来的800万下降到150万，解决了广西贫困人口的温饱问题，广西贫困面大大缩小。

二、新世纪扶贫开发巩固温饱成果

为继续解决农村贫困人口的温饱问题，继续实施大规模的扶贫开发计划，推进全面建设小康社会，2001年6月，国务院印发了《中国农村扶贫开发纲要（2001—2010年）》，明确提出要尽快解决少数贫困人口温饱问题，进一步完善贫困地区的基本生产生活条件，巩固温饱成果，提高贫困人口的生活质量和综合素质，加强贫困乡村的基础设施建设，改善生态环境，逐步改变贫困地区经济社会、文化的落后状况，为达到小康水平创造条件。这一阶段解决温饱和巩固温饱并重，与《国家八七扶贫攻坚计划》以解决温饱为主的目标有着明显的区别。

（一）新思路引领新阶段扶贫工作

根据国务院《中国农村扶贫开发纲要（2001—2010年）》精神，结合西部大开发机遇，自治区党委、政府确定新阶段扶贫开发“123456”工作思路，即始终瞄准1个对象（贫困户），开展2个整村推进（整体推进贫困村和特困区域），确立3条开发路子（就地开发、异地开发、异地就业），明确4个开发重点（改善基础设施条件、覆盖贫困农户的优势产业、生态建设、提高综合素质），整合五大资金和力量投入（专项财政扶贫资金投入、社会投入、贷款投入、境外投入、群众投入），建立六大制度（资金投向制度、集体讨论制度、政策把关制度、公告公示制度、专户报账制度、奖罚制度），以此确保扶贫工作健康发展。

（二）分批“整村推进”扶贫村扶贫开发工作

针对贫困人口更多地表现出大分散、小集中的格局，自治区党委、政府对扶贫方式及时进行调整，把扶贫重点区域从贫困县深化到4060个贫困村，把扶贫对象从农村未解决温饱的贫困人口拓展到绝对贫困人口和低收入贫困人口一起扶持。从2003年起以贫困村规划为基础，以产业开发、基础设施建设和提高劳动者素质为重点，集中资金、集中力量，采取整村推进的综合治理方式，分三批实施4060个贫困村的扶贫开发工作。至2010年，“整村推进”的4060个贫困村，农民人均纯收入由2005年的1536元增加到2010年的3037元，人均增收1501元，年均增长14.61%，高于广西壮族自治区平均增幅1.6个百分点；新、改、扩建通贫困村四级公路和通自然村（屯）道路4万多公里，使贫困村通公路率由2005年的47%提高到2010年的90%以上，贫困村20户及以上自然屯通简易公路率由55.61%升至80%以上，贫困村“行路难”得到有效缓解；从2001—2010年10年时间，在贫困村建设沼气池近90万座，4060个贫困村沼气入户率达50%，高于广西壮族自治区平均水平；森林覆盖率达到55%，贫困地区的生态明显改善；改造贫困农户茅草房或危房4.3万户，村村通电，80%以上贫困村有卫生室、文化站，50户以上自然村屯广播电视综合覆盖率达到90%以上。

（三）以大会战为载体集中解决特困区域贫困问题

新阶段扶贫工作开始后，自治区党委、政府把革命老区、民族地区、边疆地区作为扶贫的优先地带。2000年8月至2002年10月，集中投入21亿元资金开展边境地区基础设施建设大会战，为240多万边境各族群众办了24件实事；2003—2004年，集中20.09亿多元开展东兰、巴马、凤山三县基础设施建设大会战，为70多万革命老区人民办了34件实事；2007年，集中16.25亿元资金开展了少数民族聚居的都安、大化、隆安、马山、天等等大石山区国家扶贫开发工作重点县的基础设施建设大会战；2008年5月开始，又组织力量实施桂西五县基础设施建设大会战。南宁、柳州、玉林、防城港等市也用大会战的方式，共筹集资金12亿元对本辖地的特困山区、特困乡村开展基础设施建设大会战，有效地改变了这些区域的落后面貌，加快了广西扶贫开发的进程。大会战是新阶段广西扶贫开发重大的创新举措，被人誉为“德政工程、民心工程”，得到中央领导的充分肯定。

在扶贫开发新阶段中，广西扶贫开发成效显著。2000—2010年，广西农村贫困人口从800万下降到388万，贫困重点县农民人均纯收入从2000年的1176元增加到2010年的3454元，贫困村农民人均纯收入从1058元增加到3037元。贫困村通公路率达到96%，通电率达到99.5%，通电话率99.8%，森林覆盖率达到55%。适龄小学生入学率99%以上，农民参加新型农村合作医疗率90%以上，广播电视综合覆盖率达90%以上，修建人畜饮水工程3.8万多处，1064万农村人口解决了饮水安全问题；改造贫困农户茅草房或危房10万多户。与此同时，培训贫困地区干部群众

307.6万人次，扶持3.3万贫困家庭子女接受职业学历教育，贫困地区的自我发展和后续发展能力不断增强。

三、新一轮扶贫开发攻坚战筑牢脱贫成效

到2011年，广西扶贫开发进入了崭新的阶段，即从解决温饱为主要任务的阶段，转入到巩固温饱成果、加快脱贫致富、改善生态环境、提高发展能力、缩小发展差距的新阶段。但在解决温饱的人口中，有相当一部分收入不稳定，因灾、因病、因学、因失业等原因导致返贫现象突出。按照2011年国家公布的2300元扶贫标准测算，2010年广西贫困人口为1012万，占农村户籍人口的23.9%，是全国5个贫困人口超千万的省份之一。面对这些形势，自治区党委、政府及时研究，采取超常规措施，大打新一轮扶贫开发攻坚战。

（一）“五个关系”“五大工程”引领新一轮扶贫开发工作

2011年12月，广西召开全区扶贫开发工作会议，贯彻落实《中国农村扶贫开发纲要（2011—2020年）》精神，总结成就和经验、分析形势，动员力量坚决打好新一轮扶贫开发攻坚战。自治区党委明确了新一轮扶贫开发攻坚的总目标，要求处理好扶贫开发与“五区”建设、突出重点与统筹推进、政府主导与社会参与、扶贫开发与农村低保、扶持帮助与自力更生等五个关系，坚决实施集中连片特困地区扶贫攻坚工程、整村推进扶贫攻坚工程、产业化扶贫示范攻坚工程、职业培训扶贫攻坚工程、生态扶贫攻坚工程等五大工程。

（二）完善顶层设计为新一轮扶贫开发保驾护航

2011年，国务院出台《中国农村扶贫开发纲要（2011—2020年）》，广西及时制定了《广西壮族自治区贯彻〈中国农村扶贫开发纲要（2011—2020年）〉实施办法》和《中共广西壮族自治区委员会　广西壮族自治区人民政府关于实施我区新一轮扶贫开发攻坚战的决定》，以及28个配套文件等一系列政策性文件，宣告广西新一轮扶贫开发攻坚战全面启动。《中共广西壮族自治区委员会广西壮族自治区人民政府关于实施我区新一轮扶贫开发攻坚战的决定》提出“到2020年，稳定实现扶贫对象不愁吃、不愁穿，保障其义务教育、基本医疗和住房，贫困地区农民人均纯收入增长幅度高于全区平均水平，基本公共服务主要领域指标达到全区平均水平，逐步缩小发展差距”，为广西新一轮扶贫开发制定了新的奋斗目标。同时，还制定出台了《关于创新和加强扶贫开发工作的若干意见》《关于创新和加强农民工工作的若干意见》，以及一系列配套文件，探索了一条富有广西特色、更加精准有效的扶贫开发新路子。

（三）突出重点力克难关

确定新一轮扶贫攻坚主战场为集中连片特困地区、扶贫开发工作重点县、贫困村，扶贫资金、项目资金向这些地方倾斜。确定扶贫攻坚的工作重点是基础设施建设和公共服务设施建设、扶贫产业发展、贫困群众能力培养，继续着力改善贫困地区生产生活条件，不断促进农民增收，并逐步提升自我发展能力。

2010年至2014年间，广西贫困人口减少474万，农村贫困发生率由2010年的23.9%下降到12.6%。2010年28个国家扶贫开发工作重点县和3000个贫困村农民人均纯收入与2010年相比分别增长34.3%和37.4%。广西建制村通沥青（水泥）路率由2010年底的58.5%提高到75.6%；750.34万农村居民和农村学校师生饮水安全问题得到解决；安装59.32万套广播电视直播卫星接收设备，近200万各族群众能听到广播，能看到电视，成为全国第一个提前完成“十二五”村村通工程建设任务的省（区）；5万多人扶贫异地搬迁，为实施好广西新一轮扶贫开发攻坚战、顺利完成新的10年扶贫开发目标任务奠定了坚实的基础。

四、精准扶贫脱贫成效显著

（一）“史上最严”精准识别扶真贫

2014年，党中央、国务院提出精准扶贫与精准脱贫方略。2015年10月，党的十八届五中全会从实现全面建成小康社会奋斗目标出发，明确到2020年我国现行标准下农村贫困人口实现脱贫，贫困县全部摘帽，解决区域性整体贫困。党的十八大以来，广西深入贯彻落实习近平总书记关于扶贫开发的重要论述，把脱贫攻坚作为最大的政治责任、最大的民生工程、最大的发展机遇，大力推进精准扶贫精准脱贫，开展了最严格最严谨的精准识别工作，为精准扶贫精准脱贫夯实基础。

1. 高质量完成贫困人口建档立卡工作

做好贫困人口的精准识别，是实施精准扶贫的首要环节。2014年，贫困户建档立卡工作成为广西扶贫系统一号工程，广西将新农村建设指导员、贫困村党组织第一书记、“美丽广西·清洁乡村”

扶贫工作人员为百色市凌云县泗城乡后龙村贫困户精准识别建档立卡（周家志　摄）

活动工作队员、定点扶贫工作队员等4支力量，整合为“美丽广西”乡村建设（扶贫）工作队，选派干部3.38万人，组建111个工作队，进驻广西1.4353万个行政村，实现对贫困村的全覆盖，加快了建档立卡工作步伐。至2014年10月底，广西172万户贫困户、634万贫困人口、1.3491万个村、106个县的数据，全部录入国家扶贫开发建档立卡信息管理平台，实现与全国联网运行，贫困人口建档立卡完成时间和数据质量均排在全国前列，为精准扶贫夯实了基础。

2. 深入细致开展入户调查

为给广西开展好精准识别行动提供一个清晰明确的指导，自治区精心设计了涵盖住房、种养、务工、健康、读书等18类98项指标的《精准识别入户评估表》。2015年10月中旬，广西启动精准识别贫困村贫困户行动。一个多月时间里，广西组织5万多个工作队，25万工作人员进村入户，运用“一进二看三算四比五议”方法，按照“两入户、两评议、两公示、两审核、一公告”程序，对贫困村所有农户、非贫困村在册贫困户和新申请贫困户的农户逐家逐户调查识别。为防止“富人当选”，设置了“8个一票否决”，组织编办、公安、财政、国土、住建、国税、工商等部门联合开展财产检索，运用大数据手段，检索出符合“8个一票否决”条件的农户50多万户、有大额财产农户家庭成员62.5万人，确保了识别结果的精准度、可信度。

同时，广西还对纳入脱贫攻坚的5000个贫困村中的自然村（屯）进行全面识别，找准致贫原因、脱贫需求，实行差异化扶持。对生态脆弱、不具备基本生存条件，以及居住过于分散、基础设施和公共服务设施配套难等需要移民搬迁的自然村（屯）进行精准识别，制定移民搬迁方案。

3. 建设扶贫大数据平台

建设扶贫系统大数据平台是自治区扶贫政策相关配套政策提出的目标任务。广西依托广西电子政务外网基础设施资源，充分整合广西扶贫开发综合管理信息系统已有资源，进一步改善扶贫信息化建设应用基础环境，建成全区统一、数据集中、服务下延、互联互通、信息共享、动态管理的脱贫攻坚大数据管理平台，实现市、县、乡、村四级高速接入。2016年，完成广西扶贫开发综合管理信息系统二期建设，完善扶贫信息业务系统功能。全面采集538万贫困人口、5000个贫困村、100万移民搬迁对象的基础数据，实现扶贫系统数据大集中。至2017年，完成自治区、市、县、乡、村五级扶贫机构网络全接入，实现扶贫业务相关部门之间网络高速连接，广西所有建制村接通符合国家标准的宽带网络；开发完成脱贫攻坚大数据应用子平台12个应用模块，实现与扶贫业务相关部门之间的数据交换共享。同时，对录入全国扶贫开发信息系统的贫困人口、贫困村信息进行了全面审核，纠正问题数据，并纳入县级党委和政府扶贫成效考核。在全国率先出台扶贫对象动态管理试行办法。按国家部署开展贫困人口动态调整，坚持应纳尽纳原则，统一标准及五级工作流程，广西新增贫困人口22.8万，贫困人口识别准确率100%。在广西召开的全国2017年扶贫对象动态管理工作培训会议上，广西动态调整工作得到了国务院扶贫办的肯定，工作质量排全国前列。

（二）精准帮扶真扶贫

作为全国脱贫攻坚主战场之一，广西严格贯彻落实中央各项决策部署，出台一系列优惠政策，并始终坚持精准扶贫精准脱贫方略，“用绣花的功夫实施精准扶贫”，形成推进脱贫攻坚工作的强大合力，确保脱贫攻坚工作成效经得起实践和历史检验。

1. 完善政策体系助推精准脱贫

2014年6月，自治区党委、政府出台《关于创新和加强扶贫开发工作的若干意见》和4个配套实施意见即“1＋4”扶贫创新文件，涉及扶贫生态移民、教育精准扶贫、金融支持扶贫、改革资金管理四大方面，得到了国务院扶贫办的充分肯定，构建起具有广西特色的扶贫政策体系。这些政策措施含金量高、覆盖面广，为广西扶贫开发注入了强大活力。

2015年12月，自治区党委出台《中共广西壮族自治区委员会关于贯彻落实中央扶贫开发工作重大决策部署　坚决打赢“十三五”脱贫攻坚战的决定》。为贯彻落实这一决定的重要精神，举全区之力打赢脱贫攻坚战，2016年，广西相关部门陆续出台20个精准扶贫配套政策，涵盖了大数据平台建设、交通、水利、危房改造、工业扶贫、电商扶贫、旅游扶贫、教育扶贫、培训就业创业、卫生帮扶、科技文化扶贫、最低生活保障、小额信贷、资产收益扶贫、“三留守”人员和残疾人关爱、社会扶贫、精准脱贫摘帽等多方面内容，都是真金白银的“干货”，形成了具有广西特色的“1＋20”扶贫政策体系。这些政策针对性强，涵盖面广，力度空前，成为未来5年广西精准扶贫、精准脱贫的主要工作措施。

2.“八个一批”“十大行动”筑牢圆梦基础

2015年11月，中央扶贫开发工作会议提出要坚决打赢脱贫攻坚战，确保到2020年所有贫困地区和贫困人口一道迈入全面小康社会。同年12月，自治区党委通过《中共广西壮族自治区委员会关于贯彻落实中央扶贫开发工作重大决策部署　坚决打赢“十三五”脱贫攻坚战的决定》，提出了广西壮族自治区脱贫攻坚战的总目标、总要求，计划实施“八个一批”（扶持生产发展一批、转移就业扶持一批、移民搬迁安置一批、生态补偿脱贫一批、教育扶智帮助一批、医疗救助解困一批、低保政策兜底一批、边贸政策扶助一批），推进脱贫攻坚“十大行动”（特色产业富民行动、扶贫移民搬迁行动、农村电商扶贫行动、农民工培训创业行动、贫困户产权收益行动、基础设施建设行动、科技文化扶贫行动、金融扶贫行动、社会扶贫行动、农村“三留守”人员和残疾人关爱服务行动），为壮乡人民更好更快地实现全面小康提供了纲领性指导。

强化脱贫攻坚力量。从2015年起，自治区党委书记、自治区主席同时担任自治区扶贫开发工作领导小组组长，8名副省级领导担任副组长，新增了14个领导小组成员单位，领导小组成员单位达到66个。并在全国开创性地增设了综合协调、资金政策、基础设施、产业开发、移民搬迁、公共服务、组织保障等7个专责小组，专责小组设在工作任务最直接的有关厅局，由该厅局一把手任组长，抽调85名干部驻组办公。各市、县参照自治区成立相应的专责小组，形成了各级各部门合力推进脱贫攻坚的强大合力。广西5000个贫困村党组织第一书记全覆盖，设立了第一书记（乡村工作队）管理办公室，加强对第一书记和“美丽广西”乡村建设（扶贫）工作队的管理。区、市、县三级通过增加扶贫部门编制、派人到扶贫部门挂职、抽调人员到扶贫部门工作等方式配齐配强扶贫队伍，自治区扶贫办增加了13名编制，增设2个处。脱贫攻坚主战场河池市及下辖县扶贫办主任兼任同级政府副秘书长或政府办副主任，百色市配备专职扶贫副县长、扶贫副乡镇长。

大丰收农村电商服务中心脱贫发展模式已经成为三江侗族自治县农村电商的一大亮点（毕荣星　摄）

扶持生产发展一批。广西以“十百千”产业化扶贫示范工程为抓手，实施“产业覆盖贫困户”行动，在贫困地区突出培育发展特色优势产业，积极培育种养大户、家庭农场、农民合作社等新型农业经营主体，引导贫困户积极参与，确保贫困户都参与合作社或龙头企业。贫困县现代特色农业示范区建设步伐加快，获认定的自治区级示范区30个、县级71个、乡级71个；54个贫困县水果新种面积达到44.57万亩，桑树新种面积13.5万亩，中药材新种面积31.35万亩，蔬菜、糖料蔗新种面积分别达194.4万亩、143.42万亩。打造了上林鼓鸣、龙胜龙脊、大新明仕、巴马坡纳、金秀平道、三江丹州等一批旅游扶贫示范点。召开了广西旅游扶贫现场会。

移民搬迁一批。对居住在生存条件恶劣、生态环境脆弱、自然灾害频发等地区的贫困人口，广西制定全区移民搬迁专项规划，2016年374个移民搬迁项目已全部开工建设，竣工率56%，建档立卡贫困人口已入住8.8万多人；2017年开工332个，开工率91%，安置住房竣工1万多套，建档立卡贫困人口已入住0.8万多人。

实施教育扶智帮助一批。广西认定贫困地区600所幼儿园为自治区普惠幼儿园；实施“全面改薄”工程；支持35个贫困县县级中专改善办学条件；实施建档立卡贫困户子女15年免费教育。对有劳动能力但受制于当地发展条件的贫困人口，加大就业帮扶力度，通过就地转移就业或外出务工实现稳定脱贫。

医疗救助解困一批。对因病致贫、因病返贫的贫困人口，通过帮助解决医疗费用、发展生产和外出务工实现脱贫。2017年以来，广西全面铺开农村贫困患者县域内“先诊疗后付费”工作，14

个设区市、111个县（市、区）全部开展家庭医生签约服务工作，其中贫困人口签约率达96.56%。贫困人口住院享受各类保障政策后实际报销比例为58.18%，重点救治9种大病实际报销比例最高达71.7%。

边贸政策扶助一批。广西投资1亿元，在边境地区8个陆地边境县（市、区）实施89个农村道路设施基础设施项目，扶持边境互市产品落地加工。截至2017年，广西已评审认定20个边民互助先进组织和5家边民互市产品加工示范企业，建成投产的互市产品加工企业29家，安排近万人就业。

3. 结对帮扶解决“谁来扶”问题

社会力量的积极参与，为有效改变广西贫困村落后面貌发挥了重要作用。区直机关、中直机关、广东帮扶、院校帮扶亮点纷呈。

企事业单位全力帮扶。中央单位帮扶广西贫困县脱贫已有10多年的历史，截至2017年，有24家中央单位定点帮扶广西28个国家扶贫开发重点县。自2016年10月以来，中央定点帮扶单位累计赴广西定点帮扶县考察调研395人次，与贫困县干部群众对接沟通、谋划指导和部署落实帮扶政策措施，有力推动定点帮扶工作深入开展；各单位共选派50名优秀干部到定点县挂职，实现对广西28个贫困县全覆盖。同时，广西安排8000个单位、5000名第一书记、3.5万名工作队员包村，开展“一帮一联”活动，共落实46.9万名帮扶干部包户帮扶联系114.5万户贫困户，实现贫困村、贫困户帮扶全覆盖，解决了帮扶主体精准问题。

东西协作帮扶。根据中央对东西部扶贫协作工作的部署，2017年广东、广西两省（区）政府印发《关于进一步加强粤桂扶贫协作工作的意见》。广东对口帮扶广西的行动由深圳市牵头负责，深圳重点帮扶百色、河池及所辖17个国定贫困县（石漠化片区县），在此基础上再扩大结对范围，充实帮扶力量，增加广东的江门、肇庆、湛江和茂名市所辖县（市、区）与广西的崇左、桂林、贺州、柳州、南宁和来宾市所辖16个国定贫困县（石漠化片区县）建立结对关系，开展“携手奔小康”行动。

“两后生”［指的是在广西建档立卡贫困家庭中，年龄15至22周岁的未婚初、高中毕业生（含退学、辍学等）］帮扶。为加强对建档立卡贫困劳动力职业培训，自治区人力资源和社会保障厅、财政厅、扶贫开发办公室制定了《技工院校结对帮扶贫困家庭“两后生”职业培训专项计划实施方案》。从2016年至2020年，通过广西48所技工院校与54个贫困县开展结对帮扶的方式，动员组织全区建档立卡贫困家庭子女参加职业培训专项计划，帮助他们实现技能型就业，促进家庭稳定增收，同时为产业转型升级输送一批合格技能人才。根据自治区有关政策，“两后生”学员培训期间的基本生活费、学费、住宿费和实习材料费等实行全免，由财政给予1.2万元/人·学年补贴。其中，培训费补贴6500元/人·学年，生活费补贴5500元/人·学年。培训费实行政府购买培训成果的方式进行补贴。学员完成一学年培训，参加职业技能鉴定并获取国家职业资格证书的，按100%给予补贴；学员完成1个学期培训，没有获取国家职业资格证书的，按60%给予补贴；学员未完成1个学期培训的，不给予补贴。生活费补贴则由技工院校代为申请，学员户籍所在县扶贫、财政部门按学期分两次拨付到技工院校，由技工院校再按月转拨给学员。

（三）“双认定”确保贫困户真脱贫

自治区对国家“两不愁、三保障”标准进行了细化、量化，结合实际分别制定了贫困户、贫困村、贫困县退出标准。贫困户退出标准为“八有一超”，即有收入来源、有住房保障、有基本医疗保障、有义务教育保障、有路通村屯、有饮用水、有电用、有电视看和年人均纯收入超过国家扶贫标准。2017年11月10日至12月10日，统一开展了贫困户脱贫“双认定”工作。自治区抽调1372人，组成35个考核组，到14个设区市和105个县对脱贫对象进行现场核查，不达标的一律不予脱贫。经严格认定及核查，广西贫困人口退出准确率100%。贫困县退出标准为“九有一低于”，即有特色产业、有住房保障、有基本医疗保障、有义务教育保障、有路通村屯、有饮用水、有电用、有公共服务设施、有社会救助，贫困发生率低于3%。其中，对贫困户脱贫实行“双认定”，贫困户户主和验收工作队员及帮扶责任人在验收表上共同签字确认，防止“被脱贫”。同时，利用广西脱贫攻坚大数据管理平台，对扶贫建档立卡信息实行“季度小更新、半年大更新、年度全更新”，将已经脱贫的贫困户及时退出，解决了贫困退出路径问题。

为充分调动各方脱贫积极性和主动性，自治区出台《广西壮族自治区脱贫摘帽激励办法（试行）》，将广西54个贫困县、5000个贫困村分成三个梯队，按年制定梯队滚动摘帽计划，贫困县、贫困村脱贫后，2020年底前保持扶持政策不变；并实行差别化奖励政策，对如期脱贫摘帽的贫困县、贫困村，分别给予3000万元、10万元一次性奖励，对提前脱贫摘帽的贫困县，提前1年脱贫摘帽奖励1000万元、提前2年奖励2000万元。建立和完善脱贫户后续帮扶机制，落实脱贫户及退出户帮扶联系人，对脱贫人口再扶持两年，同等享受有关政策，并跟踪指导1年。明确了2014年、2015年退出户应该享受的扶贫政策，做到脱贫不脱政策。广西脱贫户及退出户返贫的主要原因是因病、因灾、因残及因老，因此，截至2017年底，没有因脱贫质量不高、帮扶工作不实而返贫。

五、革命老区振兴发展为老区带来新机

左右江革命老区是邓小平同志在土地革命时期创建的红色根据地，是全国七大主要革命根据地之一，也是我国西南边疆少数民族地区最大的红色根据地。广西的左右江革命老区包括百色市、河池市、崇左市全境，以及南宁市隆安县、马山县。

（一）"老、少、边、山、穷"基础状况

革命老区。百色市、河池市和崇左市是左右江革命老区的核心区域。百色市是我国最早的革命老区之一——全市12个县（市、区）都是革命老区，有126个老区乡镇、1542个老区村。河池是广西农民运动主要发祥地、百色起义主要策源地、右江革命根据地主要腹地，是邓小平等老一辈无产阶级革命家曾经战斗过的地方，是红七军和韦拔群的故乡。

少数民族聚居区。左右江革命老区都是多民族集聚区。百色市有壮、汉、瑶、苗、回、彝、仡佬等7个民族，少数民族人口占总人口的85%。河池市内居住着47个民族，辖有5个民族自治县和11个民族乡，少数民族人口占总人口的85%。崇左市是以壮族为主体

的多民族聚居地区，除壮、汉、瑶为世居民族外，还有苗、侗等34个散居少数民族，少数民族人口占全市人口的88%。

边境地区。崇左市和百色市都是与越南接壤的边境地区：百色靖西市和那坡县的边境线长360公里，崇左市的宁明、龙州、大新、凭祥四县市边境线长533公里。广西中越边境地区从近代至20世纪80年代，都是抗法、抗美援越、南疆保卫战的前线。

大石山区。百色市属典型的喀斯特地貌，山区占全市总面积的95.4%。河池市内绝大部分地区属于石山地区，显性和潜在石漠化占总面积60%以上。2015年崇左市的石漠化面积仍然有252.7万亩。

贫困地区。百色市有9个国家扶贫开发重点县、2个自治区扶贫开发重点县（区），506个贫困村。河池市11个县（市、区）有9个是贫困县，其中国家扶贫开发重点县7个、自治区扶贫开发重点县2个。崇左市7个县（市、区）中有国家扶贫开发重点县2个（天等、龙州），自治区扶贫开发重点县2个（宁明、大新）。

（二）艰辛探索曲折发展

改革开放以来，自治区党委、政府对老区发展工作高度重视，把老区经济发展纳入广西全区战略予以部署。老区经济社会呈现持续健康平稳发展的势头，左右江革命老区整体面貌发生了巨大变化，交通、电力、通信等基础设施明显改善，农村教育、卫生医疗、社会保障事业等取得明显进步。

成立组织机构。1993年12月11日，广西革命老区建设促进会成立。20世纪90年代中期，国家提出了加快西部地区开发的战略，即“把加快西部经济社会发展同保持政治社会稳定、加强民族团结结合起来，把西部发展同实现全国第三步发展战略目标结合起来，在国家财力稳定增长的前提下，通过转移支付，逐步加大对西部地区的支持力度；在充分调动西部地区自身积极性的基础上，通过政策引导，吸引国内外资金、技术、人才等投入开发，有目标、分阶段地推进西部地区人口、资源、环境与经济社会的协调发展”。为了适应国家西部大开发的形势需要，广西西部研究与发展促进会（简称“广西西促会”）宣告成立，与广西革命老区建设促进会合署办公，实行“一套人马，两块牌子”。

确认老区乡镇。1995年，广西革命老区建设促进会向自治区党委、政府提出补充划定革命老区乡镇的建议。这个建议得到了自治区党委、政府高度重视，1996年7月，自治区党委办公厅、自治区人民政府办公厅根据民政部、财政部关于划定革命根据地的标准，结合广西实际情况，以桂发〔1996〕26号文批转自治区民政厅、党史研究室《关于补充划定革命根据地的意见》，要求各地认真地、实事求是地按照意见中的有关划定革命老区的条件进行补充划定。自治区党委、政府召开了划定革命老区工作会议，各地、市、县党委、政府统一部署，认真组织实施。从民政厅、党史办等部门抽调干部组成工作组，深入各地、市、县的有关乡镇，调查了解，收集史料，走访老干部、老党员、老同志，召开座谈会，广泛听取意见。在收集、核实，充分占有可靠史料的基础上，严格按照老区的条件划定，逐级上报审批。凡是符合条件的，都可以划为革命老区乡镇，有多少个就划多少个，实事求是，不设上限。2013年1月18日，广西壮族自治区人民政府办公厅以桂政办发〔2013〕8号文下发通知，经自治区人民政府同意，认定全区84个县（市、区）为革命老区县。至此，革命老区县占广西109个县（市、区）的77.06%，占广西有革命老区乡镇的95个县（市、区）的

88.42%；共有革命老区乡镇756个，占全区1263个乡镇的59.85%。其中土地革命战争时期的老区乡镇319个，抗日战争时期的老区乡镇137个，解放战争时期老区乡镇300个。广西的革命老区得以确认，使过去为中国革命战争胜利和新中国的诞生付出了巨大牺牲、作出重大贡献的老区人民，得到了应有的政治荣誉和经济扶持。

强力推进基础设施大会战。自治区党委、政府历来十分重视革命老区的建设，关心老区人民的生产与生活。2000年8月，自治区党委、政府作出重要决定：投入资金21亿多元，在边境8个县（市、区）开展边境基础设施建设大会战，重点解决边境地区基础设施建设滞后的问题。这8个边境县（市、区）共有103个乡镇，其中，91个是老区乡镇，占88.3%。经过两年的艰苦努力，边境基础设施建设大会战全面告捷。2003年4月19日，自治区党委、政府果断作出了开展东巴凤基础设施建设大会战的决策：整合资金22亿多元，在东兰、巴马和凤山三县开展以“强县富民，告慰先烈”为主题的基础设施建设大会战。这次大会战囊括了交通、生态、水利、电力、农贸、教育、卫生、文化、广电等12个方面，总共有75312个建设项目。2005年9月，这一具有历史意义的东巴凤基础设施建设大会战任务胜利完成，75312座丰碑耸立在东巴凤红色土地上，耸立在70多万东巴凤老区人民心中，世代熠熠生辉，永远光彩夺目。之后，广西又实施了大石山区五县、桂西五县、兴边富民行动基础设施和人畜饮水工程建设等大会战，革命老区经济社会全面发展，人民生活水平逐步提高。

老区经济社会发展仍滞后。由于受到种种因素制约，革命老区经济社会发展仍然比较落后，生产生活条件还比较艰苦，贫困问题突出。老区资源禀赋丰富，但生产方式相对粗放，产业结构比较单一，产业体系不健全，能源资源就地转化率低，高附加值产品少。人均生产总值、人均公共操作收入、农民人均纯收入等主要经济指标在全国仍处于靠后位置，贫困问题突出。2013年，左右江革命老区人均地区生产总值分别为全国、东部地区的34.6%、25.8%，75%的县是国家扶贫工作重点县。城镇居民可支配收入和农民人均纯收入约为全国平均水平的64%和75%。交通等基础设施十分薄弱。老区以山地地貌为主，铁路、公路等路网密度、等级低于周边地区属片。生态修复和环境保护任务繁重，资源开发与环境治理矛盾突出，是国家开展生态文明建设的重点和难点地区。基本公共服务能力不足。由于投入不足，社会事业发展和民生保障发展滞后，巩固义务教育成果难度大，医疗卫生服务特别是农村基层卫生服务能力较弱，劳动力职业技能缺乏，基本公共服务难以满足老区人民日益增长的需要。

（三）振兴规划提振人心

2014年3月，自治区政协联合驻桂黔滇全国政协委员，联名向全国政协十二届二次会议提交的《关于尽快出台左右江革命老区振兴规划的提案》被确定为当年6件重点提案之一。2015年2月，《左右江革命老区振兴规划（2005—2025年）》（简称《规划》）获国务院批复，正式上升为国家战略。广西、云南、贵州三省区17万平方公里上的2300万人口直接受益，老区发展迎来新机遇。《规划》着眼于打造产业集聚、经济繁荣的“活力老区”，天蓝山青水净的“美丽老区”，人民安居乐业的“幸福老区”，全国旅游文化示范的“文化老区”，以与全国同步实现全面建成小康社会为目标，立足老区比较优势，突出体制机制创新，支持在产业、开放、金融、扶贫、生态、国土开发与保护等领域先行先试，努力探索革命老区跨越发展、持续发展的新路子。

科学规划空间布局。依据区域总体功能定位和资源环境承载能力、开发密度和发展潜力，将本区域划分为城镇工矿发展区域、河谷平坝农业区域、生态综合治理区域、生态保护涵养区域四类地区。百色市着力打造全国红色旅游重点城市、区域性重要交通枢纽、成熟型资源型城市转型升级示范区、现代农业改革试验先行区、西南地区物流集散地；重点发展铝产业、生态锰产业、机械制造业、高效农业、农产品加工业、红色旅游及休闲养生、壮乡文化创意产业、商贸物流、民族医药等。河池市为桂西北区域中心城市，生态环保型有色金属产业示范基地、茧丝绸产业基地、长寿养生旅游目的地、生态环保健康产业城；重点发展有色金属精深加工、汽车零部件、清洁能源、茧丝绸、有机农产品、康体养生等产业。崇左市是中国—中南半岛经济走廊重要节点，参与泛北部湾合作的区域中心城市，面向东盟开放合作的重要门户、区域性国际商贸物流中心；重点发展对外贸易、蔗糖循环经济、铜循环经济、生态型锰产业、稀土新材料、红木深加工、国际旅游等产业。

推进以交通为重点的基础设施建设。《规划》提出要完善铁路网，加强出境铁路通道建设，稳步推进泛亚铁路东线建设，提升南宁—凭祥铁路等级，畅通中国—中南半岛经济走廊。完善干线公路网络，打通省际断头路，形成便捷的通边达海国际运输通道，建设西南地区重要公路交通枢纽；强化老区内主要节点城市间交通联系，到2020年实现县县通高速公路。提升出境沿边公路等级水平。全面加快左右江、南北盘江、红水河、都柳江等内河航道建设，提升等级，加强过船设施等配套建设，拓展港口规模和功能，推进便民码头标准化建设，打通与西江—珠江水道联系。优化机场网络布局，加强支线机场建设，因地制宜建设通用机场，提升机场服务功能，形成功能完善、快捷便利的航空体系。完善信息网络基础设施，重点建设城乡宽带网络、无线通信、下一代互联网、卫星通信等。加快沿边地区信息网络设施建设。推进电子政务建设，积极发展电子商务，推进远程教育、远程医疗服务。

着重发展特色优势产业。《规划》提出要发展七大特色优势产业，包括能源产业、资源精深加工、战略性新兴产业、特色农业、文化旅游业、现代物流业及健康服务业。

强调城乡协调发展。《规划》提出要大力推进以人为核心的新型城镇化，优化城市空间结构和管理格局，提高城镇承载能力。要加强村庄规划布局，完善乡村基础设施，提升居住文化品质，建设富有地域民俗特色和现代气息的美丽乡村，建设美丽幸福乡村。要建立城乡规划协调机制，统筹推进县域城镇、农村村落、基本农田保护布局，推进城乡一体化。要加大扶贫开发力度，实施精准扶贫，加大扶贫资金投入，重点加快区内交通等基础设施建设，改善发展环境，促进老区人民脱贫致富。

加强生态文明建设。实施一批重点生态工程，继续实施退耕还林、天然林保护、退牧还草、水土保持、石漠化治理、湿地恢复、防护林建设等重大生态修复治理工程。建立健全生态补偿制度，统筹考虑将符合条件的县（区、市）优先纳入国家级重点生态功能区，加大对珠江上游压咸补淡工程补偿力度。发展低碳循环经济，严格控制新建高耗能、高排放项目，推进资源高效利用和循环利用。加强生态环境保护，实施矿山生态环境保护与恢复治理，推进绿色矿业示范区建设。

建设完善基本公共服务体系。一是优先发展教育事业；二是提高医疗卫生和计划生育服务水平，深化医药卫生体制改革，推进医疗保障、医疗服务、公共卫生服务、药品供应、食品安全体系建设；三是发展文化体育事业，完善公共文化基础设施，推进市（州）县文化馆、剧院、公共图书馆、博物馆以及乡镇综合文化站建设以及村（社区）综合性文化活动室、文体活动广场建设；四是激发就业创业活力，建立健全覆盖城乡的公共就业服务体系，全面提升公共就业服务水平；五是完善社会保障体系，以基本养老、基本医疗、最低生活保障为重点，完善覆盖城乡、制度健全、管理规范的多层次社会保障体系。

加强开放合作。优化区域内分工合作，完善产业分工协作体系，实现产业对接、错位发展。加强与周边地区合作，重点加强与珠江—西江经济带、北部湾经济区、黔中经济区、滇中经济区等的全面对接，拓展与成渝经济区、珠三角地区等区域的合作。深化国际合作，积极融入国家“一带一路”建设，参与中国—东盟自由贸易区升级版建设。

（四）精准发力老区新貌

自2015年2月国务院批复实施《规划》起，自治区党委、政府高度重视《规划》的贯彻实施工作，将老区建设纳入“双核驱动、三区统筹”重大发展战略，突出老区脱贫攻坚、环境保护和经济发展重点，全力推进老区重大项目建设。出台了《左右江革命老区重大工程建设三年行动计划实施方案》，投入10亿元专项支持老区重大工程建设，集中财力，重点实施左右江革命老区重大工程三年行动，推动了左右江革命老区脱贫攻坚、产业发展、互联互通和生态

革命老区百色发展新貌（周军　摄）

保护，加速了左右江革命老区经济社会各项事业发展进程。广西在推进《规划》实施工作中的协调机制基本建立，老区脱贫攻坚取得显著成效，产业转型升级深入推进，重点合作园区顺利建设，32个县（市、区）经济社会发展主要经济指标增速超过广西平均水平，综合实力明显增强。

基础设施项目建设取得新的突破。铁路方面，云桂铁路全线开通运营；公路方面，崇左—靖西等一批高速公路建设建成通车，河池至百色、靖西至龙邦等高速公路网骨干工程已全面开工建设，老区各县基本实现了乡乡通油路和村村通公路；水利方面，左江治旱驮英水库及灌区工程可行性研究报告于2016年9月获得了国家发展改革委批复，并正式开工建设。2018年8月，9个左右江革命老区振兴规划广西重大项目集中竣工，此次竣工项目包括百色市3个、河池市2个、崇左市3个、南宁市1个，其中中国—东盟（百色）农产品交易中心项目一期工程总投资约5.5亿元，瓦村水电站项目总投资28亿元，左右江革命老区电力扶贫项目兴义至百色220kV输变电一期工程总投资额21.88亿元。中国—东盟（百色）农产品交易中心作为“百色一号”果蔬绿色专列的配套项目，以打造“买全国、东盟卖，买东盟、全国卖”大物流基地为目标，集产品展示交易、冷藏仓储、物流配送、检验检疫、电子交易等多种功能为一体。一期建设内容包括4#、5#冷库，铁路专线及相关配套设施。

特色优势产业加速发展壮大。《规划》批复实施以来，在规划的具体指导下，老区在文化旅游、生态环境、矿产资源、地理区位等方面的优势逐步发挥，旅游、特色农业、资源精深加工、商贸物流、大健康等特色优势产业不断加速发展壮大。老区三市两县（百色、河池、崇左三市及南宁市的马山县、隆安县）共有国家4A级景区33个，3A级旅游景区48个，2016年接待游客7388.8万人次，旅游总收入达710亿元。左江花山岩画文化景观正式入选世界文化遗产名录。百色芒果等特色农产品品牌力不断提升，崇左等重点甘蔗种植区种植面积超过430万亩，河池巴马、罗城优质饮用水等大健康产品上下游产业链逐步成型。

脱贫攻坚扎实推进。老区基本在国家划定的桂滇黔石漠化片区，大部分都是贫困县。老区各级政府严格贯彻落实中央扶贫工作的政策规定，强力推进脱贫攻坚工作，基本建立了新脱贫攻坚组织保障体系和财政投入稳定增长机制，建立贫困户帮扶“一户一册一卡”模式，建立具有地方特色的贫困退出和脱贫摘帽激励机制。2016年，老区三市两县实现200个行政村，47.94万贫困群众脱贫，7.71万贫困群众实现易地扶贫搬迁，235个易地扶贫搬迁项目开工率100%，均超额完成了脱贫攻坚年度工作任务。2017年以来，龙州县、右江区、南丹县实现整体摘帽，424个行政村、40.86万贫困群众脱贫，16.71万贫困群众实施易地扶贫搬迁。

生态环境保护呈现良好局面。《规划》批复以来，广西按照规划要求，进一步提升生态环境保护工作力度。完成人工造林建设面积63.55万亩，完成新一轮退耕还林面积29.11万亩，治理岩溶面积1084.45平方公里，治理石漠化面积541平方公里。老区各地森林覆盖率均保持50%以上，最高的河池市森林覆盖率达68.8%，集中式饮用水源地水质达标率100%，县级以上城市环境空气质量优良率达90%以上，主要河流湖泊水质保持Ⅲ类以上。老区内共有南宁马山、百色那坡、崇左天等、河池东兰等29个县（市、区）纳入国家重点生态功能区，入选率达38%。

对外开放持续发力。左右江革命老区是全国已批复实施振兴规划的五大革命老区中，唯一一个拥有陆地边境线的老区。2016年国家批准在崇左市设立凭祥重点开发开放试验区，成功实现全国第一个边贸国检试验区在凭祥落地。2017年以来，水口口岸升格为国际性口岸，硕龙口岸升格为一类双边性口岸，友谊关口岸扩大开放至浦寨和弄尧两个通道，龙邦边民互市贸易区正式验收开放。中越德天—板约瀑布跨境旅游合作区已完成中方规划、创新总体方案编制，2018年接待游客人数有望突破200万人次。

决不让一个少数民族、一个地区掉队，确保贫困地区、贫困人口与全国全区同步实现全面建成小康社会的目标，这是自治区党委、政府对人民的郑重承诺，也是艰巨使命。要以百折不挠的精神为理想信念奋斗，以一往无前的姿态推动广西全面发展，以一心为民的情怀保障改善民生，以求真务实的作风确保工作落地生根，察实情、出实招，做实功、求实效，以优异成绩告慰历史、告慰先辈，不断带领壮乡人民创造更加幸福美好的生活。

第七章

风生水起北部湾畔

梦好起宏图，行稳步更远。早在2000多年前的西汉时期，位于北部湾畔的合浦就是古代海上丝绸之路的早期始发港之一，开通了至东南亚和南亚国家的海上通商航线。北部湾经济区建设上升为国家战略以来，“海”的潜力得到了极大的释放，已成为广西开放开发的旗帜和龙头，是“双核驱动”战略中增长潜力最大的一核。2017年4月习近平总书记到广西考察时，先后考察了广西北海合浦县汉代文化博物馆和铁山港码头，这两处考察点，代表了广西的两大优势，即历史文化优势和地理区位优势。拥抱海洋，充分利用历史优势和地理优势，增强沿海经济总体实力，提升工业化、城镇化水平是广西一直以来的奋斗目标。根据习近平总书记视察广西时的重要讲话精神，自治区党委、政府精准发力，作出了广西转身向海、融入开放大潮的战略决策。广西北部湾经济区借着东风，以北部湾港为依托，建立起了现代化的港口群、临港产业经济带、国际产能合作示范区等多位一体的发展格局。

一、风生水起经济区成立

（一）广西北部湾地区的独特优势

2006年3月22日，沉睡多年的北部湾被彻底唤醒，广西宣布成立北部湾经济区。抓住北部湾开放开发的重大战略机遇，广西开始调整区域发展格局，深入实施了北部湾经济区优先发展战略，立足沿海、沿边优势，深耕临港工业，扎实做强产业，打通西南交通大动脉，打造起广西区域发展的新龙头。

广西北部湾经济区以南宁、北海、钦州、防城港四市为核心区，玉林、崇左两市为两翼，陆地面积4.25万平方千米，2006年末总人口1255万。北部湾经济区具有优越的区位优势，东联粤港澳，西接云贵，北连湖湘，南通东南亚，是华南经济圈、西南经济圈、东盟经济圈的有机结合部，是我国西部大开发地区唯一的沿海区域，也是中国与东盟唯一陆海相接的区域，是“一带一路”有机衔接的重要门户。

北部湾经济区岸线、海洋、旅游等资源十分丰富，环境容量较大，生态系统优良，人口承载力较高，开发密度较低，发展潜力较大，是我国沿海地区规划布局新的现代化港口群、产业群和建设高质量宜居城市的重要区域。这里有1600多千米的海岸线，蕴藏丰富的油气储量、28种稀有矿藏、500种鱼类、200种虾类，是名副其实的资源宝库。这里还有面积占全国40%的红树林、15个国家级自然保护区，山海相连的独特地理特征让北部湾成为我国生态资源保护最好、海洋环境最洁净的海域之一。这里同时享受我国沿海开放政策、西部大开发政策、少数民族区域自治政策、沿边开发开放政策。区位、资源、生态、政策等多重优势让北部湾经济具备了风生水起的基础。

（二）广西北部湾经济区成立

机遇总是会垂青有准备的人。为推进北部湾经济区建设，2006年3月，北部湾（广西）经济区规划建设管理委员会挂牌成立；2006年8月，首届北部湾（广西）经济区城市合作峰会通过了经济区“4＋2”城市合作框架。2006年7月20日，首届环北部湾经济合作论坛在南宁举行，自治区党委领导首次提出了“泛北部湾经济合作区”的概念，要在中国—东盟自由贸易区框架下，构建一个以南宁、河内、曼谷、新加坡为轴心，以大湄公河次区域和泛北部湾经济合作为两翼的“中国—东盟‘一轴两翼’区域经济合作新格局”。国家对这一概念高度关注，指出“广西要把发展放在第一位；要进一步扩大开放，发挥沿海优势；广西沿海发展应形成新的一极”。还强调，把广西的潜力发挥出来，与泛北部湾合作结合起来，这篇文章会做得很大，前景广阔。自治区党委、政府关于泛北部湾区域经济合作的战略考虑，是涉及广西经济社会发展的重大问题，值得重视。推进泛北部湾的合作，是一篇大文章，也是一个重要的战略问题。2007年2月14日，广西北部湾国际港务集团有限公司成立，将防城港、钦州、北海三个港口纳入统一管理，消除了过去港口之间的无序开发和恶性竞争的弊病。

从港口整合到水电路的基础设施建设，广西在硬件上做足了准备；从机构设置到人员配备，广西在软件上不断升级。自治区党委、政府关于广西沿海的发展战略一直在有条不紊地向前迈步。

二、规划获批成国家战略

（一）《广西北部湾经济区发展规划》出台

好风需借力，2008年1月，国务院批准实施《广西北部湾经济区发展规划》。广西北部湾经济区开放开发正式上升为国家战略，并被定位为重要国际区域经济合作区，以面向东盟合作和服务带动华南、中南、西南为支点，把构建国际大通道和建成中国—东盟开放合作的物流基地、商贸基地、加工制造基地和信息交流中心作为核心内容，北部湾成为中国—东盟自由贸易区建设的核心区域，同时也是西部大开发等诸多政策的汇集点。

国家战略的东风掀起北部湾经济区发展的大潮，也让广西的开放开发迎来新的机遇，北部湾经济区也成为广西区域发展的核心。独一无二的区位优势和政策叠加优势，使北部湾经济区在开放开发的大潮中顺势崛起、磅礴前行。北部湾无疑成为八桂大地最为生动的开发热土，这片宁静的港湾一夜之间睁开睡眼，涌动无边浪涛。

（二）《广西北部湾经济区发展规划》的基本内容

北部湾经济区根据空间布局和岸线功能分区，结合各城市的功能定位，实现错位发展，采取组团开发。南宁组团，发挥首府中心城市作用，重点发展高技术产业、加工制造业、商贸业和金融、会展、物流等现代服务业，建设保税物流中心，成为面向中国—东盟合作的区域性国际城市、综合交通枢纽和信息交流中心；钦（钦州）防（防城港）组团，发挥深水大港优势，建设保税港区，发展临海重化工业和港口物流，成为利用两个市场、两种资源的加工制

图为广西北海市铁山港公用码头（邓华　摄）

造基地和物流基地；北海组团，发挥亚热带滨海旅游资源优势，开发滨海旅游和跨国旅游业，重点发展电子信息、生物制药、海洋开发等高技术产业和出口加工业，拓展出口加工区保税物流功能，保护良好生态环境，成为人居环境优美舒适的海滨城市；铁山港（龙潭）组团，充分发挥深水岸线和紧靠广东的区位优势，重点建设铁山港大能力泊位和深水航道，承接产业转移，发展临港型产业，建设海峡两岸（玉林）农业合作试验区；东兴（凭祥）组团，发挥通向东盟陆海大通道的门户作用，发展边境出口加工、商贸物流和边境旅游，拓展凭祥经济技术合作区功能，建立凭祥边境综合保税区。现在的北部湾经济区正按照五大功能组团奋力前行，目标和思路从未像今天这样清晰。北部湾的每一寸土地上都涌动着如火如荼的开发建设热潮。

（三）《广西北部湾经济区发展规划》的实施和持续推进

广西北部湾经济区围绕肩负的国家战略，立足服务“三南”（华南、中南、西南）、沟通东中西部、面向东南亚，着力发挥连接多区域的重要通道、交流桥梁和合作平台作用，“三基地一中心”（即商贸基地、物流基地、加工制造基地和信息交流中心）的功能定位加速实现，已经从西南出海大通道迈向西部大开发战略新高地，从广西开放发展的龙头正在成为我国沿海发展新的一极，从重要国际区域经济合作区正在走向“一带一路”有机衔接重要门户的核心区，在国家区域发展总体战略中的地位和作用越来越重要。

2013年7月8日至10日，国务院总理李克强到广西考察调研指出，广西是西部唯一有沿海大港口的省份，钦州港面向东南亚国家，应该和防城港区、北海港区一起统一开放形成多元化投资体制，让北部湾经济区成为向东盟开放的一个战略支点。“让北部湾经济区成为向东盟开放的一个战略支点”成为北部湾经济区发展的新定位。

2017年4月19日至21日，习近平总书记到广西视察调研时，提出“要建设好北部湾港口，打造好向海经济”。习近平总书记的这一指示不仅突出了广西北部湾港的向海优势，同时也为广西北部湾经济区以及广西写好21世纪海上丝绸之路这篇大文章指明了方向。随着“一带一路”建设的渐入佳境，广西北部湾经济区也以北部湾港为依托，建立起现代化的港口群、临港产业经济带、国际产能合作示范区等多位一体的发展格局，向海经济发展之路越走越宽广。

风生水起的北部湾经济区以不到广西五分之一的土地、四分之一的人口，创造了广西超过三分之一的经济总量、四成的财政收入、近一半的外贸总量。北部湾经济区打造核心增长极、成为支撑广西加快发展的战略引擎基本形成。

三、十年发展创骄人奇迹

十年扬帆，波澜壮阔；十载弄潮，天翻地覆。祖国海岸线西南端的这一湾碧海，曾经是交通不便、产业荒芜的边陲末梢。经过十年的跨越式发展，广西北部湾经济区借力开放开发东风，坚持改革创新、外引内联，一跃成为我国西部沿海经济新一极，以共舞、共赢、共创的开放合作精神，构筑起中国对接东盟的前沿门户，服务“一带一路”建设的国际区域合作新高地。十年来，北部湾经济区扬帆起航，破除阻碍经济区发展的壁垒，激活经济区跨越发展的潜力，创下发展骄人成绩，成为我国沿海新一极。

（一）经济实力显著增强，“核”的作用初步显现

数据是最好的证明，广西北部湾经济区地区生产总值从2006年的1418亿元增加到2015年的5867亿元，增长了3.1倍；财政收入从171亿元增加到948亿元，增长了4.5倍；进出口总额从27亿美元增加到241亿美元，增长了8倍；地区生产总值占广西全区比重从29.5%上升到34.9%；财政收入占广西全区比重从30.1%上升到40.6%。主要经济指标增速领跑广西全区，地区生产总值年均增长13.6%，比广西全区地区生产总值高1.9个百分点；财政收入年均增长21%，比广西全区财政收入高4个百分点。2015年，北海、防城

港、南宁、钦州四市地区生产总值增速分别位列广西第1、2、4、5位。2016年，北部湾经济区主要经济指标继续高于广西全区，北部湾经济区四市实现生产总值6488.83亿元，同比增长7.8%，高于广西生产总值增速。2016年，北部湾经济区财政收入、规模以上工业增加值、固定资产投资均分别高于广西全区增速。2017年，北部湾经济区继续领跑广西全区经济发展，经济区（六市）实现地区生产总值首次突破万亿元，达10007.3亿元，占广西地区生产总值的49.06%，同比增长8.3%，增速高于广西全区1个百分点，对广西的经济增长贡献率高达49%；实现财政收入1323.7亿元，占广西全区财政总收入的比重达50.8%，同比增长8.8%；地方一般公共预算收入完成636.52亿元，占广西全区的比重为39.4%，同比增长3.7%。

（二）现代产业体系加速构建，“产”的支撑更为突出

十年来，通过项目带动，北部湾经济区形成了以电子信息、石油化工、冶金、新材料、粮油食品等为主的现代临海工业体系，培育打造了一批特色产业园区，布局建设了钦州1000万吨炼油、北海石化异地改造、钦州金桂林浆纸、北海斯道拉恩索林浆纸、防城港精品钢铁基地、防城港红沙核电等一大批产业项目。北海惠科移动智能终端产业集群一期、广西生态铝工业基地防城港一期、广西电子信息产品检测中心，钦州华谊化工新材料一体化基地项目，防城港钢铁项目等一大批重大项目相继落地或开工建设，百亿级项目实现新突破。北部湾经济区培育建成了以石化产业为主导的钦州石化产业园、以电子信息产业为主导的北海工业园、以食品加工产业为主导的广西—东盟经济技术开发区、以

生物医药产业为引领的南宁经济技术开发区等特色产业园区。2015年，凭祥综合保税区、南宁高新区成为千亿元园区，北部湾经济区中有5个园区产值超500亿元，490家企业产值超亿元。此外，北部湾经济区内的产业结构也不断优化，三大产业结构由2006年的20.5：36.1：43.4调整为2015年的13.8：43.1：43.1，第二产业提升了7个百分点。2016年，北部湾经济区14个重点产业园区经济运行整体良好。重点园区完成工业产值（含贸易值）达7240亿元，同比增长7.33%。完成固定资产投资1551.38亿元，同比增长14.54%，其中产值超亿元企业累计达504个。完成工业总产值（贸易额）超过500亿元园区7个，400亿～500亿元园区1个，100亿～400亿元园区4个。2017年，北部湾经济区重点产业园区完成产值预计达到7800亿元。

广西—东盟经济技术开发区已成为广西最大食品加工基地。图为双汇食品加工车间（广西日报社　供图）

伴随众多塔吊和挖掘机持续作业，钦州30万吨级油气码头、航道及保税港区建设正在加紧推进，以中国石油广西石化千万吨炼油项目为龙头，以天恒石化、玉柴石化、泰兴石化、泓达能源等一批深加工企业为代表的石化产业逐步形成集群，一批拟建、在建项目也正在紧锣密鼓地推进中，钦州这座北部湾石化产业新星正在冉冉升起。钦州石化产业基地是广西重点打造的千亿元产业园区，2017年10月，钦州市石化产业办公室对《广西钦州石化产业园总体发展规划》进行修编。修编后，钦州石化产业园将形成金鼓片区和三墩片区关联互动发展的格局。

2006年以前，北海的产业发展非常薄弱，主要是水泥、烟花、制糖等一些传统工业，规模小、实力弱。2007年，北海成功引进了中国电子行业龙头——中国电子信息产业集团进驻北海工业园区。短短几年时间，北海借助中国电子信息产业集团等行业领军企业的带动效应，引进了惠科、朗科、三诺、冠捷等一大批产业链上下游企业，实现了跨越式发展。2006年，北海全市电子信息产业总产值还仅为25.6亿元。到了2009年，北海市的电子信息产业总产值便达到102亿元，成为北海历史上首个百亿元产业；2015年产值达到1034.8亿元，成为北海历史上首个千亿元产业。中国电子信息产业集团创立了“中央企业搭台、地方政府支持、各类企业唱戏”的中央企业与地方政府合作的新模式。2007年，广西壮族自治区人民政府、北海市人民政府与中国电子信息产业集团有限公司签订战略合作协议，共同建设中国电子北海产业园，通过实践探索出了一条适宜于中国电子自身禀赋和广西实际情况的发展之路，充分发挥了中央企业的引领和带动作用，奠定了北部湾电子信息产业发展的基础。台湾冠捷科技集团便是中国电子信息产业集团“筑巢”引来的“凤”，冠捷是全球最大的显示器制造商之一。2012年，冠捷显示科技（北海）有限公司正式量产，当年便实现产值8.38亿元。2015年，该公司实现产值58.4亿元，税收贡献达到1685.33万元。

2006年以前，防城港市的工业还是一个“洼地”中的谷底，随着北部湾经济区的建设，防城港工业也因港而起。围绕建设现代版临港大工业，防城港市组织实施金川铜镍、金源镍业、海森特海工装备制造、中海油LNG（液化天然气）、澳加粮油等龙头产业项目和大批上下游产业链配套项目，金川铜镍、金源镍业、澳加粮油等产业龙头项目相继建成投产，盛隆冶金、大海粮油、惠禹粮油等传统企业通过技术改造做大做强，产业支撑体系逐步健全，形成了以钢铁、有色金属、食品、能源、石化、装备制造六大支柱产业为主体的临港大工业格局。惠禹粮油、大海粮油、盛隆冶金、金川公司等企业产值相继突破百亿元。防城港市已成为全国最大的植物油籽、磷酸加工出口基地和西部重要的新能源基地。在此基础上，防城港市产业集聚乘势而发，异军突起，2016年全市规模以上工业完成现价总产值1501.24亿元，是2013年的1.56倍，年均增长16%；全市规模以上工业企业共157家，其中百亿元级企业3家。工业占生产总值比重由2013年的48.94%提高至2016年的50.42%，对全市生产总值增长贡献率达到66.4%。据初步统计，2017年全市规模以上工业完成现价总产值1770亿元，同比增长20.1%。工业支撑全市经济发展的作用更加明显。2017年2月18日，防城港经济技术开发区挂牌成立，中铝防城港生态铝工业基地、柳钢减量搬迁防城港钢铁基地一期600万吨钢铁项目、核电二期等广西三个天字号的产业项目同时落户防城港。在北部湾经济区总体带动下，各地产业发展均取得傲人成绩。

（三）区域性交通枢纽基本形成，“通”的网络日益完备

当前，广西北部湾经济区“东出”“西进”“出省”“出边”连接多区域大通道基本建成。在陆路交通方面，通往越南和我国云南、贵州、湖南、广东的高速公路全部打通，通往广东、湖南、贵州的高速铁路已经建成通车，连接北部湾经济区四市高铁和南宁—昆明（百色段）也开通运行。北部湾经济区四市高铁里程达到715千米，占广西全区39.7%；通往北部湾经济区各市1小时、通往广西区内主要城市2小时经济圈初步形成。近5年来，广西北部湾经济区累计开通7条高铁，高铁里程位居全国前列，基本形成“北通、南达、东进、西联”的现代化高铁路网新格局。为提升北部湾经济区高铁便利性，2017年，北部湾经济区各城市增开往昆明、贵阳、广州等地的12对始发动车，并在每天上午、下午旅客出行高峰时段增开6对动车。2017年，广西沿海铁路公司旅客发送量达849万人次，同比增长20.7%，创历史新高。

在航空方面，2014年南宁吴圩国际机场T2航站楼投入运营，2015年南宁机场旅客吞吐量达到1039万人次。2017年，南宁机场旅客吞吐量达1391.6万人次，同比增加235.6万人次，增长20.4%；其中国际及地区航班旅客吞吐量达107.5万人次，同比增长8.5%。共保障本场起降10.8万架次，同比增加1.3万架次，增长14.9%。货邮吞吐量达11万吨，同比增长5.6%。2017年，南宁机场共新增国内航线35条、国际航线5条，并加密了南宁至厦门、福州、温州、成都、重庆、天津等城市的20条航线航班。截至2017年底，运营南宁航线航班的中外航空公司共有50余家，驻场运力达到40架以

南宁吴圩国际机场是中国面向东盟国家的国际性枢纽机场（周军　摄）

上，累计执飞航线达到173条，其中国内航线144条，国际及地区航线29条；实现与107个国内外城市的通航，其中国内城市82个，国际及地区城市25个。其中覆盖了除拉萨外的所有国内省会城市，以及新加坡、吉隆坡、曼谷、普吉岛、清迈、芭堤雅、巴厘岛、雅加达、河内、金边、万象、仰光、暹粒等19个东盟主要城市，形成了以干线为主、支线为辅、干支互补的航线网络结构。北海机场也积极拓展航空市场，大力推动新航线、航班的开通，不断丰富和优化航线网络布局，不断增强对周边地区的覆盖和辐射能力，运输生产发展势头强劲。截至2017年底，北海机场在飞航线27条，其中国内航线25条，国际航线2条，通达城市32个，执飞航空公司12家，每周约300班航班，初步形成“沟通南北、辐射西部、连接华东、通达海外”的航线网络。10年来，北海机场旅客吞吐量逐年增长，2009年突破50万人次，2014年突破100万人次，2016年突破123.4万人次，2017年突破170万人次。

在沿海港口方面，北部湾港建成生产性泊位256个，万吨级以上泊位79个，与世界100多个国家和地区、200多个港口通航。2015年，北部湾港完成港口货物吞吐量2.04亿吨，比2006年增长3.1倍，完成集装箱吞吐量141.5万标准箱，比2006年增长5.8倍。2017年北部湾港完成货物吞吐量21854.62万吨，增长7.2%，结束了30多个月来增速在5%左右低位运行的局面；实现集装箱吞吐量227.87万标准箱，增长26.69%。钦州30万吨油码头工程，防城港501泊位工程，北海铁山港石头埠1、2号泊位工程等港口重大基础设施项目加快建设，港口基础设施进一步完善。北部湾港—重庆集装箱班列实现常态化，钦州—香港货轮开通“天天班”，通达东盟国家港口国际班轮航线逐步加密。北部湾港“属地申报，口岸验放”通关一体化改革有效落到实处，中转关检费用降低近80%。

（四）开放合作不断深化，“合”的效应更加凸显

以面向东盟为重点，至2018年广西已成功举办15届中国—东盟博览会和中国—东盟商务与投资峰会、举办了10届泛北部湾经济合作论坛，形成了“南宁渠道”，成为我国与东盟间最重要的区域合作机制。越南、老挝、柬埔寨、缅甸、泰国、马来西亚等东盟国家在南宁设立总领事馆。开创了我国与马来西亚共建中马钦州产业园区、马中关丹产业园区“两国双园”国际产业合作新模式；钦州保税港区、凭祥综合保税区、北海出口加工区B区相继封关运作，南宁保税物流中心升格为综合保税区，形成了功能齐全的保税物流体系；东兴国家重点开发开放试验区、凭祥国家重点开发开放试验区、中国—东盟港口城市合作网络等重点平台加快建设，中越跨境经济合作区申报工作取得阶段性成果，构建了区域合作新

格局。

（五）改革创新扎实推进，“新”的活力不断释放

北部湾经济区探索创造了一条新路子，有些领域改革举措走在全国前列，比如，首创全国跨行政区管理新体制，打破行政分割和利益藩篱，成立北部湾（广西）经济区规划建设管理委员会及其办公室，确立为统筹协调北部湾经济区开放开发及参与东盟开放合作事务的行政机构，统筹规划编制、产业布局、基础设施建设、港口铁路发展和岸线资源开发利用等，在全国创造了跨行政区域统筹协调的新模式。

整合沿海三港资源，成立了北部湾港，开创了全国沿海港口跨行政区域整合的先河，建立了沿海岸线联合审批机制。北部湾地理位置得天独厚，孕育出了一批水深浪静的良港。但在北部湾经济区成立以前，沿海钦州港、北海港、防城港三大港口各自为政，无序竞争，导致了资源的极大浪费和发展失序。对此，北部湾经济区首开全国沿海港口跨行政区域整合的先河，成立广西北部湾国际港务集团，以资产为纽带，以整合港口资源为基础，全面推进三港整合。于是过去的钦州港、北海港、防城港，如今拥有了一个共同的名字——广西北部湾港。近年来，北部湾港初步形成了大港口促进大物流、大港口集聚大产业的格局。广西北部湾国际港务集团有限公司对北部湾原有三港实行了港口一体化经营，实现了统一规划、统一建设、统一管理，成为全国港口整合的成功范例。在一番强有力的改革措施的推动之下，北部湾港快速崛起，建成了生产性泊位256个，万吨级以上泊位79个，最大靠泊能力为20万吨，设计吞吐能力2.24亿吨。另外，组建了广西北部湾银行、广西北部湾投资

集团有限公司，设立了北部湾产业投资基金。

党的十八大以后，北部湾经济区改革力度进一步加大，同城化取得了突破性进展。2013年以来，北部湾经济区以户籍同城化为牛鼻子，推进10个领域的同城化，户籍、通信、金融、社会保障、口岸通关、交通等领域同城化率先取得阶段性成果和实质性进展，身份证换领补领、普通护照办理、机动车年审、住房公积金贷款等均可在北部湾经济区四市异地办理；北部湾经济区1340万电话用户，每户每年均可减少通信费用支出30多元；金融机构取消了异地差异化收费项目，惠及居民2000万人；北部湾经济区实现定点医疗机构异地就医刷卡直接结算，真正让经济区的老百姓享受到了更多的便利和实惠。2014年，自治区党委、政府相继出台了《关于深化北部湾经济区改革若干问题的决定》以及4个配套改革方案，行政审批、人事人才管理制度、口岸通关一体化、园区管理体制、跨境金融等重点领域和关键环节改革蹄疾步稳。

（六）城镇体系加快形成，“群”的合力有效发挥

北部湾经济区城市新区快速发展，中心城市的辐射带动作用不断增强，以南宁等核心城市为中枢的多中心、多层次的城镇体系加快形成。2017年，北部湾经济区城镇化率已超过52%，高于广西平均水平，并实现了户籍、社会保障、通信、金融、交通等领域的全面同城化，实现北部湾经济区各地的融合发展，“群”的合力得到有效发挥。

（七）生态环境保持优良，“美”的品牌逐步打响

在大力推进北部湾经济区开放开发的同时，牢固树立了保护生

态环境就是保护生产力、改善生态环境就是发展生产力的理念，始终把生态环境保护放在更加突出的位置。在大力发展的同时，北部湾经济区坚持把生态保护和环境保护作为开放开发不可逾越的红线，大力推进现代蓝色港湾建设，积极推进北部湾用海管理体制改革，严格执行项目和产业准入门槛，鼓励和支持生态园区建设。北部湾经济区基本实现了发展与环保共赢的绿色发展道路，北部湾的“生态美”品牌形象明显提升。

十年里，北部湾的发展浪潮风生水起，开放开发持续推进，以令人瞩目的“北部湾速度”腾跃而起，创造了超常规发展的“北部湾速度”，经济社会发展取得了显著成效，综合实力显著增强。回顾十年发展成就，北部湾发展奇迹是积极融入国家战略，把北部湾经济区开放开发与国家战略充分结合的结果；是充分发挥自身优势，始终坚持开放带动战略的结果；是积极改革创新，坚持创新驱动的结果；是坚持协调发展理念，科学统筹6个行政区划发展的结果；是循序渐进，突出重点，实施产业和基础设施优先发展战略的结果；也是北部湾人务实作风和拼搏理念的结果。

四、六大升级引领新发展

发展浪潮滚滚向前，永不停息。今天的北部湾经济区，正站在新的历史起点上。进入新时代，广西深入贯彻落实党的十九大精神和习近平总书记视察广西时的重要讲话精神，制定了北部湾经济区未来发展的纲领性文件《广西北部湾经济区升级发展行动计划》，对北部湾经济区未来发展作出了新的部署，着力建设开放北部湾、质效北部湾、畅通北部湾、同城北部湾、智慧北部湾、蓝色北部湾，率先基本建成面向东盟的国际大通道和西南中南地区开放发展新的战略支点以及与“一带一路”有机衔接的重要门户核心区，更好地发挥北部湾经济区龙头作用，带动广西在更宽领域、更高层次参与国际合作及竞争。

根据《广西北部湾经济区升级发展行动计划》，北部湾经济区发展的总体目标是：“力争2020年生产总值过1万亿元，规模以上工业总产值过1万亿元，人均生产总值过1万美元；经济区四市生产总值总量占全区的比重超过40%；高新技术产业占工业总产值比重达到30%；现代服务业增速超过13%；第三产业占比达到49%；沿海港口吞吐能力达到4.5亿吨，其中集装箱吞吐量力争过500万标准箱；陆路口岸过货量达900万吨；外贸依存度达到60%左右；城乡居民人均收入比全区平均水平高1万元左右。”目标的升级要求北部湾经济区在规划、开放合作、产业、互联互通、改革创新等方面的全面升级。

（一）践行五大发展理念，打造规划建设升级版

北部湾经济区积极编制《广西北部湾经济区现代服务业集聚区详细发展规划》等一批新型专项规划，开展《广西北部湾经济区重大政策整合优化研究》等一批课题研究，增强规划的厚度与深度。规划建设北部湾数字规划中心，促进规划管理动态化。编制《广西北部湾经济区“十三五”规划实施方案》和《广西北部湾经济区规划实施评估导则》，完善规划实施监督体系。统筹龙港新区空间性规划，探索构建北部湾经济区跨市空间协调管治机制。通过规划体系的完善，规划管理模式的创新，提升北部湾经济区的规划管控能

力，实现广西北部湾经济区升级发展“规划一张图、建设一盘棋、管理一体化”。

（二）深化拓展面向东盟合作，打造开放型经济升级版

做大做实已有平台，积极谋划新平台新机制，全力实施开放带动战略，形成陆海内外联动、东西双向互济的开放格局是北部湾经济区打造开发型经济升级版的目标。国际陆海贸易新通道建设为拓展与东盟的合作创造了新的机遇，打造中国—东盟博览会、中国—东盟商务与投资峰会和泛北部湾经济合作论坛升级版，拓展展会价值链；推进中国—东盟信息港、中国—东盟港口城市合作网络、中国—中南半岛经济走廊、东兴重点开发开放试验区、凭祥重点开发开放试验区、沿边金融综合改革试验区升级版等已有平台的建设；

图为中国—东盟博览会国际买家采购对接会上中外工作人员积极交流（陈峰　摄）

推进中越跨境经济合作区申报和建设、北部湾中心海关设立、中国—东盟商品交易中心等区域性国际大宗商品交易中心等新的开放平台建设；推进中马钦州产业园区创新发展、钦州保税港区转型发展和防城港开放型经济新体制综合试点等工作，都是北部湾经济区着力构建外向型经济新体系的主要举措。

（三）全面深化改革创新，打造发展动能升级版

打造广西改革“先锋”，提高创新能力，全面深化改革开放，进一步优化北部湾经济区发展环境，完善容错机制，促进发展方式由规模速度型向质量效益型转变是发展动能升级的目标。未来，北部湾经济区将设立行政审批局和综合执法局，深化行政管理体制改革；推行企业简易注销制度，建立精准对接服务专员制度；完善城乡建设用地增减挂钩结余周转指标有偿使用制度，推进城乡建设用地增减挂钩节余指标有偿使用交易；深化用海审批制度改革，建立海域使用权市场化配置体制机制，加强海洋生态管理，全面加强用海管理能力建设，激发向海经济活力；深化海港、空港、内河港、公路港、信息港建设与经营改革，积极推进西南中南无水港体系建设，提升港口核心竞争力；推进南（宁）北（海）国家自主创新示范区建设，加快“双创”平台建设，建设科技服务集聚区；深化投融资体制改革，构建多层次资本市场；实施重大人才工程，建设北部湾人才小高地，统一发放“北部湾人才服务绿卡”，打造区域性人力资源集聚区。

（四）构建高端高智高效产业体系，打造产业发展升级版

培育壮大一批千亿元产业园区，推动制造业和服务业融合发

展，实现经济结构更加优化。到2020年，规模以上工业总产值超过1万亿元，高新技术产业、现代服务业增加值等指标增速领跑广西全区，第三产业增加值比重达到49%。重点打造“三千亿级”电子信息、“两千亿级”石油化工、“两千亿级”冶金精深加工、“两千亿级”轻工食品、“千亿级”装备制造、“千亿级”生物医药和健康六大“千亿级”产业集群。实施新兴产业倍增计划，打造广西战略性新兴产业集聚发展示范区，培育北部湾新经济新产业新业态，支持打造以中马钦州产业园区和各国家级经开区、高新区等为主体的智能制造基地。推动重点园区集群化、融合化、智慧化、绿色化发展，培育壮大10个左右千亿元园区，打造一批注重创新、有量更有质的高端化的超500亿元园区。扶持建设一批现代服务业集聚区；支持南宁建设中国服务外包示范城市。建设北部湾国际旅游度假区；加快建设中越国际旅游合作区和中国—东盟跨境旅游集散中心；组建“一带一路”东盟旅游城市联盟。

（五）破除互联互通瓶颈，打造基础设施升级版

加快构建功能配套、智能高效、安全便利的现代基础设施体系。到2020年，力争实现沿海港口吞吐能力达到4.5亿吨，集装箱吞吐量力争过500万标准箱。推进北部湾区域性国际航运中心规划建设；推动航运服务集聚区建设；开通西南中南“五定”班列、桂越集装箱专列；加快西部内陆地区无水港布局规划建设；加快沿海高速公路改扩建等建设，完善集疏运体系；加快建设智慧港口。以南宁机场为重点，北海、玉林等机场为支撑，若干通用机场为补充，建设面向东盟的区域性国际航空中心，升级北部湾航空网络。

（六）大力推动新型城镇化，打造同城化升级版

以《北部湾城市群发展规划》的实施为契机，加快实施同城化纵深发展工程和城市新区、智慧城市、生态宜居城市等建设工程，共同打造国家级蓝色海湾城市群。到2020年，常住人口城镇化率达到60%，新型城镇化、区域协同化发展质量和水平全面提升。

十年砥砺铸辉煌，百舸争流再起航。站在新的发展起点上的北部湾经济区需要在发展模式、发展质量、发展速度、发展水平等方面实现全面升级，只有打造北部湾经济区升级版，才能在新常态和我国经济转型升级的大背景下把其开放开发推向纵深。打造北部湾经济区升级版，要坚持改革创新，实现软实力和硬实力的协调发展；要坚持融合发展，在加快完善基础设施的同时，尽快形成特色产业集群和产业链，使产城融合发展、制造业和服务业融合发展；要坚持真抓实干，进一步梳理“十三五”时期北部湾经济区的重大项目清单，以项目为抓手推动北部湾经济区发展迈上新台阶。

图为防城港北部湾海洋文化公园一带新貌（周军　摄）

第八章

“南宁渠道”连通东盟

2004年，中国—东盟博览会和中国—东盟商务与投资峰会落户南宁，标志着广西成为中国对东盟战略合作的前沿、窗口和新高地，成为连接中国与东盟的国际大通道、交流大桥梁、合作大平台，连接中国—东盟的“南宁渠道”逐步形成。“南宁渠道”是指以在南宁永久举办的中国—东盟博览会和中国—东盟商务与投资峰会及其系列活动为平台、为桥梁，建立的中国与东盟之间融政治外交、经贸合作、人文交流为一体，推动深度交流和共赢发展的稳定沟通、合作的渠道。所有在南宁达成的与东盟开放合作有关的共识、声明、宣言、政策建议，形成的机制，搭建的经贸和人文合作平台，举办的重要活动，先行先试的政策，建立的基地，以及在广西本土举办的与中国—东盟相关的会议、论坛等，都可以纳入“南宁渠道”范畴。书写好“南宁渠道”这篇大文章，发挥好“南宁渠道”这个大优势，宣传好“南宁渠道”这个大品牌，对于提升广西在“一带一路”和中国—东盟战略合作的战略地位与作用，具有重要的现实意义和深远的历史意义。

一、中国—东盟博览会成合作平台品牌

（一）中国—东盟博览会永久落户南宁

2003年10月8日，中国在第7次中国与东盟（10＋1）领导人会议上建议，从2004年起每年在中国广西南宁举办中国—东盟博览会。作为中国推动中国—东盟自由贸易区建设的一项实际行动，这一建议得到了各国领导人的普遍欢迎，并被写入会后发表的主席声明。在此次会议上，中国同时建议举办中国—东盟商务与投资峰会。2004年，首届中国—东盟博览会、中国—东盟商务与投资峰会在南宁举办，至2018年已成功举办了15届。中国—东盟博览会是由中华人民共和国商务部和东盟国家经贸主管部门及东盟秘书处共同主办，由广西壮族自治区人民政府承办的大型的包括政治外交、商品展览、经贸洽谈、专题论坛和文化交流的国家级国际性综合展会。

（二）中国—东盟博览会成为中国—东盟深化双边关系的重要平台

中国—东盟博览会为中国与东盟实现经贸互利双赢提供了平台，及时反映了中国—东盟自由贸易区的建设进程，反映企业和市场的内在要求，引导中国—东盟自由贸易区朝着务实、健康的方向发展。以中国—东盟博览会为平台搭建了中国与东盟政治外交、经贸促进、人文交流的全方位合作平台，每届博览会都围绕双方战略合作重点，举办领导人会谈、部长级磋商、主题国活动、政商高端对话以及系列经贸、人文交流活动，形成了中国—东盟合作的“南

宁渠道”，成为中国—东盟合作平台的品牌并得到各方面的广泛认可。

2014年2月，中国—东盟博览会被列为国家层面举办的重点涉外论坛和展会（即国家一类展会），明确每年举办一届。在中国—东盟博览会的影响下，其举办地广西也取得了跨越式发展，经济基础不断夯实，国际知名度及影响力得到大幅度提升，成为中国与东盟开放合作的示范区、试验区和集聚区，南宁也成为中国与东盟全方位合作重要活动的首选地。历届中国—东盟博览会同期举办了一系列在中国—东盟合作中具有影响力的重大活动，如中国—东盟建立对话关系15周年纪念峰会、中国—东盟自由贸易区论坛暨庆祝中国—东盟自由贸易区建成仪式、中国—东盟建立战略伙伴关系10周年系列纪念活动等，发表了南宁声明、南宁宣言、南宁共识等一系列重要文件。南宁作为中国—东盟开放合作的重要通道、重要桥梁和重要平台，已逐渐形成“南宁渠道”，越来越多的中国—东盟间的战略合作经南宁牵线搭桥。

中国—东盟博览会将政治、经济、社会、文化等多个领域的活动综合集中在一个平台中同时开展。如在展会期间，在南宁同时举行的活动、召开的会议和论坛涉及农业、林业、旅游、高端制造业、物流业、金融业、电力、矿业、媒体、出版业等多个领域，并发表了多个领域的南宁共识、南宁宣言、南宁倡议。

中国—东盟博览会作为中国—东盟交流合作的重要途径和平台，其范围既涵盖中国与东盟十国多边合作，也涵盖双边合作；既有官方合作，也有民间交流。在南宁不仅有中国—东盟建立战略伙伴关系10周年经贸合作对话会、中国—新加坡经济走廊城市市长圆桌会等多边合作平台，也有中国—菲律宾商务理事会会议、中国—新加坡企业家交流会等双边合作平台；不仅有中国—东盟国家官方的高官会，也有中国—东南亚民间高端对话会；不仅有广西壮族自治区科技厅与越南边境省份建立的年度磋商机制，也有中越青年联欢大会。这些充分体现了“南宁渠道”的广泛性。“南宁渠道”不仅是中国与东盟国家层面交流合作的渠道，也是地方层面交流合作的渠道。截至2018年10月，在南宁既举办过中国—东盟建立对话关系15周年纪念峰会、中国—东盟博览会期间的领导人双边会见、东盟国家领导人与企业家圆桌对话会、东盟国家领导人或部长顺访广西等国家层面的上层活动，也有每届中国—东盟博览会推出的11国“魅力之城”展示交流，还开展过国内各省区市面向东盟的境外园区招商推介会等地方层面的活动。“南宁渠道”的立体性特征也日益突出。

随着中国在国际舞台上影响力和辐射力的提升，中国—东盟博览会从服务“10+1”向服务“10+6”（RCEP，区域全面经济伙伴关系）和“一带一路”拓展，推动区域经济一体化、全球化进程。世界贸易组织、世界银行、联合国国际贸易中心等国际组织负责人已出席多届中国—东盟博览会，世界贸易组织、联合国国际贸易中心还成为中国—东盟博览会支持单位。第12届中国—东盟博览会期间举办了贸易便利化暨纪念WTO（世界贸易组织）成立20周年高层研讨会。第13届中国—东盟博览会首次设立国际展区，吸引越来越多的区域外国家参展参会。最近几届展会，澳大利亚、韩国、斯里兰卡等国先后成为特邀贵宾国，分别举办专项经贸交流活动。第14届中国—东盟博览会首设“一带一路”专题展区，哈萨克斯坦作为首个“丝绸之路经济带”沿线国家出任特邀合作伙伴，首次举办中国茧丝绸行业创新发展主题展……“一带”与“一路”

图为第14届中国—东盟博览会轻工展上“一带一路”沿线国家特色展区（韦骄阳　摄）

在南宁相遇，这是第14届中国—东盟博览会的最大亮点，也是“南宁渠道”逐步迈向全球化舞台的生动诠释。本届展会首次设立的“一带一路”专题展区受到欢迎，哈萨克斯坦、斯里兰卡、印度、巴基斯坦、尼泊尔和埃及等国家参展，展品主要有“一带一路”沿线国家及地区特色的食品、农产品、手工艺品、家具、珠宝、茶叶等。

“一带一路”有机衔接的重要门户，是广西的“三大定位”之一，也是中国—东盟博览会新的历史使命。长期、稳定的政治互信是中国—东盟深化合作的重要保障，凝聚共识是最直接的成效。每年博览会都受到中国和东盟国家领导人的高度重视，第1—14届中国—东盟博览会共有近百位中国和东盟国家领导人、2000多位部长级贵宾出席，为双方经贸等多领域合作提供了政治保障。展会为中国和东盟国家领导人提供了友好交流、增进政治互信的场所和平台，其多边外交的平台作用也日益突出。双方在博览会期间举行的中国—东盟领导人会见，部长级磋商，各种高级别圆桌会、对话会和推介会，对深化政治互信，扩大合作领域，促进全方位交流，起到重要的推动作用，通过国家领导人间的会晤，增加了互信并达成多项政治共识。

（三）中国—东盟博览会成为助推广西改革开放的重要平台

广西作为中国—东盟博览会的永久举办地，正由往日信息的边缘地区向相关信息的热点地区转变，从一个相对封闭、边远的西部省区，一跃成为对外开放的前沿和国际多区域合作的交会点。中国—东盟博览会的“广西效应”越来越显著。打造更加畅通的“南宁渠道”，对于广西建设国际区域经济合作新高地、中国沿海经济发展新一极，对于广西建设中国—东盟区域性物流基地、商贸基地、加工制造基地和信息交流中心，对于广西建设连接多区域的国际通道和合作平台都具有十分重要的意义。

在中国—东盟博览会的推动和影响下，广西在国家对外开放战略布局中的地位显著提升。展会带动了广西国际大通道的建设，南宁到河内的列车顺利运营让广西成为除北京外第二个拥有国际列车始发站的省区，国际陆海贸易新通道成为中国—东盟互联互通新的亮点。

中国—东盟博览会推动了广西经济发展新高潮。展会的举办推动了广西会展业、物流业、旅游业、农业等行业的快速发展，极大地推动了广西的经济发展。中国（桂林）国际旅游博览会、中国（玉林）中小企业商机博览会、中越凭祥科技贸易博览会、东兴—

芒街商贸旅游博览会、桂林国际旅游论坛、中国—东盟企业家论坛（柳州）等一批展会在国际和国内已具有较强的知名度和影响力。广西南宁、桂林都已经开通了到东盟各主要城市的航班；南宁开通了至越南河内的国际列车；公路方面，南宁至越南河内、下龙、海防等地的长途客车旅游线路也已经开通；北海已开通了到越南下龙的海上旅游航线，防城港至下龙的海上航线也已恢复。新加坡、马来西亚、越南、菲律宾到广西旅游人数的年增长率都在15%以上。农业是中国—东盟自由贸易区建设进程中最早受惠的领域，中国—东盟博览会为广西与东盟各国的农业合作带来更多机遇，农产品贸易和投资更加便利化。广西已有30多家农业龙头企业到东盟开展合作，投资额超过10亿元人民币；东盟外资企业在广西投资农业项目40多个，投资总额16亿美元以上。广西凭祥口岸成为中国与东盟水果进出口的最大口岸。

中国—东盟博览会永久落户广西南宁，广西的国内外知名度也随之飙升，与广西相关的、具有广西特色的文化与产品的美誉度也迅速上升。广西的国际形象得到有效传播，软实力得到有力提升。广西每年都在博览会期间举办“大地飞歌”——南宁国际民歌艺术节，通过这一平台，壮乡首府的古朴美丽和广西人民热情、友善好客、接纳包容的人格魅力及开放精神在全球传播。

坐拥得天独厚的区位优势、港口优势、沿边优势和诸多合作平台，广西打造的“南宁渠道”有力地服务了中国—东盟自由贸易区建设，有力地服务了国家周边外交战略，有力地服务了中国与东盟各领域各层次的交流合作，极大地提升了广西在中国—东盟合作中的战略地位与作用，极大地提升了广西在国际国内的知名度和影响力，极大地促进了广西的对外开放和加快发展。广西的开放因拥有“南宁渠道”开创了新局面，广西的经济因拥有“南宁渠道”进入新的发展阶段，广西的战略地位和软实力因拥有“南宁渠道”得到明显提升。新时代，“南宁渠道”的发展将朝着中国—东盟自由贸易区升级发展的服务平台、中国—东盟命运共同体多领域交流的公共平台、21世纪海上丝绸之路合作的核心平台的目标全力奋进。

二、“一轴两翼”拓展合作领域

北部湾经济区的成立和建设为广西迎来了一个千载难逢的新发展机遇，自治区党委、政府适时提出了构建泛北部湾经济合作区，同时提出以交通干线为依托构筑中国南宁—新加坡经济走廊，继续深化和拓展大湄公河次区域合作，形成中国—东盟“一轴两翼”M型区域经济合作新格局。这一发展思路得到了党中央领导的肯定，极大提升了广西对外开放合作的新形象，为广西搭建了有效参与多区域合作的战略平台。

中国—东盟“一轴两翼”区域经济合作战略，体现和承载了国家战略的总体导向。它推动中国—东盟区域经贸合作由单一的次区域合作向多层次的次区域合作发展，引导中国—东盟经济合作从传统的“路桥型经济”向现代的“临海型经济”转型，深化和延伸了中越两国领导人提出的“两廊一圈”战略意图，具有多重战略意义。这一战略的实施，有利于区域内的资源共享，扩大“一轴两翼”区域市场和经济发展的空间，促进产业转移、合理分工与合作，创造出更多新的经济增长点，共同吸纳与更合理地运用国际资本和外部资源，促进区域内各国各地在更高水平、更深层次上的国际经贸合作，推进广西在更高层次上全面开放、开发，为广西参与中国—东盟自由贸易区的建设开创新的局面，为“南宁渠道”注入了新的内容，拓展了新的发展空间，带来了新的发展机遇，增添了新的活力，有力地带动了广西经济社会的发展。

在“一轴两翼”框架下，广西成功举办了十届泛北部湾经济合作论坛、四届泛北部湾经济合作市长论坛、两届中国—中南半岛经济走廊发展论坛、五届泛北部湾智库峰会，成立了联合专家组，构建了中国—东盟港口城市合作网络等，合作机制和平台日益完善。

（一）泛北部湾经济合作丰富和充实了“南宁渠道”

泛北部湾经济合作涉及越南、柬埔寨、泰国、马来西亚、新加坡、印度尼西亚、菲律宾、文莱等8个东南亚国家和中国广西、广东、海南等省区，自2006年合作启动以来，得到了中外各方特别是泛北部湾各国的广泛响应和积极参与。泛北部湾经济合作论坛成为促进泛北部湾区域合作发展的国际性论坛。论坛紧扣共建中国—东盟新增长极、中国—东盟自由贸易区建设、泛北部湾区域经济合作与共同繁荣、共建海上丝绸之路等主题，精心设计相关议题，有针对性地邀请政界、学界、商界及企业界人士参加论坛，对泛北部湾经济合作的机制、路径、重点、趋势等方面深入探讨、广泛交流，提出富有建设性的意见和建议。

泛北部湾经济合作论坛发布了一系列声明、倡议、宣言、行动建议及一批研究成果。2006年首届论坛发布了《环北部湾经济合作论坛主席声明》，首次提出了围绕拓展和深化中国—东盟战略伙伴关系，站在面向东亚合作的高度上，构建泛北部湾经济合作区的构想。2007年第2届论坛发布《环北部湾经济合作论坛主席声明》《中国—东盟港口发展与合作联合声明》《中国—东盟海运协定》《中国—东盟航空合作框架》，对港口、海运、航空等重点领域的合作作出明确规划。2008年，第3届论坛成立了联合专家组。第4、5届论坛将合作重点放在了中国南宁—新加坡经济走廊的建设，并发布了推进中国南宁—新加坡经济通道建设的联合倡议。第6届论坛发布《泛北部湾经济合作可行性研究报告》《泛北部湾智库峰会宣言》。2013年以来，论坛由每年一届改为两年一届。2016年5月26日，第9届论坛在广西南宁举办，论坛以“携手泛北合作，共建‘一带一路’”为主题，并围绕主题首次在总体框架下同期举办中国—中南半岛经济走廊发展论坛和中国—东盟港口城市合作网络工作会议。第9届论坛旨在推动泛北部湾合作由海上合作为主向陆海并举延伸拓展，构建陆海联动的合作新格局，发布了《共建中国—中南半岛经济走廊倡议书》。

前10届论坛共有12位中国国家领导人、约160位中国和泛北部湾国家部长级官员、3位诺贝尔经济学奖获得者以及来自泛北部湾国家和世界各国的政府官员、专家学者、企业家等3000多人出席。泛北部湾经济合作论坛以其高层次、国际化的鲜明特色，进一步丰富和充实了“南宁渠道”，使之成为中国与东盟间最重要、最成熟的次区域合作机制之一。

（二）中国—东盟港口城市合作网络成为海洋合作的新平台

2013年9月3日，我国在第10届中国—东盟商务与投资峰会上宣布成立中国—东盟港口城市合作网络，同时在中国—东盟港口城市合作网络论坛上通过了《中国—东盟港口城市合作网络论坛宣言》。按照合作办法，中国与东盟各成员国将以平等自愿、循序渐进、开放合作、互利共赢为合作原则，在增开班轮航线、搭建本区域港口公共物流信息平台、促进港口相互投资与建设、深化临港产业合作、推动通关便利化合作、扩大友好港口城市交流、加强人员交流和培训等诸多领域开展合作。自成立以来，中国—东盟港口城市合作网络获得了各方的积极响应和合力推动，如今已成为泛北部湾经济合作的先行收获成果、中国—东盟合作的重要机制和中国—东盟海上合作的重要平台。中国—东盟港口城市合作网络作为海上互联互通重点项目被纳入首批中国—东盟海上合作基金项目，也是广西唯一被纳入中国—东盟海上合作基金的项目。

2016年5月27日，中国—东盟港口城市合作网络正式启用，主要包括“2＋4＋1”项目，现已初步形成了以钦州为基地，覆盖47个东盟国家港口城市的合作网络。随着合作网络基地建设的加快推进，钦州港已开通直航东盟的“中国钦州港—韩国—印度尼西亚—泰国—越南”外贸集装箱定期班轮航线。截至2017年6月，北部湾港定期集装箱班轮航线达到39条，与东盟的文莱、印度尼西亚、马来西亚等7个国家建立了海上运输往来，成为我国与东盟海上互联互通、开放合作的前沿。

到2016年5月，中国—东盟港口城市合作网络首期7个项目建设进展顺利，部分项目已直接服务中国和东盟的港航运输。其中，广西北部湾港已与新加坡、马来西亚、泰国、越南等国港口开展了航线或港口建设与运营的合作，港口合作网络项目建设进展顺利，

在北部湾三港中，防城港是历史最悠久、功能最齐全、吞吐能力最大、靠泊能力最强的港口，为广西乃至大西南的经济建设作出了重大贡献。图为防城港集装箱码头（周军　摄）

章程和五年行动计划已起草完成。中国—东盟港口物流信息中心一期工程基本建成，信息的互联互通率先实现。中国—东盟国家港口航线及航运服务建设已完成。广西北部湾国际港务集团与新加坡国际港务集团（简称PSA）、新加坡太平船务有限公司（PIL）合资12.1亿元组建了北部湾国际集装箱码头有限公司，共同经营钦州的港口泊位，还将共同投资设立北部湾国际码头管理有限公司。2013年10月，广西北部湾国际港务集团正式参股关丹港建设，实现了中国企业以建设和运营方式整体入股东南亚港口零的突破，仅一年多时间就实现了港口吞吐量和营业收入两项主要指标翻番。为中国—东盟国家航运服务的配套项目建设进展良好。2017年，水上训练基地已建成主体工程，海洋气象监测预警中心基本建成，中国—东盟海上搜救分中心建设正加快推进，中国—东盟海事法庭已开始筹备。

在不断提升硬件水平，加强中国—东盟港口城市网络建设的同时，广西北部湾港也借助“一带一路”建设的东风，积极拓展国际合作，加强与沿线地区互联互通。2017年2月，广西北部湾国际港务集团继入股马来西亚关丹港之后，又投资建设文莱摩拉港，加快“走出去”的步伐，实现了东盟港口与北部湾港的互联互通。不仅如此，当前广西北部湾港还积极推动并参与国际陆海贸易新通道建设，使其形成一条连接东南亚、经广西至重庆到欧洲的亚欧海陆相连新通道，拓展向海经济之路。截至2017年9月，广西北部湾港与东盟国家的47个港口建立海上运输往来，并开通内外贸航线44条，与世界100多个国家和地区、200多个港口通航，基本实现了东南亚、东北亚地区主要港口的全覆盖。如今，在广阔的北部湾海面上，满载集装箱的巨轮南来北往地穿梭在广西北部湾港与东盟各国港口间，北部湾经济区向海经济的支撑力也越来越强。

（三）泛北部湾经济合作联合专家组发挥智力支撑

2008年7月，由中国和泛北部湾各国政府官员、专家学者组成的泛北部湾经济合作联合专家组正式成立。专家组充分发挥智力优势，围绕重大议题展开深度研究，提交了《加强泛北部湾经济合作可行性研究报告》《关于加快泛北部湾经济合作的行动建议》等研究成果，对泛北部湾经济合作的目标方向、优先领域、机制安排、行动计划、标志性项目等进行科学论证，提出可行性建议，不少成果被吸纳。

三、携手推进形成合作共赢局面

2013年10月，中共中央总书记、中国国家主席习近平在访问印度尼西亚期间，郑重提出了“携手建设中国—东盟命运共同体”的倡议，强调要坚持讲信修睦、合作共赢、守望相助、心心相印、开放包容，使双方成为兴衰相伴、安危与共、同舟共济的好邻居、好朋友、好伙伴。长期以来，中国始终支持东盟一体化进程和共同体建设，双方合作从“黄金十年”走向“钻石十年”，惠及民生是一切的落脚点。广西在推动中国—东盟合作，惠及双方民生方面取得了巨大成就。

（一）搭建多样产业合作平台，便利了企业投资发展

中马“两国双园”、中国—泰国崇左产业园、中越跨境经济合作区、中国·印度尼西亚经贸合作区、中国—文莱（玉林）健康产业园、中越德天—板约瀑布跨境旅游合作区、文莱—广西经济走廊……为形成“一带一路”有机衔接的重要门户，广西搭建了一系列有效的产业合作平台，通过多层次、宽领域且有重点的产业合作，在深度参与“一带一路”建设上形成了自身特色。

1. 中马“两国双园”

中马钦州产业园区和马中关丹产业园区分别于2012年4月和2013年2月开园，“两国双园”开创了中马两国政府跨国产业合作新模式，也是中国—东盟创新合作模式的典型代表。两个园区规划编制基本完成，基础设施建设进展顺利，产业项目逐步入驻，互动发展有效推进。

两国高层协同运筹推动。2011年10月，中马两国正式签署共建中马钦州产业园区项目协议。2012年4月，中马两国总理共同出席中马钦州产业园区开园仪式。2012年6月，中国商务部与马来西亚贸工部签署两国政府关于马中关丹产业园合作的协定。2013年2月，中马两国高层领导在马来西亚关丹共同主持了马中关丹产业园区开园仪式。2013年10月，中马两国领导人达成共识，要把钦州、关丹产业园区打造成为两国投资合作的旗舰项目，带动两国产业集群式发展。中马两国领导人积极倡议、大力推动，各部委积极响应配合，为中马钦州产业园区和马中关丹产业园区的招商引资、资金筹集、园区建设、宣传推介等提供了切实保障，为中马“两国双园”互动发展奠定了稳固基础。

合作投资建设加快推进。中马钦州产业园区和马中关丹产业园区是由中国和马来西亚两国政府合作投资建设的“姐妹园区”，投资主体由中马双方按共同投资、共同开发、共同受益的原则成立合资公司及其关联企业。中马钦州产业园区合资公司总股比中方占

经过5年多的开发建设，中马钦州产业园区启动区已布满产城项目。图为园区启动区局部航拍图（中马钦州产业园区管委会宣传部　供图）

51%、马方占49%；马中关丹产业园区合资公司总股比马方占51%、中方占49%。中马钦州产业园区成立了联合服务协调机构，马中关丹产业园中方协调服务中心也于2016年6月挂牌成立。中马“两国双园”在建设、管理和发展中相互借鉴和分享先进经验，在产业链协作、资源开发、市场开拓、港口互通、海关特殊监管等方面合作优势突出，充分实现互利共惠。

互动发展机制逐步完善。为统筹推进中马“两国双园”开发建设，中马两国政府专门组建了由中国商务部和马来西亚贸工部牵头的中马“两国双园”联合合作理事会，完善司局级的联络机制，定期开展会晤协商，探讨两个园区有效衔接，解决双方重大事项。中马钦州产业园区和马中关丹产业园区建立了联合招商机制，实现双方管理部门和投资方定期互访，积极开展政策协同创新研究，推动两国产业界加强合作和相互投资，协商解决“两国双园”互动发展中存在的重大问题。

截至2017年，中马钦州产业园入园项目已达50多个，马中关丹产业园年产350万吨钢铁项目将建成该国重要钢铁基地。合作内容从产业园建设、开辟航线延伸到运营港口、构建港口联盟，马中关丹产业园还与关丹港、关丹物流园、曼隆铁路相配套，拓展到马来西亚东海岸经济特区，成为中马之间最重要的产能合作基地。

中马“两国双园”模式是广西与东盟深化开放合作、实施“引进来、走出去”战略的登陆点和试验场，也是广西以国际园区建设为抓手深度参与“一带一路”建设的一个缩影。截至2017年5月，广西已与东盟的8个国家开展园区合作，正在建设和推进的园区有近20个，未来将实现东盟国家合作园区全覆盖。

2. 中国—泰国崇左产业园

中国—泰国崇左产业园是广西重点发展的面向东盟的跨国合作产业园区之一。园区位于广西崇左市区东部和北部，规划面积为100平方千米。2017年，崇左市在泰国曼谷举行"'一带一路'两国四园"中国—泰国崇左产业园专场合作推介会，并连续两年在中国—东盟博览会举行专场推介会。截至2017年，中国—泰国崇左产业园已引进入园企业86家，包括泰国两仪集团、日本丰达电机、法国康密劳、中粮集团、中国铝业、中信大锰、南方水泥、安琪酵母等一大批国内外知名企业，投资洼地效应日益凸显。作为中国—泰国崇左产业园的园中园，崇左·龙赞东盟国际林业循环经济产业园项目计划总投资150亿元人民币。截至2017年9月，已有35家企业入园，产业园致力打造成超200亿元产值资源综合循环、节能环保的中国林产品加工示范基地及东盟林产品出口基地。2017年5月，中国—泰国崇左产业园与泰国泰中罗勇工业园、莫拉限府经济特区和暹罗东方工业园宣布结成兄弟姊妹园区，形成联袂发展格局。

3. 中越跨境经济合作区

广西有东兴—芒街、凭祥—同登、龙邦—茶岭3个中越跨境经济合作区。3个跨境经济合作区均正在建设。中国东兴—越南芒街跨境经济合作区，开创了中越共管园区的新体制，有望成为中国开放程度最高的区域之一。该跨境经济合作区按照"前店后厂"创新模式，在跨境经济合作区84平方千米的空间里，布局规划了1个核心区和7个配套园区。以10平方千米核心区为"店"，主要发展金融商贸会展、加工贸易、保税仓储、大宗商品交易等产业。74平方千米的7个配套园区为"厂"，主要布局进出口加工、现代物流等产业。截至2017年9月，有30余家企业提出投资意向，涉及机器人、生物、能源、农业、物流、金融等产业。2016年9月，在第13届中国—东盟博览会举办的首届中越跨境经济合作论坛暨东兴试验区专场推介会上，共签约26个项目，金额达734.15亿元。2017年9月，在第14届中国—东盟博览会期间举办第2届中越跨境经济合作论坛暨中国东兴—越南芒街跨境经济合作区专场推介会，签约项目10个，总投资约130亿元。

2005年，凭祥市率先提出了建设中越凭祥—同登跨境经济合作区的构想。2005年4月，崇左市与越南谅山省商贸旅游厅签订了构建中越凭祥—同登跨境经济合作区的合作意向。2007年1月，广西与越南谅山省签署了《建立中越边境经济合作区备忘录》，提出在双方接壤地区各划出8.5平方千米共同建设中越跨境经济合作区的设想。2008年12月，作为中越跨境经济合作区中方先行区的凭祥综合保税区获国务院批准设立，并于2011年9月正式封关运营。2011年，成立中越凭祥—同登跨境经济合作区管理委员会，在凭祥综合保税区管理委员会机构内增挂中越凭祥—同登跨境经济合作区管理委员会牌子，实行“两块牌子一套人马”。截至2017年11月，凭祥边境贸易货物物流中心、综保区二期产业配套、中越浦寨—新清跨境货物专用通道、跨境经济合作区供水一期工程、排水排污一期工程、路网工程、凭祥（铁路）口岸优化升级、中国边贸第一城、中国—东盟（凭祥）水果城、国门新城等一批项目先后入驻跨境经济合作区。

2007年，广西和越南相关省份签署备忘录，规划建立中国龙邦—越南茶岭跨境经济合作区，由中越双方各规划用地8平方千米。万生隆国际商贸物流中心是中国龙邦—越南茶岭跨境经济合

广西凭祥综合保税区是2008年12月19日经国务院批准设立的，是全国第一个在陆路边境线上设立的综合保税区（周军 摄）

作区中方园区核心项目。2017年2月，广西百色市与越南高平省签署了《中国广西百色市与越南高平省加快中国龙邦—越南茶岭跨境经济合作区试点项目建设的协议》。根据规划，这一合作区的核心功能区域遵照“功能呼应、有机衔接”的原则，共同形成五大功能，包括口岸综合服务、跨境商贸、跨境物流、进出口加工与跨境旅游。截至2017年10月，跨境经济合作区越方园区也已经同步建设，一期已建成联检大楼和部分冷库，同时引进10余家公司进驻园区参与无水港、农林海产品加工转运中心等项目的投资建设。

4. 中国·印度尼西亚经贸合作区

中国·印度尼西亚经贸合作区是中国商务部批准设立的19个境外经贸合作区之一，也是广西设在境外的第一个经贸合作区，现已初具规模。截至2017年8月，该合作区已引进中国西电集团、上汽通用五菱和世界五百强企业法国斯伦贝谢公司、世界最大乳制品出口企业新西兰恒天然公司等8个国家和地区的37家中外企业签约

落户一期园区，其中中资企业10家。入园企业项目投资总额超10亿美元，投资建设领域涉及变压器、汽车装配、印刷制版、仓储物流、农机组装、棕榈油加工等产业。中国·印度尼西亚经贸合作区建设为印度尼西亚当地就业、政府税收作出了积极贡献，一期项目投资建设获得初步经济社会效益，迄今已累计为当地提供3000个就业岗位，项目公司和入园企业已累计为当地缴纳各种税款达4000多万美元。

5. 文莱—广西经济走廊

文莱—广西经济走廊是文莱政府和广西壮族自治区人民政府共同智慧的结晶，也是推动“一带一路”和国际产能合作的实践创新。2014年，文莱政府与广西壮族自治区人民政府签署《文莱—广西经济走廊经贸合作谅解备忘录》，双方在农业、工业、物流、清真食品加工、医疗保健、生物医药、旅游等领域展开全面合作。2016年8月，双方举行联合工作委员会第一次会议，签署了一批合作项目协议，并确定了“一港一区、三基地、三贸易”首期建设格局，其中，“一港一区”是摩拉港和自由贸易区，“三基地”是海产品养殖加工基地、新能源汽车生产基地以及香料贸易加工基地，“三贸易”是海产品、医药和水牛奶贸易。2017年9月9日，文莱—广西经济走廊联合工作委员会第2次会议在南宁举行。经过3年多的建设，文莱—广西经济走廊已经成为中文两国地方合作最具影响力的载体和平台。

平台建起来了，企业唱主角。企业在提升广西开放发展的层次和水平中发挥了重要作用。广西柳工集团有限公司业务覆盖到50多个国家和地区，还在欧洲设立了研发中心。广西建工集团制造的糖机、钢结构和造纸设备除销往“一带一路”沿线国家外，还销售到美国、智利、玻利维亚和圭亚那等国。广西工商业联合会的调查显示，广西民企在海外投资遍及46个国家和地区，其中在“一带一路”沿线国家的项目数占比达83.6%。

（二）搭建文化交流合作培训平台，惠及双方专业技术人员

广西凭借优越的区位，成为多个中国—东盟文化交流合作培训平台的所在地，这些平台的搭建促使广西成为中国—东盟文化交流合作的前沿和桥梁，极大地提升了广西在中国—东盟文化交流合作中的地位和影响力，并惠及双方专业技术人员。2007年10月，中国—东盟妇女培训中心落户广西，举办了东盟与中日韩性别意识主流化培训班、越南妇女和少数民族干部培训班及老挝妇联干部培训考察团活动等，在更大范围和更深程度上推进了中国与东盟各国妇女的交流与培训；同年，中国—东盟法律培训基地落户广西，共为东盟各国培训司法官员近百人。2010年9月、11月，中国—东盟卫

生人才培训基地、中国—东盟文化交流培训中心相继落户广西，为东盟培训卫生医药人才和文化人才资源的开发与合作搭建了平台。2011年5月，中国—东盟教育培训中心落户广西，成为中国—东盟开展职业技术教育合作、培训专门人才的重要纽带，已在广西大学、广西民族大学、广西财经学院、广西艺术学院分别挂牌成立商务会展人才、汉语人才、金融与财税人才、艺术人才4个培训中心。2012年，中国—东盟农业培训中心、中国—东盟旅游人才教育培训基地在广西成立，并积极开展农业技术人才和旅游人才的培训，截至2012年底，已为越南、老挝、缅甸等国培训了杂交水稻、果树嫁接及现代农业专业技术人员约1000人，成功举办了7期东盟旅游人才培训班，培训东盟各国旅游专业人员数百人。

（三）教育合作日益深化，惠及双方莘莘学子

近十几年来，中国已与泰国、越南、马来西亚、菲律宾、印度尼西亚签订学历学位互认条例，与老挝、柬埔寨、新加坡等国签订教育合作协议。在此基础上，自2004年起，自治区人民政府组织高校每年在东盟国家举办广西教育展，推介广西高等教育。东盟国家也开始在广西举办东盟教育展。在教育展加深彼此了解的基础上，广西每年向东盟国家派出5000多名留学生，广西与东盟国家的留学生交流人数达到双向过万人。截至2017年，广西已经有28所高校获得招收外国留学生的资格，在校留学生总人数过万人，其中东盟国家的留学生占来广西留学的学生总数的80%以上，广西也已成为招收东盟国家留学生最多的省份之一。近几年来，我国设立国家政府奖学金、自治区人民政府设立广西政府东盟国家留学生奖学金，广西部分高校设立留学生学校奖学金，形成了国家、自治区

广西已成为东盟国家学生赴中国留学的热门省区。图为在广西留学的东盟各国留学生与同学在一起（陈峰　摄）

和高校三个层次的留学生奖学金布局，极大地促进了东盟国家留学生来广西学习的积极性。随着来广西的东盟国家留学生和派往东盟国家的广西留学生规模的逐渐扩大，广西高校在国内国外的知名度和影响力逐渐扩大。到2020年，广西有望建成面向东盟的教育国际交流与合作高地，建设成为中国最大的面向东盟国家的区域国际学生流动中心。

（四）文化交流日益密切，惠及更多民众

2017年，广西相继举办了中国—东盟博览会文化展和第6届中国—东盟音乐周。这是广西与东盟等“一带一路”沿线国家和地区文化交流合作的一个缩影。近年来，广西立足面向东盟的区位优势，以“南宁渠道”为载体，努力推动中华文化“走出去”，如今已形成“文化走亲东盟行”、“三月三文化丝路行”、“春天的旋律”

跨国春晚等系列品牌活动，扩大了中国与东盟各国的“朋友圈”。如“春天的旋律”跨国春晚是南宁市重点打造的对外宣传和文化交流品牌，从2007年起已先后举办11届，入选国家“丝绸之路影视桥”13个扶持项目之一，获得东盟各国政要、国内外主流媒体和广大观众的好评。

广西早在2011年4月就制定了《广西与东盟文化合作行动计划》，旨在通过打造文化外宣品牌，建立创新型交流载体，建设开拓性对外文化贸易品牌，扩大文化外交的成果，让广西成为中国—东盟进行文化交流合作的聚集区。同年5月30日，广西防城港市和中国电影家协会、中国电影基金会、北京国中商联投资管理服务有限公司签署合作备忘录，相关各方决定共同斥资1000亿元人民币，在防城港打造中国—东盟国际电影季和建设中国—东盟（防城港）国际影视文化产业园项目。

近年来，以中国—东盟博览会为代表的会展品牌、以南宁国际民歌艺术节为代表的节庆文化品牌、以《印象·刘三姐》为代表的刘三姐文化品牌、以《八桂大歌》为代表的广西民族歌舞品牌，在东盟国家社会各阶层产生广泛影响。山水实景演出模式开创了广西与东盟交流合作的新境界。广西与越南合作打造的下龙湾海上实景演出《越南越美》、与柬埔寨合作建设的吴哥窟实景演出《微笑的高棉》两个项目，已列入中国文化部对外文化贸易重点项目，并取得重要进展。

书籍出版合作日益深化。早在2007年，广西师范大学出版社即派团赴河内就合作开发面向越南中小学的越汉双语教材项目，与越南相关教育及出版机构进行沟通，正式启动该重大出版项目。同年，广西师范大学出版社和马来西亚智慧城有限公司共同出版的

《儒学四书精选漫画》，短短半年在马来西亚的发行量即达10万册。在期刊出口方面，接力出版社的《小聪仔》畅销新加坡、马来西亚，拥有众多的小读者。

2008年，广西电视台精心制作了《美在广西》《中国—东盟博览会印象》《歌舞广西》《寻找东盟金花》《魅力北部湾》《广西民族风情》《东盟电视记者看广西》等7部电视专题片，全面介绍广西的自然风光、民族文化、经济建设成就，介绍广西在泛北部湾区域经济合作中的战略地位和作用，介绍广西与东盟间的合作与交流情况等，并先后在东盟国家和韩国、日本、加拿大等国开展了“中国广西电视展播年”活动。2016年12月3日至10日，由南宁市政府和广西壮族自治区文化厅联合主办的2016年“文化走亲东盟行”活动走进新加坡、柬埔寨，其间举办了5场文化交流活动、4场戏剧交流展演、3场友好会谈，成为近年来广西非遗传统文化“走出去”规模较大、影响较广的一次交流活动。活动期间集中展示了粤剧《罗摩衍那》、南派粤剧《目连救母》、原创儿童舞剧《夜莺》等优秀剧目，以及壮绣、壮医、渡河公、壮女赛巧等广西非遗文化瑰宝，凸显文化亲缘，在当地掀起“中华文化风”。此外，广西已成立中国—东盟青少年培养基地文化艺术交流中心，设立中国—东盟文化交流培训中心并开展系列活动，中国—东盟象棋国际邀请赛、中国—东盟桥牌国际邀请赛等赛事亦频繁举办。

文化既是民族的，又是世界的。这些年来，广西推出了“一带一路”文化走东盟之“三月三文化丝路行”、“文化走亲东盟行”、“亲情中华”东盟行等活动，把广西的精彩“故事”以文化交流的形式呈现给大众。这说明，广西文化成果基于“一带一路”建设，得到了新的机遇和阳光。文化共享是促进文明的盛事。近年来，广西“一带一路”文化走东盟的盛事，表明广西在国际文化交流与合作上积极作为，并为促进国际人文交流发挥着重要作用，同时文化共享也加深了全世界对广西的印象。广西文化成果借助“一带一路”建设，通过文化输出、交流等共享形式，宣传推介广西的人文历史、旅游资源等，擦亮了广西对外的“窗口名片”。

第九章

“三大定位”再创辉煌

2015年全国两会期间，习近平总书记在参加广西代表团审议时，对广西的发展提出了三个方面要求：一是把握好“一带一路”建设的战略机遇，构筑沿海沿江沿边全方位对外开放平台；二是要把扶贫攻坚抓紧抓准抓到位，决不让一个少数民族、一个地区掉队，要坚决阻止贫困现象代际传递；三是一定要保护好桂林山水，保护好广西良好的生态环境。同时，习近平总书记还对广西发展作出了明确定位，即发挥广西与东盟国家陆海相邻的独特优势，加快北部湾经济区和珠江—西江经济带开放发展，构建面向东盟的国际大通道，打造西南中南地区开放发展新的战略支点，形成21世纪海上丝绸之路与丝绸之路经济带有机衔接的重要门户。以习近平同志为核心的党中央从全局战略高度赋予广西“三大定位”新使命，切中广西发展要害，是5600多万壮乡人民求富变美实现全面建成小康社会的总指针。

一、构建面向东盟的国际大通道

广西加快构建面向东盟的国际大通道，是切实履行国家赋予广西新定位新要求新使命的重要举措，是参与“一带一路”建设的具体行动，更是广西实施开放带动战略和基础设施建设攻坚战的主要措施。地理位置上，广西与东盟山海相连，位居中国—东盟自由贸易区的地理中心，具有连接国内大市场与东盟大市场的天然优势。自1991年，中国与东盟开始对话进程。1992年，党中央提出“要充分发挥广西作为西南地区出海通道的作用”，这是“构建面向东盟的国际大通道”的雏形构想。2008年《广西北部湾经济区发展规划》获国家批准实施，其中的战略意义就包括了要“增强西南出海大通道功能”。2013年，国内宏观经济迈入又一个结构性调整时期，消费升级引领新需求和结构性产能过程并存，在扩大对外开放领域则集中表现为“一带一路”的提出，并将东盟作为我国南向建设21世纪海上丝绸之路的重要区域，广西作为西南地区的出海大通道将升级为囊括政策沟通、设施联通、贸易畅通、资金融通、民心相通的国际大通道。2014年7月，《珠江—西江经济带发展规划》上升为国家战略；2015年2月，《左右江革命老区振兴规划（2005—2025年）》上升为国家战略。加上此前实施的《广西北部湾经济区发展规划》，广西有效实现了国家发展战略规划在八桂大地上的全覆盖。2016年，广西先后印发了《中共广西壮族自治区委员会　广西壮族自治区人民政府关于实施开放带动战略全面提升开放发展水平的决定》（桂发〔2016〕13号）及《广西壮族自治区人民政府关于印发广西构建面向东盟国际大通道实施方案的通知》（桂政发〔2016〕25号）等相关文件，全面履行国家赋予广西“三大定位”的新使命以及贯彻落实国家关于周边基础设施互联互通的战略部署。从构建面向东盟的国际大通道看，广西是中国面向东盟开放合作的前沿和窗口。经过多年努力，广西与东盟的互联互通建设取得重大进展。截至2016年5月，广西毗邻东盟的主要边境城市均已通达高速公路，广西北部湾港开通了15条直航东盟国家港口的集装箱班轮航线，港口吞吐能力超过2亿吨，南宁、桂林机场已开通与东盟9个国家的23条航班航线。在中央政府的支持下，广西与东盟投资贸易合作步伐不断加快，形成了与东盟有关国家共建经贸合作区、“两国双园”和中国—东盟信息港的机制。

（一）陆路通道：国际枢纽地位凸显

公路方面。随着南宁至凭祥、防城至东兴两条高速公路的建成通车，广西面向东盟、“出省通边”的交通网络基本建成。广西通往云南、贵州、湖南、广东等省以及东盟国家越南的6条高速公路全部打通，中越两国公务车与客货车实现了不换牌照互通直达。同时，广西还快马加鞭完善路网结构：通往龙邦口岸、水口口岸的高速公路在加紧建设，南宁至河内高速公路有望5年内全线建成。广西5个一类公路口岸均已连通二级以上公路，通往越南及大湄公河次区域国家的国际公路通道接点达到12个。东兴、凭祥、友谊关3个主要口岸通有高速公路。由南宁辐射出两条高速公路连接友谊关、东兴口岸：其中322国道和南友高速公路贯穿凭祥市区，经友谊关口岸连接越南1号公路；兰海高速重要组成部分防城港—东兴高速公路由钦防高速延伸，经东兴口岸对接越南芒街—海防—河内高速公路。同时凭祥市区建设有通往浦寨、弄怀边贸点的高速公路辅道及通往平而、叫隘边民互市点的二级公路。东兴国家重点开发开放试验区作为中国—越南的海陆交会点，区内与越南芒街有快速通道连接。此外，靖西至龙邦高速公路已经于2015年9月开工建设，预计2018年10月建成通车；崇左至水口高速公路也已全面开工建设，2017年8月，承建此路段的中交一公局已经进场施工。2017年9月11日，中越友谊关—友谊国际口岸货运专用通道建成通车，此货运通道是广西与越南陆路互联互通的重要纽带，由广西凭祥市与越南高禄县共同开工建设。

铁路方面。凭祥铁路口岸是湘桂铁路的终点站，并与越南北部铁路相连接。站区内设立40股道标准轨，中国的标准轨直接铺至越南首都河内。为方便联运，口岸路段同时铺有可通行越南火车的1000毫米窄轨，窄轨铺轨总长13.2千米，站线铺轨21.61千米，构成了特殊的“三轨式”铁路，这样，中越两国客货运机车均可通行，进出口货物可省略在口岸换装的过程，整车联运货物实现原车过境，缩短了过境时间并且节省相应的物流成本，包括装卸、耗损等成本。有莫斯科—北京—凭祥—同登—河内的国际联运铁路线和南宁—凭祥—河内嘉林国际特快线路通过凭祥进入越南境内。莫斯科—北京—凭祥—同登—河内国际联运线路于1996年2月12日正式恢复，北京至河内列车每周二、周六开两对，成为广西与越南乃至中国与越南跨境货物物流的主要通道。南宁—凭祥—河内嘉林国际特快线路于2009年1月1日开通，为客运专线，自开通以来运营良好。另外，广西通往贵州、湖南、广东的高速铁路已经建成通车，南宁开通至越南河内的国际列车，广西衔接“一带一路”的南北陆路大通道基本形成。云桂高铁于2016年12月28日全线开通，南宁至凭祥高速铁路于2017年开工建设。

桥梁方面。广西积极推进中越界桥建设。中越北仑河二桥位于北仑河大桥下游约3000米处，主桥全长467米，其中中方桥长312.5米，越方桥长154.5米，跨越中越界河北仑河，全线按一级公

图为中越北仑河二桥（卢伊琳　摄）

路标准建设，设计时速为60千米，桥面总宽27.7米，桥面行车道按4车道+2辅助车道布置。项目于2014年4月1日开工建设，2016年7月实现主桥拱合龙，10月实现桥面合龙，12月25日中方部分通过竣工验收。2017年9月13日举行建成仪式。该项目是促进中越互联互通的一项重要工程，对进一步改善东兴—芒街口岸过境交通条件，带动两国贸易繁荣，提升跨境物流发展具有十分重要的意义。中越水口—驮隆二桥建设项目动工。水口至驮隆中越界河公路二桥工程（中方）于2017年5月开工建设，建设工期为2年。中越峒中—横模大桥于2016年9月3日正式施工建设。

在陆路互联互通水平不断提升的背景下，广西国际大通道的枢纽地位日益凸显。一是跨境物流运输道路不断增多。2012年2月，中越两国对《中越汽车运输协定》进行修订和补充，新的汽车运输协定生效实施，从制度上解决了长期以来中越运输车辆只能在边境口岸货场接驳和换装转运的问题，实现了双方客货运车辆直接驶入对方腹地的点对点直达运输，降低了物流运输成本，提高了物流运输的效率。经过双边有关部门磋商和规划，广西—越南跨境物流通

道不断开拓，直通线路覆盖的腹地城市越来越多，已开通有14条点对点国际客货直达运输线路。跨境物流运输道路的开拓为跨境物流的发展提供了重要保障，也极大地促进了跨境物流量的增多。如凭祥综合保税区内开通的保税区—越南谅山—越南海防、保税区—越南河内—越南胡志明市、保税区—越南谅山—老挝沙湾拿吉—泰国曼谷三大国际黄金物流线路极大地促进了广西跨境物流的发展。二是广西陆路边境口岸货运量和进出口贸易额基本实现稳定增长。总体来看，边境口岸的各项流量数据呈现波动增长的态势，受双边政治、经济等相关因素的影响，给中越边境人员、货物的流通带来些不确定因素，引起各流量一定的波动。广西对越边境口岸出入境车辆总数逐年增长，由2009年的8.09万辆增长至2015年的42.03万辆，增长了4倍多；进出口货运量在波动中增长，2009—2011年，广西对越南边境口岸货物物流量保持较良好的增长态势，由171.06万吨增至247.67万吨，但2012年有所波动，降至219.42万吨，随后又恢复增长，2015年，广西边境口岸进出口货运量357.11万吨，同比增长11.9%。

（二）海运航线：出海大通道日益畅通

广西通过实施“双核驱动”战略、西江经济带基础设施建设大会战以及北部湾港口加快开发建设等一系列措施，不断加快海运航线的通航通运能力，出海大通道日益畅通。广西北部湾港由钦州港、防城港、北海港三大天然良港组成，具有大型、深水、专业化码头群形成的规模优势，资源丰富、区位独特。在此基础上，近年来，广西北部湾港先后建成防城港20万吨级码头及进港航道、钦州港30万吨级油码头、北海铁山港1—4号泊位等一批标志性工程，以及根据《北部湾城市群发展规划》积极打造中国—东盟港口城市合作网络，使港口基础设施和吞吐能力都迈上了新台阶。截至2017年，广西北部湾港已经建成生产性泊位256个，万吨级以上泊位83个。2016年，在航运业持续低迷、全国规模以上港口增速趋缓的情况下，广西北部湾港吞吐量稳步增长，三港区累计完成吞吐量1.396亿吨，同比增长9.02%。截至2016年底，广西港口吞吐能力达到3.5235亿吨。其中，沿海港口吞吐能力达到2.4273亿吨，集装箱通过能力达到423万标准箱，分别为2011年的1.78倍、1.92倍；内河港口吞吐能力达到1.0962亿吨，为2011年的1.82倍，实现了西江亿吨黄金水道建设目标。2012—2016年，广西港口累计完成货物吞吐量15.09亿吨。其中，2016年完成港口货物吞吐量3.21亿吨，是2011年的1.37倍；广西北部湾港、内河港口货物吞吐量分别为2.04亿吨、1.17亿吨，分别是2011年的1.33倍、1.46倍，水运服务能力明显提升。

同时，随着广西加快推进北部湾经济区开放开发，广西北部湾沿海港口一体化改革取得突破性进展。2015年10月22日，广西壮族自治区北部湾港口管理局成立，并于2016年完成了防城港、钦州和北海三市港口管理体制改革的上收工作，也标志着广西北部湾港口行政管理资源整合工作全面完成，真正意义上实现“四统一”管理模式。同时，还建立和出台了一批沿海港口管理规章制度，港口管理法制化、规范化和服务水平不断提高；深化港口基础设施建设管理体制改革，港口公益性与经营性设施实行分类管理，港口公益性设施建设和管理的新机制基本形成。港口一体化改革铺开后，开放合作明显加强，“1＋1＋1>3”的效果逐步显现。广西北部湾港已与世界100多个国家和地区的200多个港口通航，与东盟地区的文莱、印度尼西亚、马来西亚等7个国家建立了海上运输往来，海运网络覆盖全球，成为我国与东盟地区海上互联互通、开放合作的前沿。截至2017年6月，广西北部湾港已开通内外贸航线39条，其中外贸航线24条，绝大多数面向东盟国家。中国—东盟港口城市合作网络作为海上互联互通重点项目被纳入首批中国—东盟海上合作基金项目，也是广西唯一被纳入中国—东盟海上合作基金的项目，现已成为中国—东盟海洋合作的新平台。

沿海水运网络建设方面，由北海、钦州、防城港组成的港口群已经颇具规模，港口设施完善。具备通航30万吨级、20万吨级、10万吨级航道，通航能力超过1亿吨。港口装卸能力强，各种装卸设备齐全。同时，港口集疏运系统完善，已经建成从广西沿海港口通往东盟、华南、中南及西南经济区的集疏运通道。依托逐渐发展起来的航运能力，临港产业蓬勃发展，为航海运输提供了充足的货源保障。已经形成大型石化、钢铁、能源、修造船、造纸、冶金、重型机械、粮油加工、海产品加工、建材等临港强势产业集群，年提供近亿吨的运输货源。保税港区、物流园区的建设也形成一定规模。在沿海港口开通了连接国内、国际主要港口的航线，与东盟各国的主要港口之间相互贸易往来成为常态。

（三）空中网络：航空中转枢纽逐步形成

近年来，广西至东盟的空中通道建设成效也很显著。通过不断深化与东盟国家的航空合作，积极开辟新航线，打造空中互联互通，广西空港航运体系日益完善。截至2017年底，广西已形成以南宁、桂林两大干线机场为骨干，柳州、北海机场为辅助，其他支线机场为补充，层次清晰，功能合理的民航机场体系，成为“一带一路”的重要空中节点。南宁机场已成为面向东盟的门户枢纽机场和有竞争力的航空货运枢纽，桂林机场成为国内重要旅游机场和西南地区旅游枢纽机场，北海、百色、河池等机场成为优秀旅游支线机场，柳州、梧州等机场成为承接客货分流的重要中转支线机场。广西机场共飞行客运航线264条，通航点105个。国际航线实现了非洲航线零突破，实现了东盟国家航线全覆盖，南宁开通与东盟9个国家的23条航班航线，在全国仅次于广州、上海、北京、昆明，排名第5位；地区航线实现港澳台航线全直通；国内航线实现全国所有直辖市、省会城市、副省级城市、重要旅游城市通；区内基本实现支线航班通。

货运航线方面，通过与中国货运航、中国邮航、顺丰速运等公司合作，2011年起相继开通上海—南宁—达卡、南宁—香港、南宁—南昌—南京、南宁—福州、南宁—深圳全货机航线；引进两家国内物流知名企业在南宁建立航空物流分拨中心，对促进广西面向东盟的多式联运综合立体物流体系建设发挥良好的积极作用。2011

年10月20日，由广西机场管理集团牵头统筹规划的南宁首条国际航空货运航线——南宁至孟加拉达卡国际货运包机航线顺利开通。2014年，南宁—深圳货运包机航线开通。2017年，南宁—香港货运航空包机开通。广西正在加快推进开通广西至越南胡志明、新加坡等的货运航线，充分发挥面向东盟的国际航运大通道应有的作用，同时也加快将广西建设成为国际性、区域性物流转运中心。

（四）信息通道：“信息高速公路”加速建成

作为中国—东盟交流合作的前沿和窗口，广西以中国—东盟“信息高速公路”为平台，大力推进中国—东盟信息港建设。一个连接中国与东盟之间的“信息丝绸之路”呼之欲出。

2014年，在首届中国—东盟网络空间论坛上，中国与缅甸、印度尼西亚、马来西亚等东盟十国达成共建中国—东盟信息港的倡议。随后中国—东盟信息港论坛成为双方建设“信息丝绸之路”的重要平台。中国—东盟信息港是中国与东盟十国共建、以广西为核心、面向东盟、服务西南中南的国际通信网络体系和信息枢纽，是构建中国—东盟命运共同体的标志性工程，是广西发挥自身优势，发展新一代信息技术的标志性工程。中国—东盟信息港依托广西，与东盟共同建设基础设施、信息共享、技术合作、投资经贸服务、人文交流等五大平台，全方位服务海上丝绸之路“五通”（政策沟通、设施联通、贸易畅通、资金融通、民心相通）建设。

2016年4月，中国国务院批准《中国—东盟信息港建设方案》。中国—东盟信息港南宁核心基地划分为“一核五区多园”的空间布局。截至2017年2月，落地南宁的重大项目有64个，总投资规模459亿元人民币。广西突出重点，引进一批龙头企业，打造具有广西特色的大数据、物联网产业。广西正大力推进北斗导航、大数据、电子商务、互联网金融、智慧城市等新一代信息技术重点产业，加速形成以广西为支点，面向东盟、服务西南中南的通信网络体系和信息枢纽，建成中国—东盟“信息丝绸之路”。南宁市大力推进信息化基础设施建设，加快建设“智慧南宁”，构建一体化的中国—东盟信息枢纽服务体系。中国联通在五象新区建设总投资达50亿元人民币的信息交流中心暨联通南宁总部项目，建设内容包括南宁区域性国际通信业务出入口、南宁国际直达数据专用通道、西南区域IDC（互联网数据中心）及云计算中心、南宁国际综合通信枢纽、中国—东盟信息交流中心等。南宁加快推进中国—东盟信息港南宁核心基地项目建设，重点发展面向东盟市场的跨境电商、网络设备、智能终端、网络动漫等产业，已筛选34个项目作为核心基地的重点项目，总投资约209亿元。南宁市跨境贸易电子商务综合服务平台已上线运行，实现与西班牙、俄罗斯、美国、加拿大等34个国家出口业务。中国—东盟信息交流中心一期工程竣工，中国—东盟信息港展示中心建成开放，广西电子政务外网云计算中心主体完工，中国—东盟传统医药信息交流平台、中国—东盟网络视听产业基地等项目建设加快推进。富士康科技集团南宁科技园、斐讯通信南宁产业基地、南宁禾田信息港、研祥集团东南亚总部集群四个重点项目进展顺利；中国移动广西公司新型绿色数据中心、中国电信五象新区国际性通信枢纽等项目完成选址，中国—东盟电子商务产业园、地理信息小镇前期工作正在推进。

近年来，中国和东盟的经济发展显示出巨大活力，双边信息化发展基础持续增强。互联网正在成为继陆路、海运、航空之外，另一条连接中国与东盟的“丝绸之路”。乘着“一带一路”的东风，顺着“互联网+”的浪潮，中国—东盟双边信息化领域合作之路将越走越顺，中国—东盟“信息丝绸之路”建设将蓬勃展开。

二、打造西南中南地区开放发展新的战略支点

广西是中西部地区唯一有沿海大港的省份，扩大向西向南开放，以开放促发展，打造我国西南和中南部新的战略支点，更有力地辐射、带动腹地发展，促进结构优化，提高增长的质量和效益，这是党中央、国务院对广西经济社会发展的重要定位，是广西立足当前、着眼长远，推动经济社会更好更快发展的重要目标，也是广西全面深化改革、扩大开放，加快全面建成小康社会的重要任务。

（一）开放北部湾：培育经济区增长极

广西北部湾经济区自成立以来，现代产业体系、综合交通运输网络主骨架基本形成，产业集聚效应开始显现，经济实现快速增长。2017年北部湾经济区的南宁、北海、防城港、钦州等4个核心城市地区生产总值7305亿元左右，约占广西36.5%，十年间年均增速约11.7%，与2008年相比增长了约2.4倍，逐步形成支撑中南西南地区开放开发的战略支点。近年来，北部湾经济区在国家的大力支持下，形成了以电子信息、石油化工、冶金、新材料、粮油食品等为主的现代临海工业体系，培育打造了一批特色产业园区，包括以石化产业为主导的钦州石化产业园、以电子信息产业为主导的北海工业园、以高新技术为主导的南宁高新区等；北部湾经济区出海

出省出边大通道加速构建，高速公路通车里程超过1900公里，占广西近40%；高铁实现了公交化运行，连接北部湾经济区四市、通往粤湘黔滇的高速铁路建成通车，经济区连接多区域大通道基本建成，形成了北部湾经济区“1小时经济圈”、区内主要城市“2小时经济圈”；南宁机场的旅客吞吐量近1400万人次，开通100多条国内外航线。

作为西南出海大通道，不断扩大的港口吞吐量和高效的物流是广西北部湾经济区支持西南中南地区扩大对外贸易的基础，经济区内的北部湾港自2007年整合发展以来，已成为中国西部规模最大的沿海大港。截至2017年底，北部湾港建成生产性泊位263个，其中万吨级以上泊位86个，最大靠泊能力为20万吨，设计年吞吐能力近2.5亿吨，北部湾港至香港集装箱班轮航线实现“天天班”，“北部湾港—新加坡/印度/中东”远洋航线正式开通，与世界100多个国家和地区的200多个港口通航。北部湾港口货物吞吐量从2008年的8090万吨增至2017年的2.19亿吨，集装箱吞吐量保持高速增长，由2008年的33万标准箱达到2017年的228万标准箱。

此外，政府不断推进的投融资创新和金融体制改革也为北部湾经济区发展带来了勃勃生机。2012年，国家发展改革委批复设立北部湾产业投资基金及北部湾产业投资管理机构，还在北部湾经济区开展跨境贸易人民币结算试点，促进了东兴、凭祥等口岸边境贸易长足发展。2013年，国家批准《云南省广西壮族自治区建设沿边金融综合改革试验区总体方案》，重点推进中越跨境人民币业务创新、健全跨境金融合作交流机制、完善金融组织体系、培育发展资本市场。

沿海、沿江、沿边，独具优势的广西开始担负起历史赋予的重

繁忙的西江（林仲权　摄）

大使命。从构图到着墨，从提笔到点睛，勤劳勇敢的广西人民正以创造性的思路和真抓实干的精神，绘就西南沿海改革发展的新蓝图。2006年3月，北部湾经济区从设想变成了一个有组织领导、有统筹协调、有统一规划的经济区域。10多年来，广西不断创新北部湾经济区开放开发体制机制，全力提升区域综合实力和核心竞争力，经济区地区生产总值增长3.1倍，财政收入增长4.5倍，进出口总额增长8倍。北部湾经济区，从风生水起之势一步步迈入千帆竞发、龙腾虎跃之时，创建了一批具有国际国内影响力的开放合作机制和平台，已成为中国与东盟交流合作最活跃、平台机制最完善、发展潜力最大的广西对外开放合作的龙头。千里西江，素有“黄金水道”之称，自古以来都是我国西南出海水路大通道，运输能力仅次于长江。继广西北部湾经济区开放开发之后，打造西江亿吨黄金水道，建设西江经济带，逐渐成为推动广西科学发展、和谐发展、跨越发展的主要内动力。几年来，西江经济带建设凸显出喜人的黄金效益。广西内河港口吞吐量、货运量双双突破亿吨，西江亿吨黄金水道建设取得阶段性成果。西江沿江七市很快崛起了珠链式的

50多个工业园区，形成了西江经济带的基本格局。如今，广西的“双核”都已上升为国家战略，江海联动“双引擎”，为广西稳增长发挥了关键作用。与此同时，作为全国8个边境省区之一，近年来，广西加快推进边境口岸对外开放，加大口岸基础及配套设施建设，大力发展通关便捷、经济繁荣的沿边口岸经济带。到2016年，广西已成为东盟国家水果进入中国内地的最大通道。2015年广西边境贸易领跑全国边境省区，进出口达226.7亿美元，同比增长17.2%，边境小额贸易进出口额、边民互市贸易进出口额两项指标在全国各沿边省区均排第1位。

（二）连通西南中南：打造陆路东线“双高”通道

2006—2016年的中国—东盟战略合作“黄金十年”，广西承担了“两区一带”面向东盟开放合作的前沿角色与功能。广西以南宁为枢纽，重点建设南宁至贵阳、重庆、成都、西安、兰州、乌鲁木齐等国内城市，连接丝绸之路经济带的北上通道；南宁至越南、老挝、柬埔寨、泰国、马来西亚、新加坡等中南半岛国家，连接海上丝绸之路的南下通道。特别是加强了广西与越南重要路网口岸的对接，畅通瓶颈路段，从而推动形成衔接“一带一路”的南北陆路新通道。广西工业重镇柳州，加快成为拓展渝新欧国际班列延伸的重要节点，有效推动形成衔接丝绸之路经济带与珠江—西江经济带和港澳地区的粤桂渝新欧国际大通道。同时，以南宁、桂林机场为载体，加密东盟航线航班，争取中国西南中南重要城市起飞的飞机，经停南宁、桂林机场，中转东盟国家，构建便捷顺畅的中国—东盟空中走廊。南宁至呼和浩特高铁也将加快规划建设，“北上第二通道”指日可待。

进入2016年以来，按照国家层面的新战略定位，在未来的“钻石十年”中，广西要建设成为西南中南地区开放发展新的战略支点，需要承担服务我国更多省级行政区域参与推动中国—东盟合作的责任。按照中国现有区域经济发展的梯度序列，东部经济开放发展的目的在于实现“跨越”，中部经济开放发展的目的在于“崛起”，西部经济开放发展的目的则是“开发”。为此，广西加快构建支撑“两角一线”的战略支点，即构建支撑“南海三角（广州—港澳—南宁）”面向东盟开放合作的“跨越支点”，构建支撑“中南一线（武汉—长沙—南宁）”面向东盟开放合作的“崛起支点”，构建支撑“西南三角（昆明—贵阳—南宁）”面向东盟开放合作的“开发支点”。中国—东盟互联互通的陆路主干道有两条，一是西线，主要经云南、缅甸直达孟加拉湾；二是东线，经广西贯通越南全境直抵泰国湾。在中国—东盟合作的“黄金十年”中，东线的地位和作用总体重于西线，这对于广西在中国—东盟开放合作格局中不可取代的前沿地位具有关键性的意义。而随着中国—东盟互联互通的泛亚铁路建设推进，广西将致力于实现陆路东盟东线的“双高”互联互通，积极与越南谈判协商，完成广西高速公路与越南南北全境高速公路的互联互通；向越南积极推广中国高铁，完成广西高速铁路与越南南北全境高速铁路的互联互通。

2017年，国际陆海贸易新通道试运行班列开通，班列从重庆出发，运行近48小时，顺利抵达广西钦州港东站。在港口完成通关手续后，货物下水出海，前往新加坡。至此，国际陆海贸易新通道试运行班列成功完成上下对开，标志着国际陆海贸易新通道实现双向贯通。通过国际陆海贸易新通道，货物从重庆到北部湾，再由海运到达东南亚及全球，较之江海联运模式，可缩短20天以上的

2017年9月28日，国际陆海贸易新通道海铁联运常态化班列（北部湾港—重庆）首发（黄克 摄）

运输时间。国际陆海贸易新通道，向北连接丝绸之路经济带，向南连接21世纪海上丝绸之路和中南半岛，形成广西在“一带一路”中经西部地区的完整环线和陆海贸易新通道。

（三）对接粤港澳：打造珠江—西江区域合作新高地

粤港澳是我国最具经济活力的区域之一，广西与粤港澳地缘相近、人缘相亲，经贸人文往来源远流长。为了全面深化改革、扩大开放，广西主动融入粤港澳大湾区，实现广西北部湾经济区与粤港澳大湾区的联动发展。近年来，广西着力推动高层来往，开展“美丽广西港澳行”等活动，经贸合作取得丰硕成果。截至2015年7月，香港在广西投资设立的各类企业累计达6625家，合同外资金额215亿美元，实际到位资金126亿美元，分别占广西利用外资总额的63.1%、55.6%和49.7%，是广西最大的外资来源地。广东对广西累计投资到位资金超过1万亿元，广西累计实际利用港澳台资金超过100亿美元。在广西投资的粤港澳企业为广西经济社会发展提供了资金、技术和国际化的管理经验，蓬勃发展的广西也为粤港澳企业提供了巨大商机和创业舞台。实践证明，广西与粤港澳的合作优势互补、互利共赢，前景非常广阔。广西作为面向东盟开放合作的前沿和窗口，可以成为粤港澳与东盟之间的双向跳板和平台。东盟与我国的贸易额在十年之内翻了6倍，现已超过4000亿美元。“一带一路”建设加快推进，对粤港澳的开放发展也是一个重要机遇。广西与粤港澳应发挥各自优势，用好自由贸易区的关税优惠和贸易自由化、投资便利化政策，共同开拓东盟这一新兴大市场。广西将依托粤桂合作特别试验区建设，积极主动对接先进生产力，扩大粤港澳的开放合作，畅通人流、物流、资金流、信息流，加快一体化发展。对接粤港澳大湾区，首先要在交通上提升与广东开放合作和互联互通水平。铁路方面，桂粤共同推动柳州至广州铁路、柳州至韶关铁路、深圳至茂名铁路、广州至湛江高铁纳入国家《中长期铁路网规划》，完善桂粤之间的铁路网络。高速公路方面，广佛肇高速肇庆大旺至封开段、江门至罗定高速公路已建成通车，此外还有多条新建高速公路在施工中。

广西通过加速基础设施建设，持续推进珠江—西江经济带建设，不断丰富产业协同发展内涵。推进广西大藤峡水利枢纽工程、珠江三角洲水资源配置工程、广东西江干流治理工程等重点水利工程建设，已累计安排广西大藤峡水利枢纽工程广东公益性投资6.15亿元资金，经济带建设和水路整治初见成效。作为广西加快发展的核心增长极，北部湾经济区与港澳一衣带水，成为广西向东开放对接粤港澳大湾区的重点前沿地区。未来广西将继续深化与粤港澳合作，组织建设好广西CEPA（即《关于建立更紧密经贸关系的安排》的英文简称）先行先试示范基地。随着湛江—北海粤桂北部湾经济合作区及相关码头港口建设加快推进，广西与广东基础设施的互联互通水平全面提升，将促进北部湾经济区更好更快地融入粤港澳大湾区建设。

《珠江—西江经济带发展规划》实施以来，西江经济带快速发展，为地区的产业布局提供强劲动力。西江经济带工业总产值从2014年的13919亿元增加到2016年的17397亿元，产业结构得到优化，高耗能企业和传统工业企业转型升级加速。

其中，粤桂合作特别试验区作为珠江—西江经济带的重要组成部分，也是中国唯一横跨东西部省际流域合作试验区，2014年10月由粤桂两省区开发建设以来，历经3年多发展，入园重点企业已达到328家，其中广西片区269家。试验区在2017年完成工业总产值205.1亿元，同比增长15.8%；完成固定资产投资100.3亿元，同比增长33%；完成招商引资到位资金93.13亿元，同比增长33.7%。此外，试验区还先后与广东自由贸易区横琴新区、南沙片区等10余个先进园区建立了战略合作关系。同时，广西积极联合广东、湖南、贵州、云南等4个省共同建立珠江—西江经济带建设联席会议制度和珠江水运发展高层协调会机制，定期召开会议共同研究推动珠江—西江经济带建设和珠江水运发展事宜。

依照“双核驱动、三区统筹”总体战略布局，广西将加速建设珠江—西江黄金水道，与广东共同举办珠江—西江经济带建设项目联合招商推介会，引导各类企业、行业协会、商会参与经济带投资合作。未来广西将以珠江—西江经济带为腹地，积极向东与广东深化开放合作，对接粤港澳大湾区以推动广西的产业升级和经济发展，以珠江—西江经济带为重点融入泛珠区域的整体规划。广西将以南宁核心城市为支撑，以北海、防城港、钦州、玉林、崇左为重要节点，构建“一湾双轴、一核两极”的北部湾城市群框架，促进同城化发展，辐射带动沿海沿边城镇，强化陆海空间管控，建设宜居城市和蓝色海湾城市群。

三、形成“一带一路”有机衔接的重要门户

借助区位优势和“一带一路”建设的东风，2016年广西与“一带一路”沿线国家外贸进出口额增长42.2%。为更好发挥有机衔接“一带一路”的重要门户作用，广西将坚持“两条腿走路”：一条是海路，着力建设北部湾区域性国际航运中心、区域性国际商贸物流金融合作中心、港口城市合作网络，畅通与海上丝绸之路沿线国家贸易往来。另一条是陆路，为构建中国—中南半岛经济走廊提供交通支撑，将海上丝绸之路与陆上丝绸之路连接起来。《推动共建丝绸之路经济带和21世纪海上丝绸之路的愿景与行动》指出，“发挥广西与东盟国家陆海相邻的独特优势，加快北部湾经济区和珠江—西江经济带开放发展，构建面向东盟区域的国际通道，打造西南中南地区开放发展新的战略支点，形成21世纪海上丝绸之路与丝绸之路经济带有机衔接的重要门户”。此外，2015年全国两会期间，习近平总书记参加广西代表团审议时强调，“随着国家推进‘一带一路’建设，广西在国家对外开放大格局中的地位更加凸显”，“要加快形成面向国内国际的开放合作新格局，把转方式调结构摆到更加重要的位置，做好对外开放这篇大文章”，“实行更加

积极主动的开放战略，构建更有活力的开放型经济体系，扩大和深化同东盟的开放合作，构筑沿海沿江沿边全方位对外开放平台”。2016年6月，在广西开放发展大会暨招商引资工作会议上，自治区党委、政府提出构建“四维四沿”开放合作新格局：向南开放，深化同以东盟为重点的“一带一路”沿线国家合作；向东开放，提升对粤港澳台开放合作水平；向西向北开放，增强服务西南中南地区开放发展功能；向发达国家开放，对接欧美日韩等经济体先进生产力。对外开放形成“四维支撑”。扩大沿海开放，打造北部湾经济区开放发展升级版；扩大沿边开放，构筑边疆民族地区开放发展新高地；扩大沿江开放，形成珠江—西江经济带开放发展新优势；扩大沿线开放，释放高速铁路、高速公路沿线开放发展新活力。对内开放形成“四沿联动”。

（一）合作平台建设成效显著

在“一带一路”框架之下，广西制定了参与大湄公河次区域规划，落实了泛北部湾经济合作路线图有关共识，加快了中越“两廊一圈”的建设步伐，稳步推进中国南宁—新加坡经济走廊建设并形成“南宁共识”，加快建立了中国—东盟港口城市合作网络机制。

一是以“一廊两港”构建三大国际通道。

“一廊”即中国—中南半岛经济走廊。以南北陆路国际新通道及南宁至新加坡、南宁至兰州，以及粤港澳通过广西连通中南半岛的综合运输通道为骨干支撑，加快构建中国连接中南半岛的高速公路网、铁路网等。依托通道的节点城市，共建合作园区、跨境经济合作区等，将交通走廊打造成为经济走廊。广西正在加快跨国、跨省连通周边的铁路、高速公路建设，形成连通越南的“三高两铁三

图为防城—东兴茅江岭高速公路（周军 摄）

桥”，连通云南的“三铁三高速”，连通贵州的“四铁四高速”，连通湖南的“五铁五高速”，连通广东的“八铁九高速”这样一个陆路交通网络，打造中国连通中南半岛最便捷的陆路国际大通道。至2017年底，广西已经建成高速公路总里程5000多公里，开通国际道路运输线路14条，正与新加坡、中国重庆等联手推动国际陆海贸易新通道，并与渝新欧通道相衔接，形成“一带一路”经中国西部地区的完整闭环。

“两港”之一是中国—东盟港口城市合作网络。这个合作网络经中国外交部、交通运输部批准，以北部湾港为基地，加快与东盟国家47个港口城市的合作，推动中国与东盟各港口城市之间形成航运物流圈、港口合作圈、临港产业圈、旅游合作圈、友好城市合作圈，促进海上的互联互通。“两港”之二是中国—东盟信息港。

2015年，经中国中央政府批准，并与东盟国家协商，正式启动了中国—东盟信息港建设，以深化网络互联、信息互通为基本内容，构建基础设施、技术合作、经贸服务、信息共享、人文交流这五大平台，形成以南宁为核心基地，面向东盟、服务西南中南的国际通信网络体系和信息服务枢纽，发展互联网经济，与东盟国家携手共筑“信息丝绸之路”。

二是以“两会两基地”打造多领域交流渠道。

截至2018年初，中国—东盟博览会和中国—东盟商务与投资峰会已成功举办14届，共有近百位中国和东盟国家领导人，2000多位部长级贵宾出席。展会围绕降税、贸易便利化、投资自由化、扩大服务贸易原产地规则等传导中国—东盟自由贸易区为企业带来的商机，形成了公认的中国—东盟合作的“南宁渠道”。

“两基地”之一是要素资源配置基地。广西依托沿边金融综合改革试验区、中国—东盟技术转移中心、中国—东盟商品交易中心等平台，促进“一带一路”资本、技术、人才、信息等要素自由有序流动和高效配置。2016年底，广西跨境人民币累计结算总量超过7000亿元，连续7年保持中国西部和边境省区第一。东兴国家重点开发开放试验区获批开展人民币与越南盾的特许兑换业务试点，建成我国第一个人民币与越南盾虚拟银行间的交易平台。中国—东盟技术转移中心也已经与泰国、柬埔寨、缅甸、老挝、印度尼西亚等国建成了双边技术转移中心，这一协作网络的成员已经超过了2000家。“两基地”之二是人文交流基地。广西积极发挥与东盟地缘相近、人缘相亲、往来频繁的独特优势。在教育方面，东盟在广西的留学生超过1万人，占整个东盟在中国留学生的五分之一。建成9个面向东盟的国家级人才培训基地，正在推进中国—东盟联合大学等跨国合作办学。在医疗卫生方面，开通建设中国—东盟医疗保健合作中心，已经建成中国—东盟传统医药交流合作中心。在文化方面，广西电视台与东盟多国联合译制10多部影视剧，并在当地播出，广西电台北部湾之声在东盟六国设立工作站，播出上万小时，举办中国—东盟戏剧周等文化活动，形成了中国—东盟文化产业论坛、南宁国际民歌艺术节、中国—东盟国际汽车拉力赛等人文交流合作品牌。在旅游方面，中国和越南之间正在德天—板约瀑布合作建设跨境旅游合作区，实行联合管理、区域内自由，这将是中国陆地边境线上第一个跨境旅游合作区。同时，广西在桂林举办中国—东盟博览会旅游展。此外，广西与东盟国家建立友好城市超过50对，居我国首位。

（二）跨境合作风生水起

跨境经济合作区蓬勃发展。推动中越双方经贸合作不断向纵深发展，实现多方互利共赢，是中越双方深刻一致的共识。中越两国近年来在边境地区推动建设东兴—芒街、凭祥—同登、龙邦—茶岭、河口—老街4个跨境经济合作区，以中方庞大的市场和越方丰富的劳动力资源，从事跨境进出口加工贸易，实行贸易和投资的自由化政策，扩大边境口岸开放。2013年10月，中越两国达成共识，决定在北仑河的两岸，两国各规划10平方公里左右的特殊监管区，建设中国东兴—越南芒街跨境经济合作区，双方共同确定跨境经济合作区的空间布局、产业规划、基础设施安排等，各自负责实施本方区域的开发与建设，实施“两国一区、境内关外、自由贸易、封关运作”的管理模式，实现优势互补、互利共赢。中国东兴—越南芒街跨境经济合作区位于广西北部湾经济区核心区域和中国西南、泛珠三角、东盟三大经济圈的结合部，是国家实施“一带一路”倡议的重要节点、中国面向东盟开放合作的重要平台和中国—越南经贸投资合作的示范区。2015年11月，中国广西和越南广宁两省区在河内签署《中国共产党广西壮族自治区委员会与越南共产党广宁省委员会关于建立友好地方组织的交流协议》，提出要加强和深化两省区合作，加快推进中越跨境经济合作区建设。2017年5月11日，中越两国发表中越联合公报，公报指出，双方要进一步加快商签《中越跨境经济合作区建设共同总体方案》。

跨境贸易稳步发展。广西充分发挥沿边沿江沿海的优势，着力用好国家重点开发开放试验区、跨境经济合作区、沿边金融综合改革试验区等开放合作平台，积极扩大口岸开放，创新边贸结算模式，大力发展跨境旅游、加工、电商、金融、物流等行业，促进跨境贸易稳步发展。2016年，广西口岸进出口货运量10023.6万吨，货运值3455.5亿元。其中，友谊关口岸成为我国水果进出口、整车出口东盟地区的最大边境口岸，爱店口岸成为东南亚地区最大的中草药材交易边境口岸。2016年，国家质检总局同意在龙邦口岸、东兴口岸、水口口岸设立进境水果指定口岸，广西进境水果指定口岸增加至7个，全面覆盖了广西沿海、沿边、沿江区域。为规范边贸、促进结算便利化，东兴市探索开展越南籍自然人经营登记管理工作，对越南籍自然人发放“跨国经营证”，并集中在互市贸易区统一经营和结算。东兴跨境金融得到进一步发展，创造了全国第一个人民币与越南盾特许兑换业务试点、第一个东盟货币服务平台、第一家跨境保险服务中心等3项“全国第一”。广西大力推广“边民互市＋落地加工”的互市产业发展模式，以贸易带动加工产业，将互市政策红利留在边境。截至2017年1月，广西沿边县市招商建设18个互市产品边境加工厂，安排了近万人员就业，促进了“通道经济”向“口岸经济”“产业经济”转型升级。据统计，2016年广西全区边境口岸出入境人员就达1007万人次，同比增长19%。其中，东兴口岸出入境人员715.6万人次，是我国出入境人员最多的边境口岸，已经成为中越跨境劳务合作最顺畅的通道。推进中越跨境劳务合作势在必行，2017年1月，《广西中越跨境劳务合作试点工作方案》获得自治区人民政府批复同意，该方案提出，在东兴、凭祥两个重点开发开放试验区开展中越跨境劳务合作先行先试。2017年2月，自治区党委书记与越南边境四省党委书记在越南广宁省下龙市举行第二次省委书记新春会晤。在中越双方领导的共同见证下，广西防城港、崇左和百色三市分别与越南广宁、谅山、高平、河江边境四省签署中越跨境劳务合作协议，进一步密切了广西与越南边境四省的双边关系，深化了双方在经济上的合作。

跨境电子商务新军突起。东盟市场是一个有活力、有潜力、充满商机的大市场。据统计，广西对东盟贸易近年来连续增长20%以上，占据广西对外贸易的半壁江山，在中西部省区中排名第一。推动中国—东盟跨境电子商务发展，广西有着独特的区位优势。在物流配送体系方面，广西作为“一带一路”有机衔接的重要门户，马来西亚、泰国、越南到广西的物流体系已经基本建成，对接重庆、苏州、深圳，形成东盟—桂—渝—新—欧、东盟—桂—苏—满—欧的物流体系。近年来，广西将电子商务作为推进消费升级的新业态、新模式，不断加大对电子商务发展的支持和引导，电子商务新业态多元蓬勃发展。广西电子商务交易额由2013年的1266亿元增长到2017年的7056亿元，年均增长53.3%以上。其中，2017年跨境电子商务交易额达到425亿元，约占广西进出口总额的11%，同比增长28.8%。阿里巴巴一达通外贸综合服务平台、谷歌广西体验中心等跨境电子商务企业也纷纷落户广西，带动广西1000多家中小企业开展跨境电子商务贸易。同时，面向东盟的跨境电子商务发展也十分迅速，本土企业开发建设的中国—东盟中小企业贸易促进平台专门针对东盟国家企业开展跨境贸易，已为200多家东盟企业服务。2015年正式启动建设的中国—东盟信息港，架起了一条中国与东盟各国互联互通的“信息丝绸之路”。截至2017年底，中国—东盟信息港已建成或投运项目30个，正在推进建设项目42个，一批国际合作项目达成协议，智慧城市、智能电网、跨境电子商务、网络文化交流等新业态新事物如雨后春笋般涌出，有力提升了辐射和服务东盟的能力。《广西电子商务发展三年行动计划（2018—2020年）》中提出，2018—2020年，广西将加快中国—东盟跨境电子商务发展，吸引跨境电子商务企业落户广西，设立面向东盟的电子商务总部。

跨境旅游合作“多点开花”。广西与越南的陆地边境线长达1020公里，近年来广西与越南跨境旅游合作“多点开花”。2015年11月，中越两国政府签署协定，中越德天—板约国际旅游合作区成为我国首个跨境旅游合作区。2017年广西还共投入3145万元用于德天—板约瀑布跨境旅游合作区建设，德天跨国瀑布景区创建国家5A级景区已通过初评，进一步打响了“全球最美的瀑布景点”品牌。2018年，国务院同意设立广西防城港边境旅游试验区。防城港边境旅游试验区将在旅游便利通关新举措、边境旅游转型升级新动能、扩大边境旅游合作新模式等5个方面进行探索。用3年左右时间，把试验区打造成为中越跨境旅游目的地、中越旅游产业融合发展实践区和中国—东盟旅游合作先行区。几年来，广西与越南高度重视跨境旅游市场监督管理工作，双方建立了会晤机制、跨境旅游联合执法机制、跨境旅游应急机制、旅游信息互通机制。2017年初，南宁、桂林、北海、防城港、崇左等5个城市签订《广西中越边境旅游市场秩序联合整治互动协作备忘录》，建立五城市旅游执法互动协作联席会议制度，为跨境旅游合作提供了良好的旅游市场秩序。

（三）互联互通提速挺进

在“一带一路”建设中，广西的定位是21世纪海上丝绸之路与丝绸之路经济带有机衔接的重要门户。为了实现这一定位目标，广西充分发挥位于“一带一路”交会对接的重要节点和关键区域优势，抓住关键通道、关键节点和重点工程，推进建设南宁至凭祥至河内至中南半岛铁路主通道，打通缺失路段，形成骨干路网，促进“一带一路”有机衔接和互联互通。以国家推进国际产能和装备制造合作为契机，面向东盟及“一带一路”沿线国家，积极参与国际产业对接和产能合作，打造产业合作先行基地。着力打造中国—东盟博览会、中国—东盟商务与投资峰会升级版，将服务范围由中国—东盟“10＋1”拓展到区域全面经济伙伴关系“10＋6”乃至更广区域。积极申报筹建中国（北部湾）自由贸易试验区，使之成为服务“一带一路”的重要平台和窗口。大力推进中国—东盟信息港建设，积极构建中国—东盟信息枢纽服务体系。进一步发挥“南宁渠道”作用，推动泛北部湾经济合作成为中国—东盟次区域合作机制。以中国南宁—新加坡经济走廊为主轴，积极推动中国—中南半岛国际经济合作走廊建设。积极拓展与东盟国家人文领域的交流合作，构建官民并举、多方参与的人文交流机制，建设国际人文交流基地。充分发挥沿边金融综合改革试验区作用，大力发展沿边金融、跨境金融，构建以南宁为中心，东兴、凭祥为次中心的“金三角”沿边金融格局。

2015年12月，《广西参与建设丝绸之路经济带和21世纪海上丝绸之路实施方案》发布，明确了8个方面的合作重点，列出了8大类共180多个重点项目，总投资超万亿元。在“一带一路”合作框架下，广西与中国铁建签署了共同参与“一带一路”建设合作框架协议，正在推动合作参建越南云屯—芒街高速公路。口岸开放和通关一体化取得新突破，国际贸易“单一窗口”正式上线运行，成为西部地区首个建成“单一窗口”的省区。与越南、马来西亚等“两国一检”的通关模式正在进行实质性对接。

推进广西与东盟国家基础设施互联互通，需要各国密切的合作交流。多年来，广西加强国际沟通与合作，形成“同步规划、同步实施、同一标准、同步建设”的共识，为积极融入“一带一路”建设，夯实提升中国—东盟开放平台当好先行者。

依托中国—东盟互联互通合作委员会、中国—东盟交通部长会议等机制，广西加强地方政府间沟通与合作，形成广泛共识，加强沿线各国交通规划的衔接，推进重点交通项目建设标准、建设时序的对接，优先安排跨境交通基础设施建设，积极参与国际道路运输标准的修制定工作；加强与东盟国家海上航线的合作，畅通中国—东南国际海上运输大通道。

北部湾港更是国际合作的成功典范。2015年，广西北部湾国际港务集团与新加坡国际港务集团、新加坡太平船务有限公司共同组建了码头公司与码头管理公司。在钦州港域引进国际先进集装箱码头经营管理理念及技术，利用外方的集装箱码头及航线网络运作优势，不断开辟完善集装箱多式联运体系，致力将钦州港域打造成为服务西南中南及面向东盟的区域国际集装箱干线港。

图为钦州保税港区（黄大年 摄）

海陆两条腿，齐步向前行。广西与越南的陆路边界线绵延1020公里，有东兴、凭祥、龙州等8个县（市）与越南的广宁、谅山、高平等3个省接壤，现有11个边境陆路口岸和26个边贸点。按照规划，“十三五”期间，广西将修建至龙州水口、靖西龙邦、那坡平孟等3个边境口岸的高速公路，加上现在已经修通的南宁至东兴及南宁至友谊关两条高速公路，届时，广西将有5条高速公路通达中越边境口岸。

利用“一带一路”区位优势，广西还积极推动跨区域多式联运和旅客运输。广西已在友谊关、东兴、水口、龙邦4个开放口岸与越南开展国际道路运输业务。广西交通运输部门积极推动货运企业开行了东盟（越南）经广西（到苏州、郑州）至欧洲的桂蒙欧、桂新欧国际运输线路（公路+铁路运输）和鄂桂连接东盟的国际道路货物运输线路。

此外，广西正加快建设以南宁为中心，连接中国西南中南地区、粤港澳和东盟的高速铁路。通过建设发达的路网，力争向北打通经贵阳至重庆、成都、西安、兰州、乌鲁木齐的高速铁路，向南建设连通中南半岛的陆路大通道，为中国—中南半岛经济走廊建设提供交通运输支撑，有效实现中国与东盟国家之间的互联互通。

党的十九大以来，自治区党委、政府在以习近平同志为核心的党中央的坚强领导下，凝心聚力，深入贯彻落实习近平总书记关于广西“三大定位”的指示精神，按照“南向、北联、东融、西合”新思路，团结带领广西各族人民不断解放思想、实事求是，以时不我待、只争朝夕的精神，坚定不移全面深化改革，实现广西发展新跨越。

第十章

创新驱动打造优势

创新是民族进步之魂，国家富强之基，发展永续之源。为贯彻落实党中央、国务院关于实施创新驱动发展战略的重大部署，加快建设具有区域特色的广西创新体系，全面提升创新引领经济社会发展的能力，2016年9月21日，自治区党委、政府作出了关于实施创新驱动发展战略的决定。要求牢牢把握创新驱动发展战略的总体要求，进一步明确创新驱动发展战略的主要目标，全面实施创新驱动发展战略引领广西新跨越发展。同时明确了广西实施创新驱动发展战略的主要目标：一是到2020年初步建成创新型省区，创新引领经济社会发展的格局基本形成。二是到2030年全面建成创新型省区，迈入中西部创新型省区前列。创新对引领产业转型升级、释放体制机制活力、强化企业创新主体地位、激发人才创新创造活力具有重要作用。

一、创新引领产业转型升级

自广西开始实施创新驱动发展战略的决定以来，首先在产业转型升级中作出了新的探索和实践。2016年开始，广西实施产业转型升级专项行动，制定《中国制造2025》广西实施意见和现代农业发展、两化深度融合、工业强基、绿色制造、现代服务升级等专项计划，并加快实施生态经济十大重点工程，发展节能环保等绿色产业，抓好122项绿色产业发展合作项目落地，推进园区循环化改造等重点工程和项目，并在促进现代农业、工业转型升级以及现代服务业方面取得突破性进展。

（一）全力促进现代农业创新提升

2017年，习近平总书记在广西视察时强调，要切实抓好粮食生产工作。现代特色农业示范区创建工作开展以来，广西先后启动创建59个粮食生产示范区，认定桂平粮食产业示范区、宾阳香米产业示范区等4家自治区级粮食（核心）示范区。为确保粮食总产稳定在1500万吨左右，自治区政府与各市政府签订了粮食生产责任状，启动了“一区五基地”建设。“一区”即在桂平、全州、象州等3个县启动粮食生产功能区划定建设试点；“五基地”即在全州、三江等县（自治县）启动稻田综合种养试点基地建设，在西林等5个县启动优质杂粮生产示范基地建设，在宾阳、桂平等10个县启动整县推进粮食绿色高产高效创建示范基地建设，在南丹、灌阳等县启动创建稻田文化产业示范基地建设，在桂平等59个县（市）启动现代粮食产业示范基地建设。

发展农产品精深加工，是拓展农民增收渠道的现实要求。自2015年广西实施现代特色农业示范区以来，广西大力推进农产品精深加工发展，取得了一定成效。如隆安县金穗香蕉产业示范区年加工鲜香蕉25万吨，年产香蕉浆10万吨、香蕉粉3000吨，香蕉奶、香蕉饮料等系列产品实现投产运营，预计工业年产值约20亿元，年创税金1.5亿元，可提供600个就业岗位，成为全国香蕉产业全产业链发展排头兵。近年来，广西各地以创建现代特色农业示范区为抓手和平台，协同发展特色种植、产品加工及休闲农业，极大地推动了全产业链的相互配套协调发展。如横县依托全国最大的茉莉花生产基地创建示范区，通过成立专业合作社、引进制茶龙头企业、搭建电子商务平台和发展“中国茉莉小镇”乡村旅游等，改变了过去茉莉花“大麻袋进大麻袋出”的低端产业模式，实现了产品精致化、营销网络化、农业休闲化。2017年5月21日，横县茉莉花茶被首届中国国际茶叶博览会组委会授予“中国优秀茶叶区域公用品牌”称号。南宁市美丽南方示范区、玉林市五彩田园示范区等73个自治区级核心示范区因地制宜发展休闲观光农业，打造了许多休闲旅游的好去处，基本形成“农旅结合”“产村互动”的发展新格局。

一直以来，“谁来种地”是关系我国农业发展的重大战略问题。广西在现代特色农业示范区创建中，通过推进土地确权，实施规模化经营，大力培育新型经营主体，创新利益共享机制，较好解决了“谁来种地”问题。截至2017年7月，广西启动创建的1255个各级示范区中有农业龙头企业、农民合作社等新型经营主体2738个。通过推行“示范区＋公司（合作社）＋基地＋农户”紧密型利益联结机制，培养了一大批新型职业农民、家庭农场主和职业经纪人，为广西农业现代化建设提供了范例。如桂平粮食产业示范区建有工厂化育秧稻谷烘干中心、大米加工厂，拥有各种先进农机具800多台（套），从事育秧、耕地、插秧、护理、收割、运贮等，已实现全程机械化服务。

增加绿色优质农产品供给是农业供给侧改革的重要路径。近年来，广西特色农业示范区结合“美丽广西”乡村建设活动的推进创建，探索绿色生产新路子，一手抓“三生”（生态田园、生态水系、生态家园）建设，一手抓“三品”（品种、品质、品牌）生产，取得明显成效。如农垦永新源生猪健康养殖示范区完善环保综合利用设施，推广“猪—沼—电—蔗”循环经济模式，年发电达20万千瓦时，沼液灌溉甘蔗5500亩，甘蔗亩增产两吨以上，实现种养协调发展，走出一条产出高效、资源节约、环境友好的农业现代化道路。宾阳香米产业示范区通过推广应用良种良法、农机农艺相结合、“稻—稻—鸭—绿肥”生态种养模式，农产品标准化率达100%。未来一个时期，要围绕农产品消费加快升级的大趋势，进一步抓好农业标准化生产、品牌创建、质量安全监管，着力提高农产品

南宁市西乡塘区的忠良村美丽南方景区入选“中国最美休闲乡村”，是广西唯一一个国家级农业综合开发田园综合体试点项目（兰庆华　摄）

附加值，发展高品质农产品，推动农业转型升级。

打造现代特色农业示范区升级版，推进广西现代特色农业发展。近年来，自治区党委、政府制定了一系列政策文件，强力推进，指导各地按照组织化、装备化、集成化、标准化、产业化等“五化”要求，把示范区建设成为发展优势产业、推广先进技术、发挥科技人才作用的示范区，同时又是体制机制改革、培育新型经营主体、促进城乡一体化发展的示范区。下一阶段，要继续坚持高规格推动，作为一把手工程抓落实；高起点规划，确保“一张蓝图”管到底；高标准建设，打造高水平现代农业先行区；高要求管理，打造示范区建设升级版。广西正加快构建西江水系“一干七支”沿岸生态农业产业带和生态农业体系，通过做大做强特色农业，建设面向珠三角和港澳地区的优质农副产品供应基地；通过加强与东盟国家的农业国际合作，建设面向东盟的农业技术推广中心，加快推进中国—东盟（南宁）现代农业科技合作园区建设。

（二）着力推进传统工业产业转型升级

近年来，广西工业快速发展，基本形成了较为完整的现代工业体系。“十二五”时期广西全部工业总产值增长1倍，规模以上工业增加值年均增长13.7%，增速均排在全国前列。千亿元产业由3个增加到10个，两千亿元产业从无到有，达到7个。工业对广西经济增长的贡献率达到50%左右，工业承担广西40%的生产总值任务，支撑广西42%的全社会固定资产投资，是广西经济发展的主要力量。自治区党委、政府高度重视产业转型升级工作，把此项工作纳入广西“十三五”时期的重点任务之一。“十三五”以来，广西工业发展面临的市场环境和竞争格局都发生显著变化，资源环境约束趋紧，工业发展依赖的传统优势逐步减弱，广西工业转型升级势在必行。同时，新一轮科技革命和产业变革与我国加快转变经济发展方式形成历史性交汇，全球产业格局正在发生深刻调整。在这个过程中，广西必须把握住机遇，主动适应和引领新常态，积极转变经济发展方式，破解产业发展新旧动能“青黄不接”的问题，以精准务实的措施推动经济由传统增长动力向新的增长动力转换，加快工业转型升级步伐，加快培育壮大新兴产业，提高产业发展质量和效益，实现跨越发展。转型就是要通过转变工业发展方式，加快实现由传统工业化向新型工业化道路转变；升级就是要通过全面优化技术结构、组织结构、布局结构和行业结构，促进工业结构整体优化提升。工业转型升级是优化产业结构和转变经济发展方式的重中之重。工业转型升级涉及理念的转变、模式的转型和路径的创新，是一个战略性、全局性、系统性的变革过程，必须坚持在发展中求转变，在转变中促发展。必须加快向创新驱动转型、绿色低碳转型、智能制造转型、服务化转型、内需主导及消费驱动转型，实现由传统工业化道路向新型工业化道路转变。2016年的自治区政府工作报告中明确提出“产业转型升级是广西发展必须迈过的一道坎，必须全面推进产业转型升级攻坚战，积极推进‘互联网＋’行动，让传统产业迸发新活力，让新兴产业形成新动能，打造广西产业升级版”，并将产业转型升级专项行动作为未来重点工作之一。

升级换挡凸显传导效应。积极优化存量，主要是大力改造提升传统优势产业。以技术改造、技术创新、两化融合、淘汰落后产能等手段，推动食品、汽车、机械、有色金属、冶金、石化、建材、轻纺、造纸与木材加工等产业优化升级，突出抓好糖、铝二次创业，加快资源优势转化为产业优势、经济优势。同时，为有力促进工业投资规模增长和结构调整，推进制造业向中高端迈进，实现产业转型升级重大突破，积极推进“四个一百”产业转型升级项目建设。“四个一百”重点项目主要有：新兴产业培育项目100项，总投资1194亿元，年度计划投资144亿元。重点建设生物医药、新一代信息技术、先进制造业、大健康、新材料（含碳酸钙）、无人机、石墨烯、新能源汽车、机器人及节能环保等产业项目，加快新产业、新技术、新项目落地，培育壮大经济发展新动能。传统产业改造项目100项，总投资2424亿元，年度计划投资296亿元。重点推进糖业、铝业、机械及冶金二次创业，汽车产业扩大产能和提升装备，食品、纺织等产业发展精深加工和资源综合利用，石化、有色等产业延伸产业链和实施绿色化改造，实现传统优势产业提质增效和转型升级。产品升级与工业强基项目100项，总投资66亿元，年度计划投资30亿元。重点建设关键基础材料、核心基础零部件

钦州石化产业基地是广西重点打造的千亿元产业园区，港口连接资源国际化、园区内部产业一体化是钦州石化产业园区的最大优势。图为钦州港石化码头（周军　摄）

（元器件）、先进基础工艺应用、产业技术基础工程化及产品优化升级等项目，提升工业基础能力，加快新产品开发及产业化，满足新需求，创造新消费，优化供给侧结构。智能制造与智能工厂项目100项，总投资172亿元，年度计划投资88亿元。主要围绕离散型智能制造、流程型智能制造、网络协同制造、大规模个性化定制、远程运维服务等五种智能制造新模式，在有条件、有基础的行业实现试点示范并推广应用，建成一批自治区级智能工厂试点示范项目。“四个一百”产业转型升级项目既是促投资稳增长的重要支撑，也是产业转型升级的关键抓手。为有效实现产业升级换挡，广西还建立了区、市、县三级联动工作机制，健全部门协调机制，实施技改审批制度改革，加快推进前期工作，协调保障土地、资金等要素，加大政策资金扶持力度，大力推进项目顺利实施。

从“制造”到“智造”实现全面提速。大力培育增量，主要大力培育发展壮大新兴产业。从产业发展趋势来看，培育壮大新动能是提升广西产业层次的重要抓手。广西产业层次总体不高，“两高一低”的特征明显，大多处于价值链中低端，缺乏在全国叫得响、号召力强的技术领先、层次高端的“高精新”行业龙头企业。绝大部分市县的工业招商项目以资源型初级加工产业居多，普遍存在产业层次较低，产业链短、缺、弱的通病。不仅如此，与上海、浙江、广东等发达地区和湖北、贵州等中西部地区日新月异、蓬勃发展的数字经济、共享经济、“互联网+”经济、新民营经济等相比，广西的许多新产业新技术新模式新业态尚处在起步阶段，远没有形成有效新动能。为此，要准确把握新经济发展的趋势特点，加快新旧动能转换，使新经济加快发展、新动能喷薄发力，推动广西产业发展迈向中高端。从经济增长动力转换的角度来看，培育壮大新动能是推动广西工业经济高质量发展的现实路径。实现广西经济高质量发展，必须要持续加力产业培育，聚焦工业方面支柱产业相对低端低效、轻工行业断层缺位、高新产业接续不足等三大突出短板，从供给侧发力上培育新动能，从产业变革和重塑中催生新动能，从产业融合发展中激发新动能，从项目投资上增强新动能，从创新驱动上壮大新动能，推动广西工业增长由传统动力主导向混合动力转变，打造产业新优势。近年来，围绕国家和自治区提出的发展战略性新兴产业、《中国制造2025》、“互联网＋”等战略重点，选择一批重点产业和领域予以重点突破，重点在先进轨道交通装备、修造船及海洋工程装备、新型农机装备、通用航空产品、数控机床和机器人等新兴领域积极布局，大力引进一批高水平企业和项目，突破一批关键技术，研发一批有市场竞争力的标志性产品，进

2015年12月27日上午，南宁地铁1号线列车在南宁中车轨道交通装备基地成功下线（苏华　摄）

一步提升广西先进制造业和战略性新兴产业的发展层次，加快推动广西工业向中高端水平迈进。近年来，广西高度重视智能制造，把培育发展智能制造作为贯彻落实《中国制造2025》的切入点，进一步加大对智能制造的支持力度。2017年，自治区财政安排4500万元，支持了41个智能制造与智能工厂项目，涉及机械、电子信息、医药等多个行业，促进广西制造业加快向中高端迈进。2017年，广西高技术产业和装备制造业增加值分别比上年增长15.4%和9.2%，分别快于规模以上工业增加值8.3个百分点和2.1个百分点。规模以上工业企业产销率达到95.8%。融合互联网，促进制造业转型。2017年，广西加快推进“双创”平台建设工程、产品装备智能化工程以及新一代信息技术应用融合能力提升行动的实施，到2020年底，培育30个制造业互联网“双创”平台、100个智能工厂（车间），实现重点企业关键工序制造设备数控化率、数字化研发设计工具普及率分别达到52%和74%，电子信息产业规模突破4000亿元。

全产业链谋划提升竞争力。2016年1月，自治区出台了推动广西工业转型升级专项行动方案，涵盖机器人、石墨烯、生态经济、新一代信息技术产业、海洋工程装备、中国—东盟信息港、新能源汽车、电动车、生物医药、军民融合、新兴技术产业化等11个重点产业和重点领域，按照“智能、循环、低碳、绿色”的转型升级方向，由自治区工业和信息化委员会牵头积极推进工业产业转型升级专项行动，编制各相关产业发展专项行动计划。自治区人民政府办公厅及自治区工业和信息化委员会陆续印发相关产业的转型升级专项行动计划，系列产业转型升级专项行动计划包括广西推进机器人产业发展工作方案、广西石墨烯产业发展工作方案、广西智能制造产业转型升级专项行动计划、广西新能源汽车发展行动方案、广西生物医药产业发展行动计划（2016—2020年）、广西节能环保产业转型升级专项行动计划、广西传统产业转型升级专项行动计划（2016—2020年）、广西新一代信息技术产业转型升级专项行动计划、广西军民融合产业转型升级专项行动计划、广西海洋工程装备产业转型升级专项行动计划等10个专项行动计划的主要框架和内容。2016年以来，广西组织实施工业互联网平台培育工程、工业企业上云工程、工业APP培育工程和云计算工程等“四大工程”；组织实施“一个平台、两个标准、三大行动”，即加快推动一个工业云平台上线试运行，研究制定广西工业互联网标准和广西工业园区信息化标准两个标准，全面实施“千家企业两化融合能力提升”“千家企业上云”“智能制造引领两化融合深度发展”三大行动，制定完成“能力提升”和“企业上云”相关工作方案，加快构建基于工业互联网平台的制造业新业态。

（三）创新业态引领现代服务业提质增效

经济进入新常态，服务业不仅是减缓经济下行压力的“稳定器”，也是促进产业转型升级的“助推器”，更是孕育新经济新动能的“孵化器”。自2015年5月广西服务业发展大会召开以来，广西按照大会提出的“抓服务业就是抓发展、谋服务业就是谋增长”的精神，推动服务业跑出“加速度”，广西服务业呈现出发展提速、比重提高、水平提升、作用增强良好态势，一批业态突出、特色鲜明的现代服务业集聚区相继涌现，三次产业融合发展，服务业与制造业、农业“多轮驱动”的产业新格局加快形成。之后，广西又召开了服务业工作会议、服务业发展工作电视电话会议，对服务业发展工作作出部署，相关部门印发了加快服务业发展的若干意见，推动服务业转型升级。广西狠抓服务业领域投资项目建设，培育壮大服务业市场主体，创新发展新产业、新业态、新模式，广西服务业整体呈现“稳中有进，进中有新”的发展态势。

“稳”的基础进一步巩固。2015年广西服务业增加值增速首次超过工业；2016年广西服务业增加值7226.6亿元，同比增长8.6%，占地区生产总值的比重接近40%；2017年广西服务业增加值突破8000亿元，增速达到9%，占地区生产总值比重超过40%，对经济增长的贡献率首次突破50%，居三次产业首位，拉动广西经济增长3.7个百分点，成为广西经济稳增长的主要动力。

“进”的势头进一步强化。服务业结构不断优化，质量效益持续提高，生产性和生活性服务业稳步发展。电子商务、金融业、科技服务、文化创意、现代物流等持续稳定增长，现代服务业集聚区建设初见成效，服务业综合改革试点加快推进，服务业发展环境不断优化。

“新”的内涵进一步凸现。落实国家服务业创新发展大纲，实施服务业“六大专项行动”，大力发展服务业新行业、新产品、新业态、新模式，不断提高服务业创新发展水平，推动形成具有广西特色和持续竞争力、支撑力、带动力的现代服务业产业体系。

服务业点多、面广、量大，抓服务业发展必须找准定位、抓住关键，突出重点、凸显特色。结合广西区情，提出重点围绕服务“一带一路”建设、推动产业结构转型升级、促进居民消费升级这三条主线，提质发展生产性服务业、升级发展生活性服务业的战略导向，推进服务业与农业、制造业及服务业不同领域之间的深度融合，形成有利于提升广西制造业核心竞争力的服务能力和服务模式。在现代物流、信息服务、金融服务、电子商务、商务会展、旅游休闲、商贸流通、健康养生等重点领域率先突破，以重点产业发展带动服务业整体水平提升。抢抓物联网、云计算、大数据、移动互联网、人工智能等新一代信息技术升级发展的契机，下力气推动生产性服务业与农业、工业融合发展。随着中国—东盟信息港战略深入实施，广西信息服务业企业组团进入东盟市场步伐不断加快，全行业加速发展前景可期。

物流是经济运行的“动脉”。2017年9月，国际陆海贸易新通道铁海联运班列实现常态化运行，构建起西南中南地区新的出海便捷通道。为解决过去物流基础设施网络衔接不畅、运输通道建设滞后的问题，广西加快实施骨干物流通道提升工程，大力发展多式联运，物流业标准化、信息化、智能化、集约化水平明显提高。2017年1—11月，广西铁路、公路、水路客货运周转量分别增长8.4%、8.8%和8.6%。

电子商务发展方兴未艾。南宁、凭祥综合保税区跨境电子商务监管中心建成运营，阿里巴巴、京东、苏宁、乐村淘等一批国内知名电商企业落地发展，广西糖网、茧丝绸网、红木交易网、沃易购等垂直领域电商平台走在全国前列。36个县获批国家级电子商务进农村综合示范县，百色芒果、灵山荔枝、玉林百香果等一系列特色农产品线上销售火爆，电商扶贫成效显著。作为南宁科技创新发展的集聚区和展示窗口，一大批新兴产业在南宁·中关村安家落户，智能制造、信息技术、生命健康以及科技服务业的“微集群”在此处集聚发展，成为南宁科技创新的生力军。

打造现代服务业集聚区，是推动服务业快速发展、规模扩张的重要抓手，也是促进服务业创新、培育服务业品牌、提升服务业竞争力的重要途径。近年来，现代服务业集聚发展的趋势日益凸显，各地顺应这一趋势，加快服务业集聚区建设，使一批产业特色鲜明、集聚能力较强、服务功能健全的集聚区脱颖而出。南宁市中盟科技园发挥市场机制作用，搭建服务平台，吸引成长型、潜力型、创新型服务业企业入驻园区，短短两年时间入驻企业130多家，培育上市企业3家，实现营业收入5亿元。桂林创意产业园发挥桂林文化和人才优势，吸引入驻文化类企业137家，2017年前三季度营业收入同比增长150%。北海银河科技创业园依托北海电子信息产业发展，吸引入驻企业200家，聚集本科以上学历的管理和科技人才上万人。南宁五象金融总部基地搭建大银行机构、基金小镇错位发展的平台，建立金融生态链，吸引入驻金融机构55家，引进金融保险机构19家和一批基金运营商。

广西服务业发展大会以后，自治区人民政府印发实施了《广西现代服务业集聚区发展规划（2015—2020年）》，明确到2020年服务业集聚区增加值占广西服务业增加值比重45%左右。截至2018年1月，广西共认定南宁研祥智谷、中国—东盟检验检测认证高技术服务集聚区、防城港市东湾物流园区等38家现代服务业集聚区。两年多来，127个规划建设的集聚区中已完成规划编制82个，正在建设52个，建成营运75个。

现代服务业集聚区建设日新月异，成为广西产业发展的新高地和经济增长的新亮点。2017年前三季度，广西服务业集聚区营业收入约692亿元，上缴税收11亿元，入驻企业1.24万家，园区内第三方物流企业数达590家，吸纳就业16万人。2013—2016年，广西服务业增加值从5427.9亿元增长到7226.6亿元，平均年增长9.1%。2017年，广西服务业增加值突破8000亿元，占广西生产总值比重超过40%，对经济增长的贡献率首次突破50%，居三次产业首位，拉动广西经济增长3.7个百分点。2013—2016年，广西社会消费品零售总额从5083.08亿元增长到7027.31亿元。2017年1—11月，广西社会消费品零售总额5560.39亿元，同比增长11%。2017年，广西邮政、电信业务总量分别增长38%、74%，邮政业增速居全国第4位；商品房销售面积增长26.4%，增速居全国第2位；广西批零住餐等传统服务业保持两位数快速增长。2014—2017年，广西共安排财政资金9.6亿元支持服务业发展，撬动社会资本的比例达到1：157。2017年1—11月，广西服务业投资增长17.5%，高于全社会固定资产投资4.7个百分点，服务业投资占全社会投资比重达到58%，服务业逐步成为广西国民经济的主体，充分显现了良好的经济驱动力。

二、充分释放体制机制活力

（一）制定创新驱动“广西方案”

2016年9月22日，广西召开全区创新驱动发展大会，出台《关于实施创新驱动发展战略的决定》及8个配套文件，明确了“三个坚持、五大突破、七项任务、九张名片”的创新发展思路，发出深入实施创新驱动发展战略的动员令。围绕大会提出的打造“九张创新发展名片”，广西启动实施智能制造装备和产品等10个重大科技专项。同时，设立创新驱动发展专项资金，从2017年至2020年由自治区本级财政安排50亿元，用于支持重大科学研究、科技攻关和新产品开发以及国家级创新平台等建设，以科技发展的

第14届中国—东盟博览会先进技术展上，观展嘉宾在操纵一家参展科技公司的脑控机器人（苏华　摄）

全面跃升带动产业跨越发展。

在自治区科技厅挂牌成立由自治区17个部门和单位组成的“广西科技创新发展办公室”，协调推进部门联动。各设区市参照自治区做法，召开创新驱动发展大会，出台相关配套文件，以科技创新支撑引领经济发展。2016年度，科技创新顶层设计和政策保障获评“自治区全面深化改革优秀改革方案”第一名。

夯实创新基础平台。编制完成《广西重大科技创新基地建设管理办法（试行）》，已初步编制完成广西重大科技创新基地评审工作规则和指标体系。截至2017年9月，共建设有3家国家重点实验室、1家国家重点实验室培育基地、71家自治区重点实验室和23家自治区重点实验室培育基地、220家自治区级工程技术研究中心。基础科研能力持续提升。自治区创新团队2016年首次获得国家自然科学基金重大科研仪器研制项目资助。2017年申报国家自然科学基金项目数量突破历史新高，达到3220项，增长幅度达到约10%，增长数量和增长率均为近5年最高。广西在全国首推科技计划项目申报常态制；2016年，广西有效发明专利1.4222万件，每万人发明专利拥有量达到3件，同比增长49.9%，增速位于全国前列；2017年，广西壮族自治区召开全区创新驱动发展大会一周年来，极具含金量的激励科技创新“1＋8”政策出台实施；自治区科技创新发展办公室挂牌运行，协调推进部门创新联动；成为全国首批特色型知识产权强区建设试点省区。

（二）推动创新体制机制改革

全面推动广西科技体制改革。2013年以来，出台了《广西壮族自治区科学技术进步条例》等一系列文件，明确规定强化企业技术创新主体地位，全面提升企业创新能力的一系列任务要求和工作措施，企业主导产业技术研发创新的体制机制更加完善。自治区科技厅积极开展科技进步法执法检查，推动研发费用加计扣除、高新技术企业认定等优惠政策落实，加强对创新驱动发展战略政策文件、激励自主创新系列政策的落实力度，强化面向基层的政策宣传和解读，提高科技政策的知晓度。积极研究出台《关于深化自治区本级事业单位科技成果使用、处置和收益管理改革的暂行规定》，通过改革事业单位成果使用、收益和分配管理，充分调动事业单位及其科技人员创新创业积极性，促进更多科技成果转化为生产力。

畅通科技成果转化渠道。将科技成果的使用权、处置权和收益分配权下放给事业单位，调动事业单位及其科技人员转化科技成果积极性。出台《广西企业购买科技成果转化后补助暂行管理办法》，企业购买科技成果并成功产业化，最高可获得500万元补助，激励企业开展科技成果转化。2016年广西实施重大科技成果转化项目348项，技术合同输出和吸纳累计5298项，合同交易总额达102.9亿元，同比增长58.3%。

高校院所科研体制改革不断深化。重点推动南宁、桂林高校集聚区的高校与广西科学院、广西农业科学院及中直驻桂科研机构的科教结合试点。推动区直技术开发类转制院所市场化改革，促进应用技术开发科研力量的整合重组，截至2017年9月，已完成15家区直辖制类科研院所企业重组，广西轻工业研究院成建制并入广西宏桂集团等，通过整合资源持续激发科研院所创新活力。

补齐人才发展短板。实施“522”人才工程（即到2020年，重点引进50名以上创新型尖端人才、200名以上重点产业和战略性新兴产业领军人才，以及200名以上适应产业发展需要、勇于创新的企业家和高级经营管理人才），明确人才认定、管理和评价标准，搭建高层次人才一站式服务平台，为高层次人才引进提供常态化的服务。鼓励支持符合条件的专业技术人员离岗创业、到企业兼职或在职创业、选派到企业创新创业，高校科研院所也可吸引创新人才到本单位兼职，打通人才互联互通的体制障碍，激发人才活力。

（三）加强科技成果应用和保护

科技创新重大专项效果初显。启动实施石墨烯新材料、制糖业共性关键技术研发与示范、非粮生物质能源等“十三五”期间广西科技重大专项，2016年立项181项课题，2017年下达项目155项，集中优势创新资源和力量开展技术攻关，获取了一批标志性成果，研究开发出具有自主知识产权的三维石墨烯粉体材料制备技术，提高甘蔗生产全程机械化和良种繁育水平，2016/2017榨季新建“双高”基地基本实现机械化。

产业科技成果不断涌现。由广西大学和广西博世科环保科技公司研发的“造纸与发酵典型废水资源化和超低排放关键技术”，突破国外技术垄断，应用于中国、俄罗斯、白俄罗斯和缅甸等国138家大型企业，荣获国家科技进步奖二等奖，打破了近年来广西作为第一完成单位空缺国家科技大奖的局面。玉柴机器股份有限公司参与研发的“复杂铸件无模复合成形制造关键技术与装备”，荣获中国机械工业科学技术奖特等奖。

三、着力强化企业创新主体地位

广西自《强化企业技术创新主体地位全面提升企业创新能力实施方案》印发实施以来，以科技促进产业结构调整和转型升级，推进高新技术园区建设和产业发展，抓住企业创新这个牛鼻子，带动科研、管理、投资等方面体制机制的改革，把企业在创新驱动发展中的主体作用充分发挥出来，提升企业创新能力和核心竞争力，切实推动创新驱动发展战略落到了实处。

（一）推进培育企业创新主体工作

在推进培育企业创新主体工作方面，制定了《科技厅落实〈强化企业技术创新主体地位全面提升企业创新能力实施方案〉工作方案》，扎实推进建立企业为主体的产学研协同的创新体系，近年来重点支持了汽车及零部件、铝加工等领域的大型企业作为相关产业技术创新战略联盟牵头单位，突破产业关键技术、转化重大科技成果、探索有效的利益联结机制和科技攻关模式。在2015年自治区科技计划项目中，由企业牵头承担的高新技术领域项目课题经费共约8000万元，占总课题数的82%，占总经费的75%；产学研合作课题经费共约3270万元，占总课题数的38.4%，占总经费的30.8%。着力培育具有创新引领能力的大型龙头骨干企业，营造有利于企业成长的良好创新生态。强化企业在技术创新决策、投入、研发和成果应用推广中的主体地位，支持企业建立完善研发机构和研发组织体系，面向国际国内布局创新链、延揽人才，创建知名产品和品牌，提高大型龙头骨干企业自主创新能力。到2015年底，完成高新区工业总产值达到5000亿元以上，新增高新技术企业60家的年度目标，广西高新技术企业总数达600家以上。2016年底，广西高新技术企业达到830家，同比增长29.5%；2017年底，广西高新技术企业超过1100家，同比增长32%。创新功能区激发新动能。南宁高新区在2017年全国147家国家级高新区中综合排名第37位，柳州高新区综合排名第45位。

同时，广西还出台了《广西自主创新示范区建设指导意见》和《关于支持自治区自主创新示范区建设的若干政策》，以国家级高新区为依托，建设自主创新示范区；起草实施《广西壮族自治区发展众创空间推进大众创新创业实施方案》，通过实施新型创新创业平台构建工程、环境优化工程、引领工程、公共服务能力提升工程、投融资扶持工程和文化培育工程等六大工程，加快形成大众创业、万众创新的生动局面。广西的创新创业孵化体系初见成效，已经基本形成“众创空间+孵化器+加速器”这一覆盖科技企业不同发展阶段的接力式孵化培育体系。社会上整体创新创业氛围日益浓厚。2016年，广西捷佳润公司参加全国创新创业大赛，获得电子信息类全国第三名，这是广西企业首次晋级“双创”国赛总决赛。

广西积极实施高新技术企业倍增计划，确定培育条件，建立培育后备库，大幅提高了高新技术企业数量规模和质量水平。实施“瞪羚企业”培育计划，通过贷款贴息、种子资金和天使基金等投融资支持方式，加快培育一批成长速度快、创新能力强的“瞪羚企业”。支持建设科技型中小企业创新基地和公共服务平台，培育打造一批具有持续创新能力、自主知识产权，引领行业发展的技术创新示范企业。开展企业研发机构建设专项行动，引导和支持大中型骨干企业和高新技术企业普遍建立企业研究开发院、工程（技术）研究中心、工程实验室、企业技术中心等研发机构，将其作为企业申报重大专项和重点研发计划的重要条件，大力支持以高校优势学科为依托的创新团队入驻企业研发机构。

（二）推动创新资源向企业集聚

为进一步推动创新资源向企业集聚，广西从政策和市场层面多方位地充分发挥市场对技术研发方向、路线选择和创新资源配置的导向作用，建立高层次、常态化的企业技术创新对话、咨询制度，注重发挥企业和企业家在创新决策中的重要作用。吸收更多企业参与研究制定各级技术创新规划、计划、政策和标准，自治区相关专家咨询组中的产业专家和企业家比例不低于三分之一。

同时强化政府对创新活动的服务和引导，将更多的研发机构建设到企业、更多的科研项目配置到企业、更多的科技成果转化到企业、更多的创新人才引进到企业，提高创新资源在企业的集聚度。各级重大高新技术产业项目、重大技术改造项目、科技计划项目等要优先支持研发投入高、产品有市场、创新能力强的企业，市场导向明确的科技项目由企业牵头、政府引导、联合高校和科研院所组织实施。面向企业布局一批创新公共服务平台，加快创新资源向企业流动，支持各地加快建立健全技术开发、知识产权、信息化应用、工业设计、检验检测等公共技术服务平台，为企业提供全方位、全过程创新服务，到2020年建成100个以上自治区级中小企业公共技术服务平台。

四、大力激发人才创新创造活力

富国兴邦，人才为本。党的十八大以来，习近平总书记着眼于实现“两个一百年”奋斗目标和中华民族伟大复兴的中国梦，对深化人才发展体制机制改革、进一步做好人才工作作出了一系列重要论述和指示批示，向全党全国发出了“聚天下英才而用之”的动员令，为加快人才事业发展、建设人才强国提供了根本遵循。人才是创新的根基，创新驱动实质上是人才驱动，谁拥有一流的创新人才，谁就拥有了科技创新的优势和主导权。改革开放以来，广西始终以识才的慧眼、爱才的诚意、用才的胆识、容才的雅量、聚才的良方，广开进贤之路，把党内和党外、国内和国外等各方面优秀人才吸引过来、凝聚起来，以人才大开发大力推动广西的发展。

（一）加强高层次创新领军人才队伍建设

“十一五”以来，自治区党委、政府高度重视人才工作，紧紧抓住国家深入实施西部大开发、广西北部湾经济区开放开发等重要历史机遇，大力实施人才强桂战略，积极推动人才小高地建设，制定和实施了一系列重大人才政策，人才整体性开发取得新突破。近年来，广西进一步深入实施人才强桂战略，充分发挥人才第一资源的作用，构建了全方位的人才结构体系。不断加强高层次创新领军人才队伍的建设，通过创设自治区主席院士顾问、八桂学者、特聘专家等制度，灵活引进了包括数百名“两院”院士在内的几百名“国字号”人才；借助博士服务团、挂职干部等项目，从中央单位、发达地区集中引进了一大批高层次金融人才、园区管理人才，有效缓解了“高精尖”人才之渴。广西先后出台了《关于加快吸引和培养高层次创新创业人才的意见》（桂发〔2010〕30号）以及《关于进一步加快广西北部湾经济区人才开发的若干政策措施》（桂办发〔2010〕51号）、《广西壮族自治区八桂学者制度实施办法》、《广西壮族自治区特聘专家制度实施办法》，人才开发重点工程取得重要进展。2016年，《广西壮族自治区引进海外人才工作实施办法》的出台，既体现了广西对国家有关文件精神的贯彻落实，又填补了一直以来广西面向海外引才专项政策制度的空白，有利于规范工作运行，形成面向海外引才引智的工作合力。其中，最大亮点是将持海外永久居留权和海外留学回国人员都纳入了海外人才的范畴，并在扩大范畴和降低准入门槛的同时，将政策待遇分为对全体海外人才的普惠措施和对经自治区认定的高层次人才的特殊支持两个层次。这充分体现了作为后发展地区的广西“广纳天下英才”的积极姿态，在西南中南地区具有较明显的比较优势，与发达地区形成错峰竞争。与此同时，还填补了广西近年来对留学回国和持海外永久居留权人才的政策空白。

在加强专业技术人才队伍建设方面，广西切实做好《广西壮族自治区人才发展“十二五”规划》和《广西壮族自治区专业技术人才队伍建设中长期规划（2010—2020年）》的组织实施工作，大力推进实施八桂学者和特聘专家制度，着力培养和引进国内领军人才；继续抓好人才小高地和博士后“两站”建设，推进实施“十百千人才工程”，做好留学人员回国服务工作；深化职称制度改革，加快推进职称评审与以岗位设置为主要内容的事业单位人事制度改革的衔接，研究职称评审向基层倾斜的政策，引导广大专业技术人员到边远地区、民族地区创业。

在高层次人才队伍建设方面取得良好突破，以人才小高地建设为重点的高层次人才载体建设取得突破性进展。至2017年8月，广西已建立起多个自治区级人才小高地、上百个区直部门和市级人才小高地；建成98个国家级和自治区级重点实验室，122个企业工程技术中心和多个博士后“两站”，同时组建了49个自治区级千亿元产业研发中心。

（二）加强高技能人才队伍建设

专业技术人才，是整个人才队伍的重要组成部分，也是推动基层经济社会发展的重要力量。2017年，广西在自治区层面出台了《关于加强基层专业技术人才队伍建设的实施意见》，针对全区基层专业技术人才，从人才评价、引进培养、激励保障等方面制定了一系列创新之举，努力让广西基层专业技术人才的创造活力竞相迸发，聪明才智充分涌流。在加强技能人才队伍建设方面，广西认真做好中长期高技能人才发展规划的实施工作，加快高技能人才培养；定期举办技能大赛，培养一批广西本土的大师级技能人才；改革技能人才、特殊人才的评价标准，在全社会营造重视技能人才的氛围。

（三）强化青年人才培养和储备建设

青年是创新创业的主力军，也是提升广西未来人才竞争力的关键。根据《广西青年创新创业人才培养计划实施方案》，重点遴选一批素质高、潜力大的青年技术技能人才，通过到国内外一流大学、科研机构访学研修，到中央企业、发达地区重点园区和强优企业挂职学习，持续给予科研和人才项目支持，进行定向跟踪的个性化培养。一是设立青年创新人才科研专项。新引进到广西区内的企事业单位工作的高水平大学博士毕业生，来桂工作第一年至第三年，可以申报一次性不超过20万元的自选科研项目经费资助，用人单位同时按1∶1的比例给予配套科研经费支持。二是来桂工作满3年后，青年人才可以申请定向送培。其中，具有硕士以上学位或副高以上职称、表现突出或获得省部级以上表彰和荣誉称号的青年专业技术人才，可通过申报“西部之光”访问学者项目、北部湾优秀中青年专业技术人才培养计划、高校千名中青年骨干教师培育计划，选送到国内外一流大学、科研院所访学研修。三是对于重点对象按照梯次进行培养。如在“八桂学者”项目中设立“八桂青年学者”岗位，在“自治区特聘专家”项目中设立“特聘青年专家”岗位，并与自治区新世纪“十百千”人才工程相衔接，形成青年学术技术带头人的梯次培养体系。几年来，广西通过实施选调生工程，从985高校定向选调了上千名优秀毕业生，为广西各个领域补充了一批高素质的管理人才，其中一部分经过实践锻炼已成为党政机关工作骨干和基层领导骨干，也为广西发展作了重要的干部和人才储备。适应经济发展新常态，尤其是深入推进供给侧结构性改革，必须抓紧解决人才供给中的突出矛盾，补齐产业转型升级中的人才短板，以人才资源规模的扩大、结构的完善和质量的提升，带动全要素生产率的提高，推动广西经济社会跨越发展。

芳林新叶催陈叶，流水前波让后波。时代呼唤创新、发展需要创新、创新决定未来。在全面建成小康社会进入决胜阶段的历史新起点上，牢固树立和贯彻落实创新发展理念，深入实施创新驱动发展战略，全力建设创新型广西，让创新真正成为引领广西发展、加快实现“两个建成”目标的第一动力，是广西面向未来的必然选择。

第十一章

“三大生态”谱写新篇

党的十八大以来，面对极其复杂的国内外形势，面对经济新常态下的新情况新变化，自治区党委、政府在以习近平同志为核心的党中央坚强领导下，团结带领广西各族人民，致力于改变发展面貌、改善人民生活，矢志奋斗、真抓实干，在承前启后中不断开拓发展新境界，推动广西从总体小康向全面建成小康社会迈进，八桂大地发生了翻天覆地的变化。2016年11月21日至11月24日，中共广西壮族自治区第十一次代表大会在南宁召开。这次大会是在全面建成小康社会进入决胜阶段召开的一次大会。大会首次提出着力营造风清气正的政治生态、团结和谐的社会生态、山清水秀的自然生态，开启广西奔赴“两个建成”，奋力谱写建党百年广西发展新篇章的征程。广西已然站在新的历史起点上，营造“三大生态”正当其时。这是广西加快发展的迫切需要，是广西各族人民的共同愿望。

一、聚力营造风清气正的政治生态

（一）党的十八大以来广西政治生态不断净化

在以习近平同志为核心的党中央坚强领导下，自治区党委全面贯彻党的十八大和十八届三中、四中、五中、六中全会精神，深入贯彻落实习近平新时代中国特色社会主义思想，围绕统筹推进“五位一体”总体布局和协调推进“四个全面”战略布局，扎实履行管党治党政治责任，认真落实中央八项规定精神，严格监督执纪问责，坚持不懈开展反腐败斗争，不敢腐、不能腐、不想腐的效应初步显现，改革发展正能量不断聚集，政治生态更加风清气正，人民群众的满意度明显提升。

1. 全面从严治党责任持续夯实

自治区党委把党要管党、从严治党作为首要政治任务，以上率下，先后制定出台落实“两个责任”系列文件，全面推行责任清单制度，健全履责谈话、签字背书、检查考核等制度，形成上下贯通、层层落实的责任体系。2012—2016年，广西共有183个领导班子、517名领导干部因落实“两个责任”不力受到责任追究，全面从严治党责任进一步压紧夯实。

2. 中央八项规定精神深入落实

以反“四风”为突破口，制定出台《中共广西壮族自治区委员会贯彻落实中央关于改进工作作风、密切联系群众有关规定的实施意见》，认真开展作风整治。组织开展严查严治公款吃喝送礼旅游、私设“小金库”、违规发放津补贴、违规配备使用公车、超标准使用办公用房、违规多占住房、大操大办婚丧喜庆事宜敛财、

"吃空饷"、"走读"、纵酒、出入私人会所等问题。2012年12月至2016年10月，广西查处违反中央八项规定精神问题2781起，党纪政纪处分2817人，点名道姓通报曝光3069起，落实中央八项规定精神逐渐成为广大党员干部的内在自觉。

3. 坚持"老虎""苍蝇"一起打

重点查处了党的十八大之后不收敛、不收手，问题反映集中、群众反映强烈，现在重要岗位且可能还要提拔使用的领导干部，用最坚决的态度减少腐败存量，用最果断的措施遏制腐败增量。2012—2016年，各级纪检机关接受信访举报233888件（次），立案36353件，涉及厅级干部78件、处级干部1171件；结案34149件；给予党纪政纪处分33511人；移送司法机关1795人；挽回经济损失12.6亿元。有腐必反、有贪必肃的执纪审查力度进一步加大。

4. 正确运用监督执纪"四种形态"

认真落实"让'红红脸、出出汗'成为常态；党纪轻处分、组织调整成为违纪处理的大多数；党纪重处分、重大职务调整的成为少数；严重违纪涉嫌违法立案审查的成为极少数"的"四种形态"要求，不断在第一种形态上下功夫，用好第二、第三种形态，强化第四种形态，充分发挥纪律的惩戒警示和正面引导作用。2015—2016年，广西纪检机关综合运用批评教育、诫勉谈话、组织处理、纪律处分等方式，处置问题线索30376件，谈话函询1862件（次），给予党纪轻处分和组织处理17693人、党纪重处分和重大职务调整4072人。

5. 深入整治群众身边的不正之风和腐败问题

围绕人民群众关注的热点问题，在广西部署开展查处发生在群众身边的"四风"和腐败问题专项工作，推进扶贫领域监督执纪问责。专项工作整治期间，广西纪检机关受理信访举报21093件，初核18306件，立案15338件，党纪政纪处分12410人，诫勉谈话、组织处理6981人，移送司法机关514人，30326名党员干部主动交代问题，退出违纪款2.17亿元。

通过一系列有力措施，党的执政根基进一步巩固厚植，广西党风廉政建设和反腐败斗争迈上新的台阶、进入新的阶段。

（二）中共广西壮族自治区第十一次代表大会提出营造风清气正的政治生态

1. 明确新阶段广西全面从严治党的总体目标

在改革开放以来尤其是党的十八大以来党风廉政建设和反腐败斗争阶段性成效的基础上，中共广西壮族自治区第十一次代表大会明确提出了今后五年广西工作的总体要求，那就是着力营造“三大生态”，奋力实现“两个建成”，谱写建党百年广西新篇章。其中营造风清气正的政治生态，不断增强党的先进性纯洁性和旺盛生机，为推动经济社会持续健康发展提供根本保障，成为新阶段全面从严治党的总体目标。通过落实全面从严治党主体责任、严肃党内政治生活、坚持正确用人导向、完善制度和纪律约束等一系列措施，进一步提升广西各级党组织的创造力凝聚力战斗力，增强拒腐防变和抵御风险的能力，不断改善和优化党内政治生态，带动党风政风的净化，最终实现干部清正、政府清廉、政治清明。

2. 全面部署新阶段全面从严治党的各项任务

围绕营造风清气正的政治生态的总体目标，中共广西壮族自治区第十一次代表大会进一步提出了新阶段全面从严治党的具体任务，要求广西各级党组织必须深入贯彻落实党中央关于全面从严治党的新部署新要求，自觉担当起全面从严治党主体责任，把严的要求贯彻到管党治党全过程、落实到党的建设各方面，着力营造风清气正的政治生态，重点抓好六个方面的工作任务。

一是强化思想政治建设，坚定崇高理想追求。重点加强理想信念教育和理论武装，教育和引导全体党员坚定共产主义理想信念和对中国特色社会主义的道路自信、理论自信、制度自信、文化自信，深入学习党的创新理论特别是习近平总书记系列重要讲话精神和治国理政新理念新思想新战略，时刻保持理论上的清醒和政治上的坚定。

二是加强和规范党内政治生活，坚决维护党的团结统一。重点开展严肃认真的党内政治生活，自觉增强“四个意识”特别是核心意识、看齐意识，坚定维护习近平同志的核心地位和党中央的集中统一领导，贯彻落实民主集中制，严格执行党的组织生活制度，加强党内监督。

三是加强干部队伍建设，锻造过硬中坚力量。深化干部选拔任用制度改革，以严格的标准选好干部、建强班子，强化日常监督，从严管理干部。

四是创新基层党建工作，增强基层党组织的整体功能。完善各级党委（党组）抓基层党建工作责任制，推进农村基层党组织“星级化”管理，强化贫困村组织建设，重视抓好国有企业、高校、城市社区、机关、事业单位等领域的党组织建设，不断提升党员队伍的建设、教育、管理和服务水平。

五是持之以恒改进作风，坚守正道弘扬正气。重点抓好保持党同人民群众的血肉联系这一核心，持续深入推进作风建设，强化制度约束，完善正向激励与容错纠错机制。

六是坚定不移反对腐败，保持党的肌体健康。重点抓好纪律建设和监督执纪问责，坚持把纪律和规矩挺在前面，严格执行廉洁自律准则，完善权力运行制约和监督机制，深化纪律检查体制改革，全方位扎紧制度笼子。

此后，广西继续坚决贯彻中央决策部署，将营造风清气正的政治生态列为“三大生态”之首，作为广西新形势下加强党的建设的总目标、总抓手，着力推动全面从严治党向纵深发展。

（三）营造风清气正的政治生态政策措施持续夯实

中共广西壮族自治区第十一次代表大会以来，广西深入学习贯彻习近平新时代中国特色社会主义思想和党的十九大精神，特别是以习近平总书记视察广西的重要讲话精神为指引，进一步明确目标、完善思路、创新措施、健全机制，广西党风政风社会风气持续改善。

1. 营造风清气正政治生态共识更加巩固

2017年1月14日，中国共产党广西壮族自治区第十一届纪律检查委员会第二次全体会议在南宁举行。这次全会是在广西上下深入贯彻落实党的十八届六中全会和中共广西壮族自治区第十一次代表大会精神，凝心聚力营造“三大生态”、实现“两个建成”新形势下召开的一次重要会议，也是第十一届自治区纪委开局之年召开的工作部署动员会。会议达成了营造风清气正的政治生态的新共识，那就是，进一步充分认识反腐败斗争的长期性、复杂性、艰巨性，始终保持冷静清醒，踩着不变的步伐，坚定前行，既要聚焦主责主业，刹风整纪，严惩腐败，强化不敢腐的氛围，又要科学把握党风廉政建设的特点和规律，强化改革创新，处理好治标与治本关系，完善不能腐的制度，构筑不想腐的堤坝，推动全面从严治党不断取得新的成效。

2. 党的十九大精神照耀八桂大地

2017年10月18日，中国共产党第十九次全国代表大会胜利开幕，大会报告作出了一个重大政治判断，即“经过长期努力，中国特色社会主义进入了新时代，这是我国发展新的历史方位”。同年11月10日，中国共产党广西壮族自治区第十一届委员会第三次全体会议在南宁召开。全会审议通过了《中共广西壮族自治区委员会关于深入学习宣传贯彻党的十九大精神的决定》，切实把深入学习宣传贯彻党的十九大精神，当作当前和今后一个时期的首要政治任务。以此决定为指引，广西上下以高度的政治责任感和历史使命感，迅速兴起学习宣传贯彻热潮，切实把思想和行动统一到党的十九大精神上来，把力量凝聚到实现党的十九大确定的各项目标任务上来。广大干部群众要充分认识学习宣传贯彻党的十九大精神的重大意义，全面准确把握党的十九大的精神实质和丰富内涵，把深入学习宣传贯彻党的十九大精神与贯彻落实习近平总书记对广西工作的重要指示精神紧密结合起来，精心组织党的十九大精神的学习宣传，在学懂、弄通、做实上下功夫，把学习成效转化为推进实际工作的有力举措，让党的十九大精神在八桂大地落地生根、开花结果。

3. 党的建设重整行装再出发

2018年1月28日，中国共产党广西壮族自治区第十一届纪律检查委员会第四次全体会议在南宁举行。会议强调习近平新时代中国特色社会主义思想是马克思主义中国化最新成果，要坚持以习近平新时代中国特色社会主义思想引领纪检监察工作实践，坚持正确政治方向，全面履行管党治党政治责任，坚决维护以习近平同志为核心的党中央权威和集中统一领导，一刻不停歇地推进全面从严治党向纵深发展，严肃查处违反党章党规党纪的行为，确保党的肌体健康，努力在新时代续写全面从严治党新篇章。以习近平新时代中国特色社会主义思想和党的十九大精神为指引，广西继续推进党的各项建设，深化监察体制改革，不松劲、不停步，重整行装再出发，持之以恒正风肃纪，深入推进反腐败斗争，实现党内政治生态根本好转，建设让党放心、人民信赖的纪检监察干部队伍，为持续营造“三大生态”，加快实现“两个建成”，扎实推进富民兴桂，奋力谱写新时代广西发展新篇章提供坚强的纪律保障。

二、凝心提升团结和谐的社会生态

（一）完善惠民政策筑牢民生底线

民生是社会管理之基、和谐稳定之本。自治区党委、政府坚持民生优先，拿出更多的精力和财力解决就业、教育、住房、医疗、社保等基本民生问题，夯实社会管理之基，强固和谐稳定之本。历年来不断加大民生领域资金投入，加快实现广西城乡义务教育免费、城乡居民最低生活保障和医疗保障、农村养老保险和困难家庭学生资助上学、公共文化体系全覆盖。开展边境地区、“老少山穷库”地区基础设施大会战，解决了困难群众开路、通电、饮水等最基本问题。对特别困难群体给予特殊救济救助，解决或缓解了库区移民、国企下岗职工等困难群体问题，促进了广西社会管理创新与社会和谐稳定。

千方百计增加居民收入，筑牢社会建设的物质基础。相继出台政策，着力通过多渠道、多途径助推老百姓收入“水涨船高”，

图为被誉为“广西最美高速”的靖西至那坡高速公路（周军　摄）

2013年以来，广西城镇、农村居民人均可支配收入分别年均增长8.2%和10.7%。同时，多次调整广西职工最低工资标准，广西各类地区月最低工资标准均已达到1000元以上。

振兴发展各级各类教育，巩固社会发展的基石。2014年自治区党委、政府召开广西教育发展大会，提出实施广西教育振兴行动计划和八大重点工程，决定实施“双千”计划，筹措1000亿元以上资金，新建扩建1000所以上学校，从根本上解决广西教育总量不足问题。截至2016年11月，经过两年多的发展，广西各级各类教育发展迈上新台阶。其中，在学前教育方面，广西在全国首创多元普惠幼儿园办园新机制，新建改扩建幼儿园567所，新认定1042所多元普惠幼儿园，自治区示范幼儿园达到146所，覆盖了广西76%的县区；在职业教育方面，广西通过实施现代职业教育发展十大工程，在民族地区率先构建现代职业教育体系；在教育精准扶贫方面，对建档立卡贫困户子女进行精准资助、精准帮扶，从2016年秋季学期起，实现对建档立卡贫困户子女从学前教育到高中阶段教育的15年免费教育，并将给予优先重点资助。

积极解决就业问题，保持改革发展稳定的大局。2012—2016年，广西城镇新增就业239.3万人，完成国家下达目标任务的159.53%；失业人员实现再就业47.84万人，完成国家下达目标任务的119.6%；就业困难人员实现就业15.33万人，完成国家下达目标任务的153.3%；城镇登记失业率每年控制在4.5%以内。创建农民工创业园，有效解决了农民工返乡创业初期用地难、建设难、发展难等一系列问题。拓宽农民工创业融资渠道，从2015年起到2017年，每年安排农民工创业专项扶持资金3亿元，在全国率先出台农民工创业担保政策。

大力提升社会保障水平，推动社会事业全面发展。广西精耕细作、倾力构筑统筹城乡的广覆盖、保基本、多层次、可持续的社会保障体系，着力提升民生品质。党的十八大以来，广西公租房加快建设，危改、棚改齐头并进。其中，2012—2016年，完成农村危房改造任务106.95万户，解决了428万农村贫困群众的安全住房需求；2013—2016年，开工建设保障性住房和棚户区改造共134.49万套，累计解决400多万中低收入人群的住房困难问题。

（二）平安广西建设深入推进

改革开放以来，广西社会治安综合治理工作取得了良好成绩。一是“打防控”成效显著，初步形成了党委、政府统一领导，政法、综治部门组织协调，有关部门整体联动，社会各界齐抓共管，人民群众广泛参与的良好工作格局。二是以实施社会治安综合治理

"三十百千"工程为载体，牢牢把握了维护广西稳定工作的主动权。2003年初，广西把南宁、柳州、桂林3个中心城市的城区和苍梧县等10个重点县（市、区）以及100个乡（镇）、1000个村（居）和有可能影响广西社会稳定的10个困难企业、农林场作为社会治安综合治理工作的重点，通过努力，使这些重点地区建立和完善社会治安长效机制，"三十百千"工程成为平安广西建设的重要抓手。三是经过严打斗争，广西刑事案件大幅度上升势头得到有效遏制。四是妥善解决和处理了大量影响社会稳定的矛盾。五是群防群治和基层安全创建活动进展快。六是广西各级以领导责任制、目标管理责任制、一票否决权制为框架的社会治安综合治理责任制体系基本形成。

2005年1月26日至27日，广西全区政法工作会议在南宁召开，自治区决定用三年时间在全区集中开展建设平安广西的活动。从2005年开始，广西各级党委、政府和各有关部门，认真贯彻落实中央和自治区的工作部署，紧紧围绕广西工作大局，坚持以开展建设平安广西活动为载体，以推进政法综治工作上新台阶为目标，全面开展平安广西建设活动，着力解决了一批人民群众反映强烈的执法不公、执法不严的突出问题。

2013年7月17日至18日，深化平安广西建设工作会议在崇左市召开，会议强调要努力适应人民群众的新要求、新期待，全面深化平安广西建设。广西深入学习贯彻党的十八大和习近平总书记关于建设平安中国的重要精神，围绕社会和谐稳定模范区建设，坚持源头治理、系统治理、综合治理、依法治理，努力解决深层次问题，不断提升人民群众安全感和满意度，确保边疆巩固稳定、社会安定有序、人民安居乐业，为加快实现富民强桂、与全国同步全面建成小康社会作出新的更大贡献。自此，平安广西建设不断开创新局面。

南宁市建成运行了中国第一套城市应急联动系统（陈峰　摄）

近年来，平安广西的建设步伐仍在不断加快，工作成效也在不断巩固，广西社会建设积累了丰富的理论和实践成果，为新时代巩固团结和谐的社会局面提供了坚实基础。

（三）社会管理不断加强和创新

经过多年的平安广西建设，自治区党委、政府牢牢把握时代发展和区情变化，不断改进社会治理措施，切实加强和创新社会管理，推动经济快速平稳发展，促进了民族团结边疆巩固，确保了广西社会大局持续稳定。

社会管理新格局逐步形成。自治区党委、政府立足“老、少、边、海、山、贫”的基本区情，把加强和创新社会管理摆到更加突出的位置，作出了建设社会和谐稳定模范区的决定。中共广西壮族自治区第十次代表大会提出“开创社会建设与管理新局面，建设社会和谐稳定模范区”的战略任务，召开了一系列会议专题研究部署社会管理创新工作。更名组建了自治区社会管理综合治理委员会，强化协调指导职能。此后，广西14个市和109个县（市、区）也健全了社会管理机构，社会各界和人民群众积极参与社会管理，形成了党委领导、政府负责、社会协同、公众参与的社会管理新格局。

社会管理制度建设开创新局面。党的十八大以来，自治区先后下发了《关于加强和创新社会管理的实施意见》及其10个配套文件，包括社会管理机构更名与职能、责任分工、社会管理规划、流动人口服务管理、边海防工作、社会管理人才队伍、社会管理舆论宣传、社会组织建设管理、民族事务服务管理、“两新”组织（新经济组织和新社会组织）党建等10个方面，涵盖了社会管理的各个领域、各个方面。尤其是把社会管理纳入经济社会发展全局、把社会管理人才纳入党的人才队伍、把流动人口纳入基本公共服务范畴、把“两新”组织党建纳入党的建设工程等同步规划、同步实施，开创了社会管理制度建设的新局面。

智能化平台推动社会治理能力现代化。广西充分利用综治信息处理系统平台推进社会治理网格化服务管理工作，不断以信息化提升社会治理能力。依托综治信息处理系统平台，缩小管理单元，发现、处理问题的方式形成闭环式，整个社会管理系统呈扁平化，实现部门之间共建、共享和共治，避免了过去各自为战、难以调度的局面。不断完善社会治安防控体系，通过健全监管机构，编织责任网，逐步形成了党委主导、政府监管、社会协同、公众参与的共治格局。2018年1月11日，广西民意调查中心公布数据显示，2017年，广西群众安全感达93.31%，再创历史新高，这是广西加强社会治安综合治理创新带来的可喜成果。

（四）法治广西建设步伐不断加快

广西法治建设是依法治国、建设法治中国的具体实践。经过长期努力，特别是1997年启动依法治桂工作以来，广西法治建设已取得较好成效，宪法、法律、行政法规得到正确实施，地方立法步伐不断加快，法律监督机制不断完善，人民民主不断扩大，法治政府建设稳步推进，司法公正成效显著，法治宣传教育不断深入，全社会法治观念明显增强。党的十八大报告提出要“加快建设社会主义法治国家”，为中国法治进程指明了新的方向和目标。在2013年广西两会上，“建设法治广西”第一次写进政府工作报告。2014年11月，《中共广西壮族自治区委员会关于贯彻落实党的十八届四中全会精神全面推进广西法治建设的意见》发布，广西积极投身全面推进法治建设伟大实践，开拓进取，扎实工作，为开创广西“双核驱动、三区统筹”开放发展新局面，加快实现“两个建成”目标而努力奋斗。2016年，中共广西壮族自治区第十一次代表大会进一步提出全面推进法治建设，更好维护社会公平正义，要积极推进科学立法、民主立法、依法行政、公正司法，使社会在深刻变革中既生机勃勃又井然有序。

（五）民族团结进步事业巩固发展

改革开放尤其是党的十八大以来，广西始终把维护和促进民族团结作为重大政治责任来坚守，作为工作接力棒来相传，广西上下认真贯彻落实党的民族政策，各族人民手牵手，心连心，守望相助、共荣共兴，携手推进民族团结进步事业发展，不断筑牢社会稳定和长治久安的根基，让民族一家亲的似锦繁花在八桂大地常开长盛。

1. 少数民族民生保障不断完善

自治区党委、政府始终把保障和改善民生当作巩固发展民族团结进步事业、促进社会和谐的治本之策，积极采取一系列非常措施，重点解决少数民族聚居群众最关心最直接最现实的利益问题，取得了显著成效。城乡居民就业收入不断提升，生活条件明显改善，“十二五”期间，广西城镇新增就业累计250.7万人，城镇和农村居民人均可支配收入分别年均增长9.7%和12.7%，收入比进一步缩小；举广西之力打好脱贫攻坚战，560万农村贫困人口摆脱贫困；保障性住房建设、农村危房改造力度加大，超过800万城乡群众住房难问题得到解决。城乡低保保障水平不断提升，2012—2015年，广西共筹集城乡低保资金280.73亿元，其中投入少数民族聚居区约180亿元，占64.12%；调整提高城乡低保保障标准，城乡低保平均保障标准分别达到每人每月404元（4848元/年）和213元（2556元/年）。医疗救助力度持续加大，医药卫生体制改革深入推进，职工、城镇居民和新农合三项基本医保参保率均达97%以上，2012—2016年，自治区共下达医疗救助补助资金33.08亿元，其中少数民族聚居区约22.27亿元，约占67.33%，有效救助困难的各族群众。

2. 少数民族干部培养工程深入实施

自治区党委、政府切实将少数民族干部的培养摆在重要位置，通过深入实施少数民族干部培训工程、少数民族后备干部培养工程、少数民族聚居区和贫困地区人才发展专项规划、西部人才培训项目等，促进少数民族人才队伍和干部队伍的发展壮大。坚持把能力建设贯穿于加强少数民族干部队伍建设全过程，出台《2013—2017年广西干部教育培训规划》，将少数民族干部培训作为广西“十二大培训工程”之一。依托党校、干部学院等教育培训主阵地，积极推进与国内重点高校的校地合作，对少数民族干部进行大规模培训。坚持每年举办少数民族干部学历进修班，着力提高少数民族干部的学历层次。把经济建设、扶贫攻坚的主战场作为培养、锻炼干部的“大课堂”。注重选派少数民族干部参加第一书记和“美丽广西”乡村建设工作队。2012年开始，每年集中选派机关干部到贫困村担任党组织第一书记，推动一大批少数民族干部到基层接地气、知民情，在基层一线锻炼成长，不断发展，成为广西实现民族区域自治、推动经济社会发展的一支重要力量。

3. 民族团结进步模范区持续建设

中共广西壮族自治区第十一次代表大会报告明确指出，民族团结是广西各族人民的生命线，广西未来五年要坚持和完善民族区域自治制度，巩固发展民族团结进步事业，必须把维护民族团结作为重大政治责任来坚守，持续建设民族团结进步模范区。在接下来的五年里，广西要重点推进以下工作：一是构筑各民族共有精神家园。坚持和发展平等、团结、互助、和谐的社会主义新型民族关系，深入开展“和谐壮乡·团结进步”宣传教育和形式多样的民族团结进步创建活动，进一步增强各族群众对伟大祖国、中华民族、中华文化、中国共产党、中国特色社会主义的认同，使“三个离不开”（即“汉族离不开少数民族，少数民族离不开汉族，各少数民族之间也互相离不开”）的理念更加深入人心，让各民族手足相亲、守望相助。加强青少年民族团结教育，培养民族团结进步事业接班人。二是切实落实党的民族政策。深入贯彻《民族区域自治法》，完善配套法规，依法保障各族群众享有平等的教育、劳动、宗教信仰等权利，让少数民族群众更好地感受祖国大家庭的温暖。三是加大政策扶持力度，进一步夯实少数民族聚居区发展基础，推动经济社

南宁市2018年民族团结进步宣传月启动仪式（尹庆南　摄）

会跨越式发展，提高各族群众生活水平。四是继续大力培养选拔使用优秀少数民族干部，注重培养少数民族专家学者和专业技术人才，壮大贯彻党的民族政策、做好民族工作的骨干力量。未来五年，持续推进民族团结进步模范区建设，必将把广西民族团结进步事业推向更高的层次。

三、巩固发展山清水秀的自然生态

（一）生态立区战略思路逐渐明晰

1. 绿水青山就是金山银山理念

“山清水秀生态美”是广西生态现状的真实写照，也是广西崛起发展的亮丽名片，广大群众开始收获更多“绿色红利”。而在20

世纪80年代，广西森林覆盖率只有29%，如今已经达到62.31%，这主要得益于广西多年来坚持的生态文明理念以及开展的生态建设实践。2005年，广西作出了建设生态省区的重大决策，并出台一系列政策措施。2006年，明确提出把生态建设和环境保护作为建设“富裕文明和谐新广西”奋斗目标的重要内容。2007年，出台建设生态广西的决定；同年9月启动实施《生态广西建设规划纲要（2006—2025年）》。2008年，自治区党委、政府在制定科学发展三年计划时，把环境保护和生态建设列入其中。2010年，自治区出台《中共广西壮族自治区委员会 广西壮族自治区人民政府关于推进生态文明示范区建设的决定》，努力建设全国生态文明示范区。2012年，自治区出台《关于开展以环境倒逼机制推动产业转型升级攻坚战的决定》，全力助推生态文明建设。这一系列政策措施的出台，为广西生态建设提供了有力支持。

2. 生态建设壮乡新创举

广西坚持生态文明理念，开展了大量有益的生态建设创新和实践。2008年初，一项创新之举在金秀瑶族自治县推行，即对该县不再考核地区生产总值，而以生态环境保护、旅游产业发展、城镇化建设取代生产总值、财政收入和工业化建设三大传统指标，此举措推行后该县经济发展不仅没有减慢反而更快。此后，广西总结推广来宾市对金秀、忻城等生态重要地区强化生态保护和建设指标考核、不再考核地区生产总值的做法和经验，开展相关研究，探索有利于促进生态文明示范区建设的指标体系的考核办法，一系列生态文明示范区建设的推进机制和政策逐步实施。十年来，广西生态示范创建活动取得了系列成就，其中南宁市荣获“联合国人居奖”和“全国文明城市”称号，桂林市、柳州市和北海市分别荣获“国家环境保护模范城市”、“国家园林城市”和“国家级生态示范区”称号，绿色发展优势得到巩固。

（二）社会绿色福利逐步提升

1.“美丽广西”乡村建设活动成效凸显

根据党的十八大、十八届三中全会和自治区党委十届四次全会精神，自治区党委、政府决定开展“美丽广西”乡村建设重大活动，出台了《“美丽广西”乡村建设重大活动规划纲要（2013—2020）》，持续推进解决制约农村生态宜居和基础建设的突出问题。“美丽广西”乡村建设重大活动规划期为2013—2020年，分“清洁乡村”“生态乡村”“宜居乡村”“幸福乡村”四个阶段推进。第一阶段为“美丽广西·清洁乡村”活动，以开展“清洁家园、清洁水源、清洁田园”为主要任务，2013年4月启动实施以后取得了

通过“美丽广西”乡村建设活动的实施改造，完善了乡村的公共设施和生活居住环境。图为华润百色希望小镇（段柳健　摄）

显著成效，2014年继续抓好“三清洁”活动。第二阶段为“美丽广西·生态乡村”活动，以开展“村屯绿化”“饮水净化”“道路硬化”三个专项活动为主要任务，于2014年7月启动，2015年1月至2016年12月集中开展。第三阶段为“美丽广西·宜居乡村”活动，以开展“产业富民”“服务惠民”“基础便民”三个专项活动为主要任务，于2016年7月启动，2017年1月至2018年12月集中开展。第四阶段为“美丽广西·幸福乡村”活动，以开展“环境秀美”“生活甜美”“乡村和美”三个专项活动为主要任务，于2018年7月启动，2019年1月至2020年12月集中开展。“美丽广西”乡村建设活动已历时5年，“清洁乡村”“生态乡村”建设已告一段落，“宜居乡村”活动正在奋力奔跑，“幸福乡村”建设活动还将接踵而来，壮乡的“绿色财富”不断厚积，百姓的“绿色福利”不断提升。

2. “美丽广西·宜居城市”建设措施有力

2016年，自治区先后印发了《关于加强城市规划建设管理工作的意见》和《关于开展“美丽广西·宜居城市”建设活动的实施意见》，提出要树立“创新、协调、绿色、开放、共享”五大发展理念，坚持“适用、经济、绿色、美观”的建筑方针，以推进新型城镇化为主线，以建设宜居城市为目标，构建城市规划建设管理新秩序，走符合城市发展规律、具有广西特色的城市发展道路。实施加强城市规划建设管理的“369”行动计划，即统筹推进城市规划提升、城市承载力提升、城市管理提升三大行动，强力推进多规合一、海绵城市、街区制、宜居小区、智慧城市、建筑产业现代化六项试点，深入实施风貌特色、棚改安居、地下管廊、城市双修、蓝天碧水、交通畅通、城市安全、风景园林、社区公共服务九大工程。具体到操作层面，就是通过开展“宜居城市”创建活动，实施“163”行动计划。“1”即建立1套宜居城市指标体系，其中设区市指标90项、县级指标80项，定量考评、奖优罚劣；“6”即从绿色、便捷、和谐、特色、智慧、创新6个维度支撑宜居城市建设，从不同层面精准发力，整体提升城市宜居度；“3”即设置城市宜居度综合排名、城市宜居度排名提档进位、优秀范例3种激励措施，以调动不同发展水平城市的积极性、创造性。广西以“宜居城市”创建活动为抓手，把宜居水平的高低作为衡量城市发展成就的重要尺度，紧紧抓住“宜居”的特征，着力解决人民群众反映最强烈的民生和“城市病”等问题，计划用10年时间逐步把广西城市建设成为面向东盟的绿色生态、开放创新、活力迸发、管理高效、桂风壮韵凸显的现代化宜居城市。

3. 环境管理新实践积极探索

2013年，桂粤合作整治九洲江工作会议提出，两广人民共饮一江水，有必要联手，开展“三污水”治理，同时实行生态补偿等配套措施，有效解决流域环境污染问题。

近年来，广西针对突出的环境问题，积极探索环境管理的新实践，切实打赢水、大气、土壤污染防治“三大战役”。2013年环境安全年坚决遏制环境问题频发态势；2014年基层建设年着力改变监管能力薄弱问题；2015年监管执法年掀起环保风暴扭转被动局面；2016年环境问题大诊断，打响全面治污攻坚战。据监测，2016年广西空气质量优良天数比例为93.5%，同比升高5个百分点；PM10浓度均值为56微克/立方米，同比下降8.2%；PM2.5浓度均值为37微克/立方米，同比下降9.8%。广西51条主要河流97个断面中，Ⅰ—Ⅲ类水质断面92个，占94.8%，同比上升1.7个百分点。广西列入国家“水十条”考核的52个地表水断面，水质优良比例为98.1%，丧失使用功能水体比例为0。2016年，广西全年未发生重大等级环境污染事件，当年的环境质量为2013年以来历史最好水平。

广西还创新采用政府和社会资本合作环境质量监测PPP模式，引入专业化社会资本投资建设、运维管理广西75个县级环境空气质量监测设施，该项目是我国在环境质量监测领域落地的首个PPP示范项目，开创环境监测领域PPP模式先例。

2016年，《广西环境保护和生态建设“十三五”规划》印发实施。广西继续以改善生态环境质量为核心，以达标排放和污染减排为抓手，以保障人民群众生态环境健康和防范环境风险为落脚点，通过一系列科学策略和“实打实”的具体工作，全力保障生态环境安全，实现环境和经济协调发展，从而为实现“两个建成”宏伟目标打下良好生态环境基础，让人民群众有更多的获得感和幸福感。

（三）筑牢绿色屏障守护美丽家园

1. 生态绿色防线不断筑牢

从1996—2010年，广西已先后实施两期珠江防护林工程，通过人工造林、封山育林，使工程区的森林覆盖率提高了5.6%，森林蓄积量增加了1.2亿多立方米，构建了广西生态安全格局的主体框架，有效遏制了水土流失和土地石漠化，为改善珠江流域生态环境、维护珠江流域生态安全作出了重要的贡献。

2012年，广西森林生态服务功能总价值已超过1万亿元。广西森林面积1458.4万公顷，居全国第6位；活立木蓄积量6.4亿立方米，居全国第7位；森林覆盖率61.4%；木材产量2100万立方米，占全国木材总产量的20.4%，稳居全国第1位。

2012年，围绕建设生态文明示范区和林业强区，广西掀起新一轮大规模造林绿化高潮。各级领导带动广西2700多万人次参加义务植树，共植树9766万株。广西完成植树造林31.8万公顷，通道单边绿化里程1582.9公里，城镇绿化2006万平方米，绿化村屯1044个。城乡绿化一体化加速推进，打造了一批绿化美化精品，柳州成为继梧州、南宁之后广西第三个国家森林城市，广西有2个市、5个县、9个单位荣获全国绿化模范单位称号，北流市民乐镇罗政村等3个村荣获全国生态文化村称号。

2012年，广西新建自然保护小区94处，启动湿地资源管理信息系统建设，在岩溶洞穴生物多样性调查中发现并命名新种150种。猫儿山国家级自然保护区成为我国第29个世界人与生物圈保护区网络成员，被列为国家级示范保护区；崇左白头叶猴自然保护区晋升为国家级自然保护区；邦亮长臂猿等3个自然保护区申报晋

图为桂林猫儿山国家级自然保护区内的千年活化石铁杉林（马红专　摄）

升国家级自然保护区顺利通过国务院评审。

2. 石漠化地区生态攻坚战全面开展

石漠化是岩溶地区土地退化的极端形式，是广西的头号生态问题，更是广西打赢脱贫攻坚战的重中之重。作为粤港澳地区的重要生态屏障和全国石漠化最严重的地区之一，特殊的地理位置和国土空间格局，赋予广西最艰巨的“绿色责任”。贫困问题与石漠化问题交织，对石漠化进行综合治理，实际上就是在治穷，就是帮助石漠化地区的贫困人口尽快脱贫奔向小康。算好发展与保护的长远账，为维护国家和区域生态安全作出更多的“绿色贡献”，广西把治理石漠化作为建设生态文明示范区的重要内容，全面打响石漠化综合治理攻坚战。对比2005年第一次监测数据，2012年广西石漠化土地面积减少679万亩，减幅达19%，在全国8个石漠化省（区）中石漠化面积减少最多。从“大地披绿”到“身边增绿”和“心中播绿”，2013年以来，广西牢固树立保护生态环境就是保护生产力、改善生态环境就是发展生产力的理念，坚持统筹推进林草植被保护和建设、水土保持和基本农田建设、农村能源建设、生态扶贫等重点任务，推动石漠化综合治理与脱贫攻坚相结合，积极探索实践适合不同区域、不同阶段的石漠化治理模式与机制，一片片荒山披上“绿衣”，一户户农民挣脱贫困，一条条小康路徐徐铺就。石漠化这一“地球癌症”，遭遇了八桂儿女最顽强的阻击。

恢复植被是石漠化治理的主要目标，也是改善生态环境的根本措施。种下一棵树就给大地种下绿色希望，植下一片绿就为生命创造一方美好家园。近五年来，广西通过整合“绿满八桂”造林绿化工程、退耕还林、珠江防护林、森林生态效益补偿等林业重点生态工程项目，总结出“六字”方针，即“封”（封山育林）、“造”（人工造林)、“退”(退耕还林)、“管”(加强林木管护)、“沼”(建设沼气池)、“补”(对石山灌木林实行森林生态效益补偿),筛选了吊丝竹、任豆、苏木等一大批石山人工造林树种,探索出“竹子+任豆”、山葡萄等10多种治理模式和20多种造林方式,加快了石山绿化。

广西始终坚持绿色发展理念,通过一系列科学策略和“实打实”的具体工作,全力保障生态环境安全,实现环境和经济协调发展。实施石漠化综合治理工程,将大石山区建设成美好家园,是推进绿色发展和建设生态文明的典型范例,不仅为加快实现“两个建成”目标打下良好生态环境基础,也为“一带一路”沿线国家和地区的生态环境综合治理提供了借鉴。

(四)中国—东盟环境合作深化发展

中国—东盟环保合作起源于2003年,双方启动了中国—东盟绿色使者计划,并开展生物多样性交流,同时,还建立了环保技术合作网络,推动了环保事业的交流合作以及基地的建设。中国与东盟合作互利共赢,山水相连的生态环境更是将双方紧密地结合在一起,中国和东盟各国都肩负着发展经济、改善民生的历史使命,双方都拥有共同的发展梦想——建设资源节约型、环境友好型社会。多年来中国—东盟环境合作不断深化,广西积极参与其中。

2006年,广西开始实施大湄公河次区域核心环境项目。项目区社会经济调查、生物多样性调查、廊道地区土地利用评估、生物多样性保护廊道建设等取得有效进展。完成了对外交流的各项工作,拓宽环境保护国际合作的渠道。

2010年,广西壮族自治区环境保护厅和贵州省环境保护厅双方签订了《都柳江跨黔、桂省(区)界断面水质联合采样监测方案》，决定联合监测制度要设置科学合理、双方资源支持、便于实施的联合采样监测方案；对监测结果，双方要互认共享，为各自政府提供决策参考；签署加强跨省流域污染防治工作合作协议，开展了跨省流域污染防治工作合作。

2012年3月，广西壮族自治区环境保护厅与以色列驻广州总领事进行了座谈，就开展水污染防治技术交流与合作、农村生活污水处理技术、人工湿地技术的应用等方面议题进行了交流和探讨，进一步扩大了在水污染防治等方面的环保合作与交流，实现合作共赢。同年5月，由联合国工业发展组织和中国环境保护部清洁生产中心联合举办的工业园区资源高效利用与清洁生产国际研讨会在南宁举行，自治区环境保护厅积极支持和参与到“资源高效利用与清洁生产”项目活动中，全面推行清洁生产，转变经济发展方式，保护生态环境，建设资源节约型、环境友好型社会。

2016年9月10日，《中国—东盟环境合作战略（2016—2020年）》和《中国—东盟环境展望报告：共同迈向绿色发展》在广西南宁发布，中国和东盟将重点在政策对话交流、环境数据与信息共享、环境影响评价、生物多样性与生态保护、环境产业技术促进绿色发展、环境可持续城市、环境教育与公众意识、机构和人员能力建设、联合研究等九大具体领域深化合作。

党的十八大以来，中国与东盟的环境合作从对话走向务实，从官方走向民间。双方携手应对环境挑战，抓住发展机遇，通过推动节能环保产业的发展，搭建环保技术与产业交流平台，推进中国—东盟环保产业合作，在绿色发展转型中创造共赢局面。

风清气正的政治生态，是党的先进性纯洁性和旺盛生机的综合体现，是经济社会持续健康发展的根本保障。团结和谐的社会生态，是社会文明进步的显著标志，是增进人民福祉的重要基石。山清水秀的自然生态，是绿色发展的基本要义，是实现永续发展的重要基础。蓝图已绘就，奋进正当时。当前，广西各族人民紧密团结在以习近平同志为核心的党中央周围，不忘初心、牢记使命，牢固树立新发展理念，以更加坚定的自信、更加饱满的热情、更加昂扬的斗志，为营造“三大生态”、实现“两个建成”、谱写广西发展新篇章而努力奋斗！

第十二章

筑中国梦拥抱新时代

中国特色社会主义进入新时代，这是党的十九大报告对我国所处历史方位的重大政治判断。新时代开启新征程，新使命呼唤新作为。党的十九大擘画了新时代中国发展的壮美画卷，提出从现在到2020年，是全面建成小康社会决胜期。从2020年到2035年，在全面建成小康社会的基础上，再奋斗十五年，基本实现社会主义现代化。从2035年到本世纪中叶，在基本实现现代化的基础上，再奋斗十五年，把我国建成富强民主文明和谐美丽的社会主义现代化强国。这是我们党对新时代中国特色社会主义发展作出的战略安排，也是实现伟大的中国梦的一份路线图。不负伟大新时代，同心共筑中国梦。全区上下正以习近平新时代中国特色社会主义思想和党的十九大精神为指引，深入推动脱贫攻坚、开放带动、绿色发展、全面改革等各项事业发展，以改革的精神、开放的心态、示范的方式、科学的制度推进改革，多措并举提升人民群众的幸福感，凝心聚力创造佳绩，为决胜全面建成小康社会、实现中华民族伟大复兴中国梦而奋斗。

一、打赢脱贫攻坚战

（一）聚焦目标啃硬骨头

党的十八大以来，广西坚持以习近平总书记关于扶贫的重要论述为引领，深入学习贯彻习近平总书记视察广西重要讲话精神，按照中央脱贫攻坚重大决策部署，大力推进精准扶贫、精准脱贫，2012年至2017年广西累计减少贫困人口704万人，年均减贫超过117万人，实现1999个贫困村、10个贫困县摘帽，脱贫攻坚取得决定性进展。脱贫攻坚已进入啃硬骨头、攻城拔寨的关键时期，我们要清醒认识打赢打好脱贫攻坚战的艰巨性、复杂性、紧迫性，坚定不移把打赢打好脱贫攻坚战作为最大的政治责任和第一民生工程，以非常政策、非常举措、非常力度，举广西全区之力坚决把脱贫攻坚抓紧抓准抓到位，决不让一个少数民族、一个地区掉队。

1. 总体目标

到2020年，现行标准下广西农村452万建档立卡贫困人口实现脱贫，贫困发生率控制在3%以下；5000个建档立卡贫困村有序摘帽，54个贫困县全部摘帽；稳定实现农村贫困人口“两不愁”（即不愁吃、不愁穿），“三保障”（即保障其义务教育、基本医疗和住房）。农村贫困人口年人均纯收入超过国家扶贫标准。贫困地区基本公共服务主要领域指标接近广西平均水平。贫困人口与全国全区人民同步实现全面小康社会。

2. 具体目标

全面完成贫困人口有序脱贫摘帽，完成脱贫攻坚任务。

——贫困人口退出计划：2016年120万人，2017年110万人，

2018年110万人，2019年112万人，2020年巩固提升，确保贫困人口稳定和可持续性脱贫。贫困户脱贫按照“八有一超”，即有收入来源、有住房保障、有基本医疗保障、有义务教育保障、有路通村屯、有饮用水、有电用、有电视看，年人均纯收入超过国家扶贫标准执行。

——贫困村退出计划：2016年1000个，2017年1300个，2018年1700个，2019年1000个。贫困村脱帽按照“十一有一低于”，即有特色产业、有住房保障、有基本医疗保障、有义务教育保障、有路通村屯、有饮用水、有电用、有公共服务设施、有电视看、有村集体经济收入、有好的“两委”班子，贫困发生率低于3%执行。

——贫困县退出计划：2016年8个，其中国家扶贫开发工作重点县1个；2017年10个，其中国家扶贫开发工作重点县（含享受待遇县、片区县和“天窗县”）6个；2018年20个，其中国家扶贫开发工作重点县（含享受待遇县、片区县和“天窗县”）10个；2019年16个，均为国家扶贫开发工作重点县（含享受待遇县、片区县和“天窗县”）。贫困县摘帽标准按“九有一低于”，即有特色产业、有住房保障、有基本医疗保障、有义务教育保障、有路通村屯、有饮用水、有电用、有生活服务设施、有社会救助，农村贫困发生率低于3%执行。

（二）组合措施提供有力保障

把脱贫攻坚作为重大政治任务来抓，采取超常举措，强化组织领导，创新扶贫体制机制，加大扶持力度，打好政策组合拳，压实主体作用，夯实扶贫基础，强化组织实施，为脱贫攻坚提供强有力的保障。

1. 强化组织领导

一是加强组织领导。全面落实党政一把手脱贫攻坚责任制，各市、县（市、区）、乡（镇）党政主要领导作为本辖区脱贫攻坚工作第一责任人，各有关行业部门主要负责人作为行业扶贫第一责任人，切实履行领导责任，统筹抓好辖区和行业部门脱贫攻坚工作。

二是压实主体责任。实行“五级书记”一起抓，落实党政和部门一把手脱贫攻坚责任制，扣紧一级抓一级，建立层层抓落实的责任链条，层层签订责任状。

三是加强农村基层党组织建设。重点选准配强贫困村党支部书记，确保贫困村带头人个个过硬；推行村级党组织“星级化管理”，全面整顿提升贫困村软弱涣散党组织；广泛搭建载体平台，充分发挥村级党组织和党员在脱贫攻坚中的战斗堡垒作用和先锋模范作用；深入实施领导挂点、部门包村、干部联户、第一书记驻村的“挂包联驻”机制，确保每个贫困县都有领导挂点联系，每个贫困村都有部门挂钩、干部联户、第一书记和扶贫工作队员驻村，每个贫困户都有党员干部结对帮扶，不脱贫不脱钩。鼓励和选派思想好、作风正、能力强的优秀年轻干部、退伍军人、高校毕业生到贫困村工作，为脱贫攻坚锻造“生力军”；全面培训贫困村党员干部，提升带领群众脱贫攻坚的能力；统筹加大投入，强化贫困村党组织建设基础保障。

四是充分发挥贫困群众的主体作用。引导贫困群众转变思想观念，坚定信心和决心，不等不靠、苦干实干、加强技能学习，提升自我发展能力，改善落后面貌。引导群众发展组织化建设，有效落实一事一议、村民自建、以奖代补、先建后补等政策。强化群众监督和群众评价，确保扶贫项目资金发挥更大效益，充分发挥贫困群众主体作用。

五是凝聚脱贫动力。广泛动员和凝聚社会资源参与脱贫攻坚，凝聚政府、市场、社会互为支撑的脱贫攻坚合力。坚持实施社会扶贫，深入开展结对帮扶、行业扶贫、爱心救助等模式，重点瞄准贫困村、贫困人口，集中人力、物力、财力，增强基础设施对扶贫的支撑作用，以社会扶贫为新引擎，着力调动社会方方面面参与扶贫攻坚的积极性、主动性，营造起全社会参与扶贫帮扶的浓厚氛围。

六是营造脱贫氛围。加强对脱贫政策的学习，广泛宣传实施脱贫攻坚的重大意义、方针政策、成功经验等，使之家喻户晓，形成全社会帮助扶贫、贫困群众踊跃脱贫的良好氛围。

2. 加大资金投入

一是加大财政支持力度。建立脱贫攻坚财政投入稳定增长机制。建立完善市、县级扶贫资金竞争性分配机制，县级政府要将扶贫资金安排与减贫效果挂钩，逐年加大以奖代补等竞争性分配资金的比例。盘活存量资金，各级财政要将当年按规定清理收回的存量资金中可统筹使用资金的50%以上用于扶贫开发。简化资金拨付流程，加快专项扶贫资金拨付进度和扶贫项目实施进度。增加政府债券资金投入。自治区加大转移支付力度，自治区级财政改革和完善对市县转移支付制度，增加对贫困县一般性转移支付规模和比例。市级财政要将通过加大预算投入、盘活存量、债券资金等筹集的扶贫投入资金统筹用于辖区内的贫困县、贫困村；在保障城区扶贫任务目标完成的基础上，统筹推进辖区内县（市）扶贫工作。建立统筹整合资金集中使用机制。按照“渠道不变、充分授权、以县为主、权责对等，精准发力、注重实效”的原则，优化财政涉农资金供给制度，统筹整合中央和自治区、市支持农村基础设施建设、产业发展、公共服务保障、教育培训等方面的涉农资金，支持贫困县以摘帽销号为目标，以减贫为导向，以脱贫攻坚规划为引路，以扶贫攻坚重大扶贫项目为平台，把目标相近、方向类同的财政涉农资金统筹整合使用，实行“管总量不管结构、管任务不管项目、管监督不管实施”的贫困县涉农资金统筹整合使用的大格局，撬动金融资本和社会资本投入扶贫开发，形成“多个渠道引水、一个龙头放水”的扶贫投入新方式，实现脱贫攻坚投入明显增加、资金使用精准度和总体效益明显提高、脱贫攻坚步伐明显加快、扶贫开发工作权责更加匹配。

二是创新金融支持脱贫。建立完善自治区、重点市、重点县投融资主体，大力推进利用政策性金融债实施易地扶贫搬迁和解决贫困村内道路建设资金紧缺问题；大力推进扶贫再贷款业务，支持企业、农民专业合作社、专业大户等经营主体覆盖带动贫困户发展产业，稳定增收；重点推进扶贫小额信贷工作，总结推广田东县农村金融改革等成功经验。以建档立卡贫困户为扶持对象，对贫困户进行信用体系建设，加大信贷投放力度，发挥风险补偿资金作用，落实财政贴息政策，使所有有劳动能力、有贷款意愿、有发展条件和能力的贫困户都能够获得扶贫小额信贷支持自我发展。对有劳动能力但缺乏发展条件的贫困户，可以用扶贫小额信贷资金参与经营主体合作或委托经营收益。

3. 创新工作机制

一是建立脱贫摘帽激励机制。健全精准识别与动态调整机制，加强精准扶贫大数据管理应用，按照贫困对象退出标准，定期对贫困村、贫困户和贫困人口进行全面核查验收，实行有进有出的动态管理。建立贫困县、贫困村退出机制和脱贫摘帽激励机制。对提前和如期脱贫摘帽的贫困县、贫困村给予奖励。脱贫攻坚实绩是贫困县党政正职、派驻贫困村党组织第一书记和“美丽广西”乡村建设（扶贫）工作队员综合考核评价、选拔任用、监督约束的重要依据。

二是构筑返贫预防机制。根据不同致贫原因，分别制定返贫预防机制。通过各种保证保险的优惠政策，鼓励、支持、引导贫困户加入脱贫产业、重特大疾病保险。发挥市场机制作用，政府、贫困户和保险机构共同分担贫困户参保的保险金，避免贫困户返贫。

三是完善绩效考核机制。完善脱贫攻坚统计与贫困监测制度；完善贫困县党政领导班子和领导干部经济社会发展实绩考核制度，制定设区市党委和政府扶贫开发工作成效考核制度，制定定点帮扶单位、选派第一书记和扶贫工作队员的考核制度，建立严格的考核督查问责机制、激励机制，实施严格的问责，考核结果作为设区市、贫困县、各级帮扶单位班子和领导干部、第一书记等评优、选拔任用、责任追究的重要依据，对贫困县实行扶贫工作“一票否决”制。加强对广西各级各部门脱贫攻坚各项决策执行的监督检查，杜绝有令不行、有禁不止的行为，决不允许在贯彻落实自治区党委、政府的决策上打折扣，要确保攻坚畅通。切实落实问责机制和奖励机制，确保脱贫攻坚各项任务如期按质完成。

4. 优化政策支持

一是保险业助推脱贫政策。切实贯彻落实《中国保监会、国务院扶贫办关于做好保险业助推脱贫攻坚工作的意见》（保监发〔2016〕44号）的精神，大力探索和创新开展保险业助推脱贫攻坚工作，用保险来守住来之不易的脱贫成果。重点推进农业保险扶贫、大病保险扶贫、扶贫小额信贷保证保险和意外伤害保险等。

二是资产收益扶贫政策。推进将自然资源、公共资产、财政专项扶贫资金、扶贫小额信贷资金和其他涉农资金、农户权益资本化和股权化，使贫困村、贫困户从中获取资产性收益，为精准脱贫探索新的路径。积极探索多种资产收益模式。引入社会资本盘活农村资金、资产、资源，多形式盘活闲置资产，让贫困村、贫困户分享资源开发收益。

三是土地政策。支持贫困地区根据第二次全国土地调查及最新年度变更调查成果，调整完善土地利用总体规划。新增建设用地计划指标优先保障扶贫开发用地需要，专项安排扶贫开发工作重点县年度新增建设用地计划指标。加大城乡建设用地增减挂钩政策支持扶贫开发及易地扶贫搬迁力度，允许扶贫开发工作重点县将增减挂钩节余指标在自治区范围内流转使用。积极探索市场化运作模式，吸引社会资金参与土地整治和扶贫开发工作。在有条件的贫困地区，优先安排国土资源管理制度改革试点，支持开展历史遗留工矿废弃地复垦利用和城镇低效用地再开发试点。

四是干部人才政策。加大选派优秀年轻干部到贫困地区工作的力度，有计划地选派后备干部到贫困县挂职任职。改进贫困地区基层公务员考录工作和有关人员职业资格考试工作。加大贫困地区干部教育培训力度。实施边疆民族地区和革命老区人才支持计划，在职务、职称晋升等方面采取倾斜政策。完善和落实引导人才向基层和艰苦地区流动的激励政策。通过双向挂职锻炼、扶贫协作等方式，推动东、中、西部地区之间，经济发达地区与贫困地区之间事业单位人员交流，大力选派培养与贫困地区优势产业、保障和改善民生密切相关的专业技术人才。充实加强各级扶贫开发工作力量，扶贫任务重的乡镇要有专门干部负责扶贫开发工作。鼓励高校毕业生到贫困地区就业创业。

五是脱贫后续扶持政策。第一，贫困县、贫困村脱贫摘帽后，在攻坚期内，自治区现行扶贫政策保持不变，扶贫投入保持不减。第二，对贫困户脱贫后继续扶持和跟踪观察三年，其中继续扶持两年，跟踪观察一年。在两年继续扶持期内，脱贫户继续享受相关扶贫政策；继续扶持两年后再跟踪观察一年，跟踪观察期对脱贫户发展生产等方面给予指导，巩固脱贫成果。

5. 夯实脱贫基础

一是制定好制度和规划。广西各县根据中央和自治区有关脱贫攻坚的政策措施，结合本地实际制定好本县脱贫攻坚的各项制度，如工作责任制度、扶贫项目资金公示公告制度、扶贫项目资金管理制度等。要根据《广西壮族自治区国民经济和社会发展第十三个五年规划纲要》制定好各县“十三五”时期脱贫攻坚规划，在此基础上制定好三年规划和年度计划。做到目标明确，任务清楚。

二是摸清底数和落实帮扶措施。广西各县要对照自治区脱贫摘帽标准，摸清摸准本县脱贫攻坚底数，落实好帮扶谁、怎么帮、怎么脱贫等重大问题，坚持精准扶贫、精准脱贫的基本方略。要严格按要求登记好帮扶手册，落实好帮扶责任和措施。

三是实施五步精准管理模式。对接扶贫大数据平台，倒逼扶贫管理水平提升，从自治区到市、县、乡、村，逐级建立“挂图作战、清单管理、滚动集成、精准摘帽、带奔小康”的精准管理模式。

四是加强自治区、市、县大数据平台建设，为脱贫攻坚提供技术支撑。第一，依托广西电子政务外网云平台，利用广西电子政务外网数据中心的云计算、云存储等服务，运行广西脱贫大数据平台。第二，建设脱贫大数据信息查询统计系统，对扶贫现有信息资源进行整合，提供多维度的查询、统计、分析功能，提高扶贫领导决策能力，提升扶贫工作服务水平。第三，以指挥技术和信息技术为主导，建设广西脱贫攻坚指挥中心，制定“脱贫攻坚作战图”及各类扶贫业务专题图，打造面向对象、面向专题、面向全过程的精准扶贫一张图，为广西精准扶贫提供精确的决策依据。第四，在脱贫攻坚大数据平台一期的建设成果基础上，建设一张完整的动态脱贫攻坚空间地图，一个脱贫攻坚数据虚拟云数据中心，覆盖自治区、市、县三级的脱贫数据互联互通的工程及一套脱贫数据分析建模指标体系，进一步完善与国务院扶贫办系统的互联互通工作，以及对一期建设成果的功能完善和升级工作。

五是注重档案收集和管理。加强对脱贫攻坚各阶段的各种文件、资料等的收集和收齐工作，建立健全各种台账，整理整齐档案。

做好广西脱贫攻坚工作，要认真贯彻落实党的十九大和十九届二中、三中全会精神，深入学习贯彻习近平总书记关于扶贫的重要论述，坚决落实中央脱贫攻坚重大决策部署，把脱贫攻坚作为实施乡村振兴战略的一项重大任务，坚持稳中求进工作总基调，坚持精准扶贫精准脱贫基本方略，按照“核心是精准、关键在落实、确保可持续”的要求，以深度贫困地区为主战场，以脱贫攻坚作风建设为抓手，把提高脱贫质量放在首位，从注重全面推进帮扶向更加注重深度贫困地区攻坚转变，从注重减贫进度向更加注重脱贫质量转变，从注重完成脱贫目标向更加注重增强贫困群众获得感转变，从注重找准帮扶对象向更加注重精准帮扶稳定脱贫转变，从开发式扶贫为主向开发式和保障式扶贫并重转变，加大工作力度，转变方式方法，加强对特殊贫困群体的保障工作，着力提升教育、医疗、住房“三保障”水平，全力打好产业扶贫、易地扶贫搬迁、村集体经济、基础设施建设、粤桂扶贫协作“五场硬仗”，充分激发贫困人口内生动力，统筹推进脱贫攻坚各项工作，确保实现115万贫困人口脱贫、1450个贫困村和14个贫困县摘帽。

二、构建开放新格局

（一）“四维支撑、四沿联动”开放新格局不断完善

广西紧紧抓住“一带一路”倡议带来的新机遇，深耕国际合作，力求在“一带一路”建设中有所作为，在开放中获得发展。2016年6月22日，广西召开全区开放发展大会暨招商引资工作会议，强调扩大开放是广西实现跨越发展的关键之举，要实施更加积极主动的开放带动战略，构建“四维支撑、四沿联动”的开放发展新格局。

2017年，是全面落实全区开放发展大会的第一年，广西坚持以国家赋予的“三大定位”新使命和“五个扎实”新要求为指引，瞄准港澳台地区和东盟国家，寻找新一轮开放发展的主攻点和突破口，打造外向型新经济，增添经济发展的新动能，积极融入“一带一路”建设。“四维支撑”拓展开放空间，向南开放，深化同以东盟为重点的“一带一路”沿线国家合作，东盟连续17年成为广西第一大贸易伙伴，2017年广西与东盟贸易额达1894亿元（占进出口总额49%）；向东开放，提升对粤港澳台开放合作水平，CEPA先行先试政策扩大到广西，两广经济一体化发展深入推进，粤桂合作特别试验区建设步伐加快；向西向北开放，增强服务西南中南地区

开放发展功能，与重庆、贵州、甘肃等省市合作推动国际陆海贸易新通道建设，与西南中南地区战略规划、产业协同、要素配置、生态环保等合作全面加强；向发达国家开放，对接欧美日韩等经济体先进生产力，引进欧美日韩资金占广西实际利用外资的10.7%。“四沿联动”盘活开放棋局，扩大沿海开放，打造北部湾经济区开放发展升级版，2017年北部湾经济区六市进出口额3318亿元（占广西进出口总额85.8%）；扩大沿边开放，构筑边疆民族地区开放发展新高地，借助东兴和凭祥国家重点开发开放试验区等沿边开放平台，壮大口岸经济，构建富有活力的特色沿边经济带；扩大沿江开放，形成珠江—西江经济带开放发展新优势，全面参与泛珠区域合作，培育泛珠合作核心区，打造东西部合作发展示范区、流域生态文明建设试验区；扩大沿线开放，释放高速铁路、高速公路沿线开放发展新活力，粤桂黔高铁经济带合作试验区（广西园）建设加快推进。

广西保持奋斗的姿态，全面贯彻落实国家赋予广西的“构建面向东盟的国际大通道，打造西南中南地区开放发展新的战略支点，形成21世纪海上丝绸之路与丝绸之路经济带有机衔接的重要门户”的“三大定位”新使命，深入实施开放带动战略，相信再经过几年的砥砺奋进，广西开放型经济水平将进一步提升，“四维支撑、四沿联动”的全方位开放发展新格局将不断优化升级。

（二）国际陆海贸易新通道建设加快推进

在全面开放的大实践中，广西深入贯彻落实习近平新时代中国特色社会主义思想和党的十九大精神，按照构建“陆海内外联动、东西双向互济的开放发展格局”的总体要求，不断发挥海陆优势，主动承担“一带一路”建设任务，积极融入新一轮西部地区开放发展。

2018年1月25日，广西壮族自治区第十三届人民代表大会第一次会议召开，明确提出年度重点工作，其中就包括推进国际陆海贸易新通道建设。具体而言，主要是加快钦州港东站集装箱中心站、中新南宁国际物流园等41个项目建设，贯通南北铁海联运国际贸易物流主干线，巩固提升连通中南半岛跨境公路运输线。开行北部湾港至重庆班列和北部湾港至新加坡、北部湾港至香港班轮“天天班”，在西部地区建设一批内陆无水港，促进中国—中南半岛经济走廊公路、铁路便利化运输。推进通关便利化改革，完善口岸基础设施，推行海关、检验检疫、边检、海事等部门一站式作业，实行“联合查验、一次放行”，完成国际贸易“单一窗口”全覆盖，建成多式联运综合信息平台，进一步压缩货物转运、通关等环节时间。推动与越南、新加坡、马来西亚等国“两国一检”试点。

2018年4月2日，国际陆海贸易新通道建设工作推进会在南宁举行，研究解决国际陆海贸易新通道建设存在的问题，部署2018年重点工作，更加明确了国际陆海贸易新通道建设工作方向。要坚持规划引领，突破制约瓶颈，加快重点项目建设，举广西全区之力支持国际陆海贸易新通道建设，打造服务“一带一路”和西部地区开发开放的国际大通道。国际陆海贸易新通道建设是落实党的十九大提出“形成陆海内外联动、东西双向互济的开放格局”的重要实践，是推动西部地区新一轮开发开放的重大战略平台，是广西落实习近平总书记赋予“三大定位”新使命、融入“一带一路”建设的重要载体。从概念提出到常态化运行，短短一年时间，国际陆海贸易新通道建设取得了积极进展，全国政协已确定将推进国际陆海贸

驶离重庆西部物流园的班列，装载着机电、建材、汽摩等60个标准箱的产品，运往广西北部湾港，再经海运发往新加坡等地（邓华　摄）

易新通道建设列为2018年度重点提案，这为广西开放发展带来前所未有的战略机遇。各级各部门从服务国家和地区开放发展的战略高度认识国际陆海贸易新通道建设的重大意义，主动作为，积极参与，将国际陆海贸易新通道打造成为广西新一轮开放发展的强大引擎。

相比传统航线，国际陆海贸易新通道运距缩短约1000公里，运时减少12天左右，中转通关通检效率由4小时降低到1小时，铁路双向运费下浮30%，港口作业费率减免50%，中转关检费用降低80%，其所节省的物流成本和时间成本，蕴含极大的发展机遇。以通道基础设施建设为契机，广西持续发力改善交通条件，重点突出沿海、沿边、沿江和高速铁路、高速公路沿线，提升开放发展水平。截至2017年底，广西高铁建成运营1751公里，通达区内12个设区市和周边所有省份，铁路旅客发送量年均增长30%以上；高速公路总里程突破5000公里，89%的县通高速公路，高出全国4个百分点，建制村公路通畅率99.8%。机场旅客吞吐量超过2400万人次，沿海和内河港口年吞吐能力分别达2.5亿吨、1.1亿吨。

2018年4月，自治区人民政府审议并原则通过了《中新互联互通南向通道建设2018年广西工作计划》《广西关于加快推进中新互联互通南向通道建设的若干政策措施（试行）》等五个政策文件，标志着广西在扩大开放方面又推出了新举措，下一步将以此建设为抓手，内聚外合、纵横联动，在“南向、北联、东融、西合”上下更大功夫。

（三）在大开放大格局中谋划推进广西工作

广西深入贯彻落实党中央精神，努力推进改革更深入，开放更扩大，切实把广西的工作放入全国大局和面向东盟、面向世界开放的大格局中去思考谋划、部署推进，多措并举盘活开放发展这局棋，进一步把“三大定位”新使命和“五个扎实”新要求落实到位，写好21世纪海上丝绸之路的广西篇章。

2015年3月，习近平总书记在参加全国两会广西代表团审议时，要求广西加快形成面向国内国际的开放合作新格局。2017年4月，习近平总书记视察广西，指出广西发展的潜力在开放，后劲也在开放。2018年3月6日，国务院总理李克强来到十三届全国人大一次会议广西代表团参加审议，也肯定了广西开放发展成效，并且指出过去5年，广西主要经济指标增速高于全国平均水平，靠的是改革开放，今后更大发展依然要靠改革开放，今年恰逢改革开放40周年，我们最好的纪念，就是改革更深化、开放更扩大。2018

年3月21日下午，自治区召开传达贯彻全国两会精神大会，切实将学习宣传贯彻全国两会精神确定为当前和今后一个时期的重要政治任务，强调要学出坚定信念、学出绝对忠诚、学出使命担当，进一步解放思想、改革创新，真抓实干、奋发进取，扎实推进富民兴桂，奋力谱写新时代广西发展新篇章，以优异成绩迎接改革开放40周年和自治区成立60周年。

自2018年3月下旬履新以来，新到任的自治区党委书记先是深入百色市调研扶贫攻坚工作，4月8日至11日，又奔赴防城港、钦州、北海就开放发展问题进行调研，听取北部湾办和北海、防城港、钦州及自治区有关部门贯彻落实习近平总书记视察广西重要讲话精神，推动北部湾经济区升级发展、重大项目建设、打造向海经济等方面情况汇报，进一步强调要盘活开放发展这一盘棋、打好精准脱贫这一硬仗、激活改革创新这一动力、发挥好生态环境这一优势，加快推进开放发展、创新发展、高质量发展。进一步明确广西重点以国际陆海贸易新通道建设为载体，内聚外合、纵横联动，在“南向、北联、东融、西合”上下更大功夫、取得更大实效。南向，要办好中国—东盟博览会，加快互联互通基础设施建设，构建贸易、物流、产业、金融、港口、信息、城市等多领域合作新平台，深化与海上东盟国家的合作。北联，要加强与贵州、四川、重庆、甘肃等省市的合作，突破瓶颈制约，更加通畅地连通渝新欧，把“一带”与“一路”连接贯通起来。东融，要主动融入对接珠三角、粤港澳大湾区发展，进而与长三角、京津冀等沿海发达地区加强合作，主动承接产业转移，着力引进资金、技术、人才等，借力加快发展。西合，要联合云南等省份，大力推进基础设施的“硬联通”和政策、规则、标准的“软联通”，深度参与澜沧江湄公河区域合作，开拓新兴市场。自治区党委、政府团结带领广西各族人民，举全区之力、用非常之举，以更宽的视野、更高的目标要求、更有力的举措，全面落实习近平总书记赋予的“三大定位”新使命和提出的“五个扎实”新要求，推动大开放，构建大格局。

广西上下正进一步解放思想、实事求是，立足独特区位，做好“海”“江”“边”三大文章，拓展对内对外开放新空间，推动形成陆海内外联动、东西双向互济的开放格局，加快实现新时代广西全方位开发，为实现中华民族伟大复兴的中国梦作出更多贡献。

三、绿色发展强后劲

（一）“123410”绿色化发展战略持续实施

山清水秀生态美是广西的一张靓丽名片，保护好、利用好、开发好优良生态，是关系广西长远发展的一件大事。经过较长时期的探索实践，生态文明理念扎根八桂大地并得到积极践行，走一条具有广西特色的绿色崛起之路，在广西已经形成了广泛的共识。

2015年广西生态经济工作会议提出，大力发展生态经济，深入推进生态文明建设，努力把生态优势转变为发展优势，走出一条具有广西特色的产业强、百姓富、生态美的绿色转型绿色崛起之路。同年，广西绿色产业投资洽谈会在南宁举行，进一步确定了生态经济作为广西发展战略的重点，着力推动“123410”绿色化发展。

从2015年开始，广西探索走出了具有广西特色的绿色之路，具体内容为：“1”是实施“生态立区、生态兴区、生态强区”战略；“2”是推进产业发展生态化和生态建设产业化“两化”融合；

“3”是到2020年实现生态经济规模发展、资源环境约束性目标任务全面完成、生态环境质量位居全国前列三大目标；“4”是突出发展生态产业、加强生态基础、推进生态治理、建设生态城乡四大任务；“10”是重点实施新兴生态产业发展、资源型产业生态化改造提升、产业园区生态化建设、生态养殖发展、生态旅游发展、大气环境治理建设、水环境改善建设、土壤修复与改善、固体废弃物处置、生态城镇建设十大工程，努力走出一条广西科学发展、绿色崛起的发展新路。

近年来，广西不断激发各级生态创建工作积极性，推动生态示范区创建工作不断迈上新台阶，人民群众对环境的满意度逐年提高，特色生态农业、生态旅游效果显现。2017年9月21日，南宁市上林县获得首批“国家生态文明建设示范县”命名；12月25日，临桂、阳朔、灵川、全州、资源、恭城、蒙山、扶绥、凭祥等9个县（市、区）成为首批广西“自治区级生态县”，广西先后实现了“国家生态文明建设示范县”和“自治区级生态县”零的突破。广西产业结构进一步优化，高技术行业增加值占比由2014年的8.5%提升到2017年的12%；资源能源利用水平大幅提升，单位地区生产总值能耗降至0.56吨标准煤/万元，非化石能源占一次能源消耗比重达到18%，万元工业增加值用水量降至62立方米，工业固体废弃物综合利用率达到64.4%；生态安全保障能力明显提高，近岸海域环境功能区达标率高于88%，城镇污水集中处理率和垃圾无害化处理率分别达到92%和98%，新建绿色建筑比例达到20%，森林覆盖率达到62.31%，活立木蓄积量达到7.6亿立方米；生态文明重大制度逐步确立，自治区层面已经制定出台的生态文明体制改革政策文件超过40个；生态经济项目建设加快推进，2017年广西发展生态经济共计推进重大项目497项，总投资3863亿元。

结合实施自治区党委、政府印发的《关于大力发展生态经济深入推进生态文明建设的意见》和《广西生态经济发展规划（2015—2020年）》等生态建设措施，到2020年广西要实现生态经济发展壮大、资源环境约束性目标任务全面完成、生态环境质量位居全国前列三大目标。

（二）生态环境保护建设扎实推进

1. 不断完善保护生态环境的制度建设

用制度保护生态环境，是广西生态文明建设的亮点，实现绿色崛起，必须保持这一优势。

广西部分市县实行更多地体现生态环境保护和治理的差异化考核机制，在生态文明制度建设上进行了有益探索。2015年，广西初步建立起系统的生态补偿机制，包括自治区森林生态效益补偿基金制度和水资源生态补偿机制、水土保持补偿措施、矿山地质环境恢复保证金制度等。2015年，广西还制定出台《关于大力发展生态经济深入推进生态文明建设的意见》《广西生态经济发展规划（2015—2020年）》，在财政、金融、土地、产业、环境、科技等方面提出诸多创新性政策，将生态经济发展、生态文明建设纳入制度化轨道。2016年11月，中共广西壮族自治区第十一次代表大会进一步提出了继续巩固发展山清水秀的自然生态，随后2017年，自治区人民政府办公厅下发《关于营造山清水秀的自然生态实施金山银山工程的意见》，提出将“绿水青山”打造为“金山银山”，加快建设生态美、产业强、百姓富的现代林业强区。

同时，广西以循环经济理念提升传统产业、工业园区，使之重新焕发活力。生态型铝产业示范取得积极进展；重点化工主要副废产品实现全部回收循环利用；90%以上新型干法水泥生产企业实现余热发电；制糖企业实现热电联产，综合循环利用产值占比超过40%，初步建成糖业循环经济示范省区。一批工业园区实行循环化和生态化改造。

2. 习近平总书记视察广西的指示精神扎实贯彻

广西山清水秀生态美，自然生态优势突出。2017年4月，习近平总书记视察广西时，对广西的生态优势给予高度评价。他说，“广西是个好地方，山水秀丽雄奇，民族风情独特，文化多姿多彩”，“山清水秀生态美是广西的金字招牌”，“广西生态优势金不换”。良好的自然生态是广西的绿色优势，也是广西发展的独特优势。绿色发展是广西改革发展的特色道路。

习近平总书记视察广西时，就“扎实推进生态环境保护建设”作出了重要指示，明确广西新形势下加强生态环境保护的总体思路和战略举措，既立足当下，又着眼长远，既是思想论，又是方法论。习近平总书记考察北海金海湾红树林生态保护区时指出，保护珍稀植物是保护生态环境的重要内容，一定要尊重科学、落实责任，把红树林保护好；在那考河湿地公园时指出，顺应自然、追求天人合一，是中华民族自古以来的理念，也是今天现代化建设的重要遵循。广西生态优势金不换，要坚持把节约优先、保护优先、自然恢复作为基本方针，把人与自然和谐相处作为基本目标，使八桂大地青山常在、清水长流、空气常新，让良好生态环境成为人民生活质量的增长点、成为展现美丽形象的发力点。自治区党委、政府深刻领会其精神实质，自觉把思想和行动统一到习近平总书记重要

图为南宁那考河湿地公园。其获评2017年中国人居环境范例奖（周家志　摄）

指示精神上来，牢固树立生命共同体意识，将绿色发展之路走到底。

广西全区牢记习近平总书记的谆谆告诫，进一步牢固树立生态文明理念，坚定不移实施绿色发展战略，始终保持广西山清水秀生态美的“金字招牌”。着力构建生态功能保障基线，落实领导干部任期生态文明建设责任制，坚持“督政”与“问责”两手抓，加快形成“党委政府总责、环保部门分管、相关部门齐抓、排污单位守法、社会公众监督”的大环保工作格局。构建环境质量安全底线，全面落实主体功能区规划要求，综合实施山水林田湖海湿地生态保护和修复工程，加强西江流域、北部湾海域、漓江流域生态保护，统筹推进城乡环境治理。构建自然资源利用上线，大力发展生态工业、生态农业、生态服务业，促进资源能源节约利用、高效利用，实现经济效益、社会效益和生态效益同步提升。加快生态经济发展强区建设，切实把绿色广西的金字招牌打造为“经济金牌”，让八桂大地天更蓝、山更绿、水更清、环境更优美，为营造“三大生态”、实现“两个建成”增光添彩。

（三）生态扶贫提升贫困地区可持续发展能力

广西注重将生态建设与扶贫开发紧密结合，提升贫困地区可持续发展能力。近年来，广西不断建立完善有利于保护生态环境的体制机制，加强石漠化区水土流失综合治理，加强自然生态保护。

广西探索出多种精准脱贫的林区立体复合生产模式，促进林业经济发展，5年来林业产业总产值年均增长24.1%，高出全国平均增速12个百分点。2017年，广西林业产业总产值达5200亿元，人工林面积、植被生态质量、植被生态改善程度和石漠化土地面积减少率均居全国第一，并实现95万以上农村贫困人口脱贫。同时，广西不断加大贫困地区生态旅游项目和旅游基础设施建设投入力度，积极推进旅游扶贫示范村建设，组织开展生态旅游产业从业人员培训活动，探索出“景区＋企业＋贫困户”等多种新生态旅游扶贫模式，大力发展乡村生态旅游业，带动贫困户参与旅游增收。2017年，广西休闲农业与乡村旅游接待游客突破6300万人次，产业总收入超过230亿元，同比增长20%。此外，广西深入推进贫困地区生态文明建设和“美丽广西”乡村建设，加快推进农村能源转型升级，推进农村改厕、农村改厨、农村改圈工程，开展农村生活垃圾治理。截至2017年12月，广西完成农村改厕99万户、农村改厨97万户、农村改圈4.68万户，广西全区农村生活垃圾治理基本实现全覆盖，快速补齐了环境保护的短板。

党的十九大报告提出乡村振兴战略“产业兴旺、生态宜居、乡风文明、治理有效、生活富裕”的总要求，2018年中央一号文件《中共中央　国务院关于实施乡村振兴战略的意见》提出推进乡村绿色发展、全面振兴。现如今，一场深刻的生态建设引领的美丽变革正加快重构广西乡村，建设绿色广西大有可为。

四、全面深化改革惠民生

（一）“简政放权”下好“先手棋”提高社会满意度

党的十八大以来，全面深化改革进程不断推进。2013年，党的十八届三中全会后，自治区党委迅速召开十届四次全会，认真贯彻《中共中央关于全面深化改革若干重大问题的决定》，对广西全面深化改革作出了系统而全面的部署，深化行政体制改革成为重点内容。

2013年，广西取消、下放和调整了380项行政审批事项，大力推动“简政放权”。2014年3月1日，广西与全国同步启动工商登记制度改革，在全区范围实施“先照后证”，取消和下放618项审批事项，对201项登记事项实施后置审批，精简了85%的前置审批事项。2014年10月21日，广西正式印发实施自治区发展改革委等45个部门职能转变方案，自治区本级取消职能153项，下放150项，减少资质资格认可和认定11项；同时通过门户网站，公开了自治区实施的1159项行政审批事项汇总清单，62个区直部门公开行政审批权力清单。2016年，广西又取消、下放和调整700项行政审批事项，自治区政府部门权力清单和责任清单实现“两单融合”，明确43个部门或单位的权力事项2499项、责任事项1.88万项。2013年以来，广西重点围绕投资、生产经营、市场准入、资质资格等领域，共取消、下放和调整2064项行政审批事项，全面清理589项非行政许可事项，清理规范252项行政审批中介服务事项。同时，广西大力推行“阳光审批”，积极探索建立广西行政审批制度改革示范区，南宁、柳州、梧州、北海、防城港、钦州等6个设区市开展相对集中行政许可权改革试点，不断为区域发展注入新活力。

2018年5月29日，自治区党委、政府在南宁召开全区深化改革优化营商环境大会，深入贯彻落实习近平新时代中国特色社会主义思想和习近平总书记对广西工作重要指示精神，动员全区上下以改革再出发的决心勇气，从2018年至2020年，在全区深入开展为期3年的优化营商环境大行动，实现“一年重点突破、两年全面提升、三年争创一流”总目标。实现“一年重点突破”，就是要聚焦企业和群众反映强烈的痛点、堵点、难点，精准发力、逐个击破，啃下硬骨头，拔下硬钉子，在推动政务服务提效增速、为企业降本减负、基本建成覆盖全区的统一电子政务网等重点领域和关键环节突破见效。实现“两年全面提升”，就是持续巩固扩大第一年重点突破成果，全面对标世界银行评估指标体系，全面建成政务中心集中受理平台、政务信息共享平台、企业投诉受理平台、中介服务平台、公共信用信息平台，完善制度机制，严格监管约束，全面提升全区营商环境综合水平。实现“三年争创一流”，就是要经过3年奋战和努力，使广西营商环境法治化、国际化、便利化水平大幅提升，市场更加开放、更有效率、更富活力，各项主要指标全面达到世界银行标准，进入全国先进行列。

从“简政放权”到统筹做好“放管服”，广西行政体制改革不断走向纵深发展，许多重要领域、关键环节取得了新突破，群众少跑路、少填表现象越来越普遍。如今全区上下正凝心聚力，不断优化营商环境，社会满意度随之不断提高。

（二）收入分配制度改革提高城乡居民获得感

改革开放以来，广西迎来了千载难逢的发展机遇，经过“1234610”工作思路形成和落实、“十五”时期灾后恢复性生产促增收、“十一五”时期城乡居民收入差距缩减、“十二五”时期推进收入倍增计划实施，广西全面建成小康社会的基础得到了夯实。

2013年，在广西全区上下深入学习贯彻落实党的十八届三中全会精神之际，为加快推进广西农民人均纯收入倍增计划实施，确保2020年实现倍增计划目标，自治区人民政府办公厅印发《广西农民人均纯收入倍增计划实施方案》，指导全区推进倍增计划实施。经过几年的砥砺奋斗，广西城乡居民增收水平不断提升，城镇居民人均可支配收入从2010年的16613元提高到2015年的26416元，累计增加9803元，增长59%，名义年均增速达9.7%，扣除价格因素年均实际增长6.6%。2016年2月22日，《广西壮族自治区国民经济和社会发展第十三个五年规划纲要》正式发布，为未来五年广西实现“两个建成”目标（与全国同步全面建成小康社会，基本建成国际通道、战略支点、重要门户）绘就了宏伟蓝图。2016年11月，中共广西壮族自治区第十一次代表大会召开，明确提出千方百计扩大就业增加收入，继续实施城乡居民收入倍增计划，规范收入分配秩序，扩大中等收入群体，缩小收入差距，形成合理有序的收入分配格局。2017年9月8日，自治区人民政府又印发了《广西激发重点群体活力带动城乡居民增收实施方案》。通过落实系列政策措施，广西围绕加快实施创新驱动发展战略、推动大众创业万众创新、培育发展新动能、改造提升传统动能，着力推进供给侧结构性改革，进一步深化收入分配制度改革，千方百计增加全区城乡居民收入，形成合理有序的收入分配格局，营造激励奋发向上的公平环境，拓宽就业渠道，促进各类社会群体依靠自身努力和智慧，创造社会财富，共享发展红利。

如今，八桂大地已经迅速掀起学习贯彻落实习近平新时代中国特色社会主义思想和党的十九大精神的热潮，并且坚持以人民为中心的发展思想和新发展理念，勠力同心促进城乡居民增收，更好地满足人民日益增长的美好生活需要，持续提高城乡居民的获得感。

（三）创新就业与社会保障提高大众安全感

就业与社会保障历来是关切民生的重大问题，广西历届党委和政府高度重视加强就业与社会保障工作，经过多年努力，推动形成了一个独立于企事业单位之外、资金来源多元化、管理服务社会化的社会保障体系，初步建立起基本养老保险制度、失业保险制度、医疗保险体系以及社会保险基金监管体系。

特别是党的十八大以来，广西勇于担当、改革创新，积极作为、稳中求进，从六个方面着力推进人才发展：一是围绕提高自主创新能力，加强高层次创新创业人才和高技能人才队伍建设；二是适应发展现代产业体系需要，加强重点工业产业、现代服务业和特色农业人才开发；三是按照区域协调发展的总体部署，合理调整人才布局，统筹推进区域人才协调发展；四是适应社会事业不断发展的需要，推进社会发展重点领域人才开发；五是实施互利共赢的开放战略，深化区域人才交流与合作；六是加快改革攻坚步伐，积极推进人才发展体制机制创新。广西还从七个方面着力统筹推进城乡就业和社会保障工作：一是实施经济发展与促进就业并举的就业发展战略，千方百计扩大就业；二是健全覆盖城乡居民的社会保障体系；三是继续推进工资收入分配制度改革；四是健全劳动关系协调机制，促进劳动关系和谐稳定；五是全面做好农民工就业和社会保障工作；六是加强劳动就业和社会保障法制建设；七是加强劳动就业和社会保障基础能力建设。通过一系列有力措施，广西就业形势保持稳定，连续5年城镇新增就业人数在44万人以上，累计城镇新增就业超过250.71万人，失业人员再就业超过49.64万人。覆盖城乡居民的社会保障体系基本建成，至2015年底，广西参加基本养老、城镇基本医疗、失业、工伤、生育保险人数分别达到2410.83万人、1077.58万人、273.18万人、360.45万人、307.86万人。

随着中国经济发展进入新常态，经济下行压力增大，部分企业经营困难，劳动关系矛盾进入凸显期和多发期。2016年，自治区先后印发了《关于贯彻〈中共中央、国务院关于构建和谐劳动关系的意见〉的实施意见》《关于进一步做好就业困难人员就业帮扶有关问题的通知》《关于进一步规范农民工创业专项扶持资金使用管理有关问题的通知》等重要文件，推进构建和谐劳动关系。2016年至2017年，自治区党委、政府又集中出台了系列人才政策，包括《关于实施创新驱动发展战略的决定》以及系列配套文件、《关于深化人才发展体制机制改革的实施意见》、《广西壮族自治区高层次人才认定办法（试行）》等文件，全面部署人才体制机制改革，并且明确了改革路径和步骤。同时，自治区党委、政府坚持以人民为中心，不断优化服务，从严管理，大胆创新，着力保障和改善民生。截至2017年底，广西参加基本养老、基本医疗、失业、工伤、生育保险人数分别为2582.89万人、5172.33万人、302.13万人、388.78万人、338.58万人，社会保障卡持卡人数达3344.89万人。

2018年1月25日，广西壮族自治区第十三届人民代表大会第一次会议召开，明确提出要继续提高就业质量和完善社会保障。下一步将重点抓好高校毕业生、农民工、就业困难人员等群体就业，做好退役军人转业安置，加强技能培训、创业扶持和就业援助，全面实施全民参保计划，强化对低收入群体的生活兜底保障，全区农村低保人均保障标准提高到3400元以上，同时强化养老服务保障。八桂大地的社会保障安全网越织越密，社会安全感越来越强。

（四）统筹各领域改革提高人民群众幸福感

改革发展成果更多更公平惠及全体人民，全面深化改革在更广范围、更深层次上全方位满足人民群众的民生新期待，人民群众的幸福感才能明显增强。一直以来，自治区党委、政府把人民群众对美好生活的向往作为奋斗目标，通过一系列措施有力释放改革红利，妥善解决了一些老百姓反映最突出的问题。

广西紧紧围绕文化强区、科教兴区、医疗卫生惠民建设，深化体制机制改革，集中推出了一批含金量较高的文化教育卫生改革举措。教育体制改革方面，先后实施了符合广西实际的“两基”（即基本实施九年义务教育和基本扫除青壮年文盲的简称）攻坚战、职业教育攻坚战、教育服务广西新发展行动计划、“双千计划”等，投入资金70亿元，建设学校2730所，解决了“大班额”

“大通铺”“入园难”等教育老大难问题，2018年起再用3年时间，投入资金730亿元以上，实施教育提升八大工程，推进“十百千万”建设计划。医药卫生体制改革方面，顺利启动了城市公立医院综合改革试点，全面推开了县级公立医院综合改革，基本建立了城乡居民大病保险制度，人均基本公共卫生服务经费标准由2010年的20元提高到2015年的40元。同时，事关人民群众切身利益的收入分配制度、社会保障制度、司法体制、养老保险体制、不动产登记等民事制度改革方面，均不断完善推出了系列政策措施。

2017年12月27日，十一届自治区党委全面深化改革领导小组第七次全体会议召开，站在更高的起点上谋划和推进改革。会议审议通过了《广西生态文明建设目标评价考核办法》《广西生态文明建设考核目标体系》《广西绿色发展指标体系》《关于加强党对全区

图为南宁上林县镇圩瑶族民族乡镇圩中心小学新校园（麦大刚　摄）

外事工作领导体制改革的实施意见》《关于深化全区公安执法规范化建设的实施意见》等，不断加强政策集成，聚焦解决广西发展不平衡不充分的问题，聚焦破解体制机制障碍激发发展新动能等事关广西经济社会发展的重大问题。

2018年6月19日，十一届自治区党委全面深化改革领导小组第十次会议召开。会议强调，要深入学习贯彻习近平总书记关于党和国家机构改革的重要论述和党的十九届三中全会精神，切实把思想和行动统一到中央和自治区党委决策部署上来，做到上下贯通、行动一致、执行有力，扎实有序推进全区机构改革，牵引各领域改革向纵深发展，以思想再解放推动改革再深入，不断激发富民兴桂新动能。面对新阶段艰巨复杂的改革任务，广西上下要大力弘扬改革创新精神，在把握时代主题、高举改革旗帜上进一步解放思想，全面落实习近平总书记赋予广西“三大定位”新使命和“五个扎实”新要求，高起点谋划改革，大力度推进改革，实现新时代广西发展新跨越；在践行新发展理念、推动高质量发展上进一步解放思想，加快形成落实新发展理念的体制机制，认真落实全区工业高质量发展大会和深化改革优化营商环境大会各项部署，着力优化营商环境，着力强龙头、补链条、聚集群，走出具有广西特色的工业高质量发展之路；在看齐对标、学习借鉴先进省市改革开放发展经验上进一步解放思想，及时跟踪对接、借鉴移植，大胆拿来、为我所用。会议还审议通过了《关于进一步完善国有企业法人治理结构的实施意见》《关于营造企业家健康成长环境弘扬优秀企业家精神更好发挥企业家作用的实施意见》《关于发展壮大村级集体经济的若干政策措施》《贯彻落实〈关于加强法官检察官正规化专业化职业化建设全面落实司法责任制的意见〉工作任务分工方案》《关于深化审评审批制度改革鼓励药品医疗器械创新的实施意见》《关于推进特色博物馆建设的实施意见》《关于鼓励社会力量兴办教育促进民办教育健康发展的实施意见》。

广西全面贯彻落实党的十九大精神，以习近平新时代中国特色社会主义思想为指导，按照“两个一百年”奋斗目标总要求，坚定不移走中国特色解决民族问题的正确道路，强化党对民族工作的领导，把党的民族政策贯穿于富民兴桂的各领域和全过程，不断巩固发展广西团结和谐稳定的大好局面；坚定不移贯彻新发展理念，着力强龙头、补链条、聚集群做大做强产业规模和总量，着力抓创新、创品牌、拓市场提升产业质量效益和竞争力，加快构建“南向、北联、东融、西合”全方位开放发展新格局，加快统筹城乡发展、区域发展和乡村振兴，加快建设现代化经济体系，在扎实推动高质量发展上不断取得新成效；坚定不移推动以人民为中心的发展，扎实推进脱贫攻坚和民生建设，补齐民生短板，解决民生难题，让各族人民过上更加幸福美好的生活；坚定不移传承和发展民族优秀文化，推进民族文化强区建设，突出广西特色、广西品牌、广西故事、广西题材，以文化全面振兴塑造广西新形象，构筑各民族共有精神家园；坚定不移推动绿色发展，加快美丽广西建设，努力走出一条具有广西特色的产业优、百姓富、生态美、人民群众幸福感高的绿色转型绿色发展之路；坚定不移加强民族干部队伍建设，着力打造一支高素质民族工作干部队伍，全面提高做好民族工作的能力和水平，夯实民族工作基层基础。

实现中华民族伟大复兴的中国梦是近代以来中华民族最伟大的梦想。习近平总书记在党的十九大报告中指出，中华民族伟大复兴绝不是轻轻松松、敲锣打鼓就能实现的，全党必须准备随时付出更为艰巨、更为艰苦的努力。站在新时代的起点上，5600多万广西各族人民将更加紧密地团结在以习近平同志为核心的党中央周围，以更加坚定的决心、更加执着的干劲、更加务实的作风，奋力谱写新时代广西发展新篇章，交上新时代的优秀答卷，为决胜全面建成小康社会、夺取新时代中国特色社会主义伟大胜利、实现中华民族伟大复兴的中国梦作出新的更大贡献。

后　记

1978年党的十一届三中全会开启了我国改革开放的大幕，这是一场波澜壮阔的伟大革命。广西的改革开放是中国改革开放的一个缩影。40年来，广西各族人民在党中央的领导和关怀下，在广西历届党委、政府的带领下，在改革开放的大道上筚路蓝缕，砥砺奋进，把广西这个曾经的穷乡僻壤打造成了西南开放的前沿。特别是党的十八大以来，以习近平同志为核心的党中央高度重视广西发展，深切关怀壮乡人民未来，要求广西“在推动产业优化升级上下功夫，在转变发展方式上下功夫，在提高创新能力上下功夫，在深化改革开放上下功夫”，为广西在新形势下实现新发展新突破指明了方向，进一步坚定了壮乡人民全面深化改革、扩大开放，全面落实“三大定位”新使命和“五个扎实”新要求的信心和决心，扎实推进富民兴桂，不断开创广西各项事业发展新局面。

2018年是改革开放40周年，习近平总书记在2018年新年贺词中发出号召：“我们要以庆祝改革开放40周年为契机，逢山开路，遇水架桥，将改革进行到底。”为了全面记录广西改革开放40年的风雨征程，展现广西取得的辉煌成就和发生的深刻变化，作为“中国改革开放全景录”大型丛书的重要组成部分，我们组织编写了《中国改革开放全景录·广西卷》一书。本书全景式描述40年的发展进程，着重展现广西改革开放40年中发展的重点、亮点、特点，特别是党的十八大以来广西各条战线、各个领域取得的突出成就，以期达到为改革画像，为先贤留名，为人民放歌，为历史留痕的目的。

本书由广西人民出版社编辑出版，由广西政协常委、政协社会和法制委员会主任、广西社会科学院原院长李海荣，中共广西壮族自治区委员会党史研究室主任李振唐主持编写，负责整体内容策划、谋篇布局、草拟提纲，组织写作团队，审定初稿，并对书稿各项内容把关。各章撰稿人为：前言，解桂海；第一、第二、第三章，卞克文；第四章，柯丽菲；第五、第六章，覃海珊；第七、第八章，张磊；第九、第十章，张慧；第十一、第十二章，梁艳鸿。编纂团队精诚合作、数易其稿，倾注了大量的心血和汗水。中共广西壮族自治区委员会宣传部、中共广西壮族自治区委员会党史研究室等部门对本书提出了宝贵的意见，在此一并表示衷心感谢！

本书内容宏大，时间跨度长，虽经数易其稿，反复修改，仍然存在许多不足，恳请读者批评指正。本书在编纂过程中参考了专家学者的大量资料数据，在此也一并表示感谢！

策　　划：韦鸿学　赵彦红
责任编辑：严　颖　罗　雯　周娜娜　李亚伟　龙　钢
助理编辑：雷翘铭
责任校对：梁小琪　蒋倩华　李新楠　庄湘琪
封面设计：石笑梦
版式设计：周方亚

图书在版编目（CIP）数据

中国改革开放全景录．广西卷 / 李海荣，李振唐主编．—南宁：广西人民出版社，2018.11

ISBN 978－7－219－10726－3

Ⅰ．①中…　Ⅱ．①李…②李…　Ⅲ．①改革开放－历史－广西　Ⅳ．① D61

中国版本图书馆 CIP 数据核字（2018）第 231498 号

中国改革开放全景录·广西卷

ZHONGGUO GAIGE KAIFANG QUANJINGLU · GUANGXI JUAN

李海荣　李振唐 主编

广西人民出版社 出版发行

（530021　广西南宁市桂春路 6 号）

广西民族印刷包装集团有限公司印刷　新华书店经销

2018 年 11 月第 1 版　2018 年 11 月南宁第 1 次印刷

开本：710 毫米 ×1000 毫米 1/16　印张：21.25

字数：255 千字

ISBN 978－7－219－10726－3　定价：75.00 元

邮购地址 530021　广西南宁市桂春路 6 号

广西人民出版社市场中心　电话（0771）5507887